為什麼我們最幸福？

在冰島到墨西哥等13個國度，找到人生的幸福絕對值

麥珂・凡・登・布姆——著
Maike van den Boom
黃慧珍——譯

在一切都太過迅疾的年代，
我們慢慢讀書。

CONTENTS
目　錄

一起享受似乎就是丹麥生活的核心，丹麥文稱為「Hyggelig」，這是一個很難翻譯的字，或許可以說是「安適」？但是其實這個丹麥字所代表的內容還包含更多，那是一種親密的、與人緊密連結、有歡樂、又滿足、從容，把所有這些感受都集合，就是「Hyggelig」的意思吧！

瑞典語中，「Lagom」意謂著凡事不要太匆忙，但也不是過度緩慢；沒有過多階級概念，可是每個人都知道，最終是由誰做決定的。或許這裡多一點女性溫柔，那裡多一點陽剛之氣，但都是有分寸地行事。

瑞士人總是試著一開始就以別人容易接受的姿態進入議題。大家會花費很多時間進行討論，過程也許不見得優雅，可是一旦有了決議，所有人都會支持，因為大家都覺得自己參與決策過程。我認為，整體而言，這樣的過程會比較顧慮到人的層面。

芬蘭人會在零下二十五度的低溫中散步、做冰雪浴、玩冰上曲棍球、滑雪競走，或是在健身步道上活動，可能就是

推薦序

如果幸福是一杯咖啡

褚士瑩（公益旅行家）

聯合國從二〇一二年開始發布世界快樂國家的排名報告，希望將各國快樂進行量化，藉此影響政府政策。評分標準包括人均國內生產總值、預期健康壽命、社會支持、人生抉擇自由度、社會貪汙問題及慷慨風氣等六項因素。在這次排名當中，美國排名第十三，台灣第三十五，香港第七十五，中國大陸則是排第八十三位。

而在二〇一六年的《世界快樂報告》（*World Happiness Report*）中，丹麥在一百五十七個國家快樂排行榜上位居首位，成為世界上最快樂的國家，第二名是瑞士，第三名竟然是這幾年來因為銀行危機而大大影響國家經濟的——冰島。

一位在NGO工作的香港朋友Sonya，特地去了解冰島人為什麼幸福和快樂，回來之後我迫不及待地問她看到了什麼。

「冰島因為有高度社會支持的生活環境，所以經濟衰退並不會影響到快樂排名，這給了我很大的啟示。」她說。

對於環境現實特別敏感的香港人來說，有錢才能快樂，甚至有很多人會說快樂就是有錢，但是一個香港人到了冰島，卻學到了簡單生活的快樂。每個冰島人，對於自己與自己的關係、自己與社會的關係、自己與自然的關係，都有著很獨特的思考。冰島人跟社會相處和諧，所以即使地廣人稀，每個人都住得很遠，但是卻又能彼此親近，互通聲息，互相幫助。人跟自然的關係，也充滿了和諧，在外人眼裡什麼都沒有的鄉下，冰島人卻對這樣的自然環境充滿敬意。

因為自己跟自己相處得很好，所以價值觀不受物質與欲望牽引，雖然本地生產很少，大多仰賴進口，但人並沒有因此對物質產生貪婪與嚮往，或是像華人那樣，即使沒有生存危機，也時時要為了生存而焦慮。

Sonya舉例說一位冰島朋友，每年只有在短暫的觀光旺季時帶團掙錢，其他時候就待在家裡獨自安靜生活，跟家人朋友共度，或是去世界其他地方旅行，並沒有想要把收入極大化，也不覺得生活有什麼壓力。

對我來說，冰島人之所以可以脫離「有錢」、「沒錢」的慣性思考，而能夠覺得快樂，是因為與人際和自然之間，建立了非常良好的關係，所以對生活有安全感，安全感又帶來快樂，這是一種真正的富裕。覺得「金融風暴以後，冰島好慘喔！」的人，其實反映的是自身對於金錢、人際、自然缺乏安全感，而不是冰島的真實現況。

沒有誰同情誰，而是尊重每個獨立的個體

同樣被世界誤解的另一個國家是荷蘭。因為荷蘭人總是各自付帳，甚至父母跟子女一起到酒館喝一杯啤酒，也會各付各的，因此這種付帳方式被稱為go dutch，荷蘭人也被認為是「小氣」的民族。但是跟荷蘭人工作了十五年以後，我非常確定並不是如此。

父母不幫兒女付飯錢，是因為尊重這個已經自己開始掙錢的孩子，是一個獨立的生命，所以讓每個人無論貧富貴賤、男女老少，自己付自己該付的錢，是一種極度的尊重，因為沒有人需要「幫」誰或是「同情」誰。但是當一個人真的需要幫助的時候，荷蘭人是會毫不猶豫出手的。

「這是因為我們荷蘭已經富裕了很多世代，所以才能這樣想！」我的荷蘭好友驕傲地告訴我。確實，如果一個社會都讓地位高的、有錢的、年紀長的人付帳埋單，通常不是一個均富、階級平等的社會，也不會是一個快樂的社會。

我相信幸福感的核心是一種態度，來自對於人我、自然的和諧關係，幸福跟金錢，就像是咖啡與奶精的關係，一杯好的咖啡，沒有奶精仍然美味；但光有一整桶奶精，卻完全無法入口。關於幸福的真諦，其實就是這麼簡單！

前言

在這裡，我們最幸福

「畫面很棒，但是收音效果實在太糟糕了！」

「不會吧？」眼前這個人不會是認真的吧？我已經連續五天到處奔波了！難道現在所有的影片，就要因為收音效果不好而全部放棄嗎？

某個星期天早晨，我在墨西哥市中心和德國友人托馬斯・艾格納（Thomas Aigner）一起用餐。艾格納不僅是我們家多年的朋友，還是德國公共廣播聯盟（ARD）[1]的攝影記者。我本來還帶點驕傲地向他展示我拍攝的影片，不料卻被他潑了冷水！

「妳的麥克風離受訪者要再近一點。」艾格納對我接下來的採訪行程給了建議：「最好再買個腳架固定，還有再買五米麥克風的延長線。」真的「只要」再買一個腳架和幾公尺麥克風延長線就夠了嗎？開什麼玩笑！

我頂著金髮、不高的個子，一個人孤伶伶地帶著大大的橘色行李箱，計畫要在九個星期內遊遍全世界最幸福的十三個國家。我已經為這趟旅程安排滿滿的訪談行程，要見面的人包含各國以研究幸福為主題的權威學者、德國駐外記者，還有長年旅居國外的德國人。我還想訪問更多人，訪問所有從早到晚出現在我眼前、生活在這些號稱最幸福國度裡的人。

然而，這樣的獨角戲也慢慢出現難以控制的窘況。在哥斯大黎加，我買了毛茸茸的麥克風防風罩，希望可以減少錄音時的風切聲。我將防風罩塞進橘色攝影機背包中，連同備用電池、幾個鏡頭、外接閃光燈和幾張記憶卡放在一起，背包外側還掛著腳架。現在還要加上幾公尺的麥克風延長線，這樣一來，不只背包會愈來愈重，攝影這件事也會變得更加複雜。

「大家好，我是麥珂。我來自德國[2]，我想了解你們為什麼在這裡能過得那麼幸福，可以就這個議題請教你的看法嗎？」

「沒問題！有何不可？」但是，這些答應接受我採訪的各國善心人士卻不知道，接下來我還需要十多分鐘架設攝影機和麥克風。好不容易裝設好攝影機，我還得一一確認，腳架擺正了嗎？畫面歪掉了嗎？打光的角度可以嗎？

「嘿，麥珂，別忘了，寧可讓畫面暗一點，也不要太亮。」艾格納在一旁提醒我。最後輪到麥

---

1 譯注：創立於一九五〇年，簡稱為「德廣聯」，為德國公共視聽（電視及廣播）節目製播來源之一。目前成員包含德國國家第一電視台（Das Erste），以及巴伐利亞廣播電台（Bayerischer Rundfunk）等十數家電視與廣播公司。

2 譯注：作者在這裡的德文句子中，卻用了英文的 Germany（德國）一字，表現她在說話當下緊張不安的心情。

克風了，這部分要是沒有人幫忙，還真的頗有難度呢！

「這個麥克風會殺了我吧！」當我在攝影機和麥克風之間來回五次，卻還無法搞定時，我帶著歉意笑說。我努力試著讓戴著防風罩的麥克風靠受訪者近一點，還要注意不讓毛茸茸的一球出現在畫面中，但每每不是擺得太高，就是太低，或是不小心又把它踢倒了。

最後，終於全部搞定，可以開始訪問了！就我所知，想要呈現最好的畫面，攝影機的高度應該擺在受訪者的胸部或腹部之間，於是我就在眾人充滿同情的目光下，扛著機器、彎腰駝背地站著，或是索性蹲在一旁。「都好了。」我笑著結束手邊的動作：「這還真的變成我每天的運動了！」如果沒有這樣自我解嘲，我大概早就撐不下去了。

我將頭靠向攝影機，喊著：「拜託，別看鏡頭，要看我這裡。」還要補充說明：「如果我藏到攝影機後面，看不到我也不要受到干擾，我只是在確認畫面。」我身兼數職，不只是導演，還兼攝影、錄音和採訪員。雖然不夠完美，但絕對是真材實料。

為了讓受訪者不會在等待的空檔突然改變主意離我而去，我想方設法地用西班牙語、英語或德語和受訪者閒聊，幸好所有人都願意留下來。旅途中大約有三百個受訪者耐心接受採訪，我對此深表謝意。

十三國之旅的緣起

我怎麼會有這麼瘋狂的想法？大概要回溯到開始這趟旅行的一年前：二〇一二年夏天。我對「幸福」這個議題一直很感興趣，就身為藝術治療師的專業角度來看，也希望自己能經常掌握最新資訊，因此只要與這個議題相關的研究報告都會找來閱讀。我希望真的有一天能透過演講和座談會的形式，讓我的同胞都活得更幸福一點。

那天早餐，我也是一邊喝著拿鐵瑪奇朵，一邊懷著這樣的心思閱讀著報紙上的一篇報導。那篇報導是關於經濟合作暨發展組織（OECD）[3]所做的《生活滿意度報告》（*How's Life?*）[4]，評比三十四個成員國人民對當下的生活滿意度，德國則是敬陪末座。我疑惑著為什麼自己的國家會再次名列後段班？只要是和幸福感有關的調查報告，得到的名次都不曾是前幾名，甚至遠遠落後墨西哥！但是就我的經驗，墨西哥人在物質上真的沒有太多令人開心的享受，因為我曾和丈夫，以及當時還年幼的孩子在墨西哥市住過兩年。或許墨西哥人總是笑容滿面，就已經是讓他們感到幸福的原因之一了。

---

3 全名為 The Organization for Economic Coopration and Development，由全球三十四個認同市場經濟的國家所組成的官方國際組織，其正式成員國多為人均收入較高的已開發國家。

4 譯注：其中最為人所知的內容為「美好生活指數」（Better Life Index, BLI）。

是德國人無法感到幸福？或是根本就不願意享受幸福感？抑或只是不相信自己能得到幸福？還是擁抱幸福這件事，根本不符合他們的生活觀？感受幸福的祕訣，難道早就存在一個國家的民族性裡嗎？在個人的幸福感受中，有哪些特性是由特定文化構成的？又是什麼讓其他國家的人感到幸福？哪些生活態度、想法、環境特別容易讓人感覺幸福？我的疑問接連冒出，偏偏我又充滿好奇，而文化差異總能引起我的興趣。「妳知道嗎？」那天早上我這麼對自己說：「乾脆親自跑一趟問清楚吧！」

我在將近一年後的二〇一三年七月二日星期二正式出發。早上九點十二分，在慕尼黑機場搭機，目標是幸福感全球第一的哥斯大黎加首都聖荷西。那是這趟旅程的第一站，而遍訪全世界最幸福的國家則是這趟旅行的目的。我從歐洲啟程到南美洲，經過北美，直到地球的另一端：當時我手上的研究報告對全球最幸福國家的評比排名，在哥斯大黎加之後，依序是丹麥、冰島、瑞士、芬蘭、墨西哥、挪威、加拿大、巴拿馬、瑞典、澳洲、哥倫比亞和盧森堡，而這十三個國家也是我在本書中要一一到訪的國家。

我的行李裡除了攝影器材以外，也裝進自己的雄心壯志：我想經由認識這些國家領受幸福的祕密，讓自己家鄉的人距離幸福更近一點。當時我還不確定，這段旅程會以書籍或影片的形式發行，但是既然我已經親自到了那裡，就決定所有影片都要以製作電視節目的品質拍攝。保守行事總是好的吧？事情應該就這麼簡單，我如此以為。但可惜的是，計畫總是趕不上變化，在此之前我頂多只用過智慧型手機，光是使用專業的攝影設備就是一番折騰。德廣聯攝影專家艾格納看到我有點沮喪的眼神，還笑著鼓勵我：「我相信妳，妳做得到！」

該怎麼說呢？我確實做到了！我在雪梨的沙灘上、輕鬆閒聊間就組裝好攝影器材；冰島的暴風雨中，在攝影機和麥克風之間來回拚搏十幾次，無論如何就是要完成採訪；深夜在巴拿馬的餐廳裡，懷著忐忑不安的心情做影片資料備份……；而生活在這些幸福國度裡的受訪者，都如此信任我的採訪內容，帶給我繼續前進的力量。

「你認為自己是幸福的人嗎？」

「什麼樣的情況會讓你感到幸福？」

「生活中最重要的是什麼？」

「最大的願望是什麼？」

「你覺得為什麼貴國的人民可以感到特別幸福？」

「你會如何形容貴國的民族性？」

「可以給我們哪些建議？」

「你對未來的展望如何？是正面或負面？原因為何？」

「如果幸福指數量表（Glücks-Skala）上有零到十的分級，零分代表非常不幸福，十分代表非常幸福，你會怎麼評價自己的幸福感受？」

塞滿行囊的幸福祕方

出發前的幾個月，我利用下班後的晚上做行前準備，一邊還要擔心經濟問題，因為旅行的花費確實把我原先的生活預算開了一個大洞，但是現在回想起來，卻覺得一切都是值得的：從第一天開始，我就深深被這些受訪者的坦率與熱情所吸引，他們對我是如此的開誠布公。

無論是在街頭訪問，或在採訪過程中，我都受到當地人熱情招待：比如某次在加拿大蒙特婁，我只是在讓—賽巴斯堤昂（Jean-Sébastien）開設的餐廳喝一杯瑪奇朵咖啡，就被陽．瓊絲頓（Jan Johnston）邀請到相隔不到一百公尺的露台上共進早餐；在澳洲雪梨，喬（Joe）為了送我趕赴一場約好的採訪行程，特別開了半個多小時的車；還有在瑞典斯德哥爾摩，碧特（Bitte）在家中為我處理腳上的水泡；挪威奧斯陸近郊，洛特．葳孔特（Lotte Wikant）讓我在她家穀倉上的住處過夜；哥斯大黎加的一所幼兒園裡，曾經有三十張稚嫩的臉龐為我合唱他們的國歌；幸福研究專家耶杜瓦多．威斯．耶磊剌（Eduardo Wills Herrera）陪我跑遍在哥倫比亞首都波哥大的每個採訪行程；在冰島雷克雅維克，蘭娜．瑛吉碧佑格．畢達絲多緹兒（Nanna Ingibjörg Viðarsdóttir）充當我的臨時攝影助理整整三天的時間……我在此想向所有參與者表達深深的感謝！若是在採訪過程中沒有各位的協助，我的旅行應該無法進行到最後。雖然自知這趟旅行要冒很大的風險，但我的座右銘是：如果你在人生中真的想要什麼，就要努力爭取。

於是我出發了，並且期許自己希望能用各國不同的幸福祕方塞滿行囊，然後把它們都帶回國。即使迎來的結果和原先的期待有些不同：因為那些國家的幸福來源，大多都有共同點。因此，我的行李箱裡漸漸充滿相同的幸福祕方！無論是在熱帶國家的燠熱中，或是在刺骨的寒冷裡；也無關乎是北歐式的冷眼旁觀，或是拉丁美洲式的熱情洋溢，能夠帶來幸福感的事情總有類似的關聯：

「順應你的心之所嚮！」（澳洲、冰島、挪威、丹麥、瑞士、加拿大）

「我的生命中最重要的就是自己。因為只有把自己的生活過好了，身邊的人也才會過得好。」（墨西哥、瑞典、瑞士、丹麥、哥倫比亞、盧森堡、冰島、巴拿馬）

「生命只有一次，因此我們都要盡力過好它。」（澳洲、哥斯大黎加、墨西哥、加拿大、盧森堡、挪威）

「我生命中最重要的就是我的家人。」（所有國家）

幸福齒輪中需要有點砂粒，才能凸顯平順的珍貴

幸福感的來源似乎具有跨文化性，但是仍存在些微的文化差異。例如：對丹麥人來說，需要極大的個人自由空間才能感到幸福，這一點就和澳洲人不同。

這趟旅行進行得愈久，就愈凸顯這些主要帶來幸福感的共同點。我總是充滿期待地蹲在攝影機

後，聽著他們對人生要事重視程度的排序，這些最幸福國家的人總有著同樣的安排，或是相同的生活觀，而讓我每每驚訝不已，這些看法都和典型的德國式觀點不同，我把這些內容整理在接下來的十三章裡。

那些生活在世界上最幸福國度裡的人，指引我們通往幸福的道路。別害怕，讀者們無須為了感受幸福，而一一嘗試書中介紹的十三種生活方式，也請別戴上完美主義的眼鏡來檢視不同的生活方式與觀點。把自己的生活過好就夠了，千萬不要為了感受幸福而承受壓力。就連我也只是做好某些層面而已，比如自由安排自己的生活，還有和其他人產生連結這兩項上，但是在其他方面就不是做得那麼好，像是如何活在當下。

讀者也無須強求一定要達到幸福指數量表上的十分，其實只要能有八分就足以擁有滿意的人生。重點是方向要正確！如果讀者問我自己會打幾分？我會評上八．五分。讀者在之後的章節裡，也將了解為什麼幸福指數量表上的十分並不值得刻意追求。有時候幸福的齒輪中也需要有點砂粒，才能凸顯平順的珍貴，因此幸福的人也可以偶爾有不如意的時候。

至於幸福指數量表上的十分，通常會在短效而密集的幸福情境中感受到，就像陽光突然從烏雲中探出頭來，暖暖的光線溫柔地輕撫鼻尖這樣的感受。當然，這只是非常微小的「十分」幸福感，但不也正是這些小小的「十分」，才讓我們稱為幸福嗎？然而，幸福這件事往往不是那麼簡單容易的。人總不能為了要用幸福填滿生活，無時無刻都專注在蒐集這些「十分」的幸福，再把這些「十分」像是珍珠一樣串成項鍊，然後掛在脖子上四處炫耀。有句話是這麼說的：「把想做的事情做到了，就是幸福。」

至少這種微小而短暫的「十分」幸福感，並不是讀者在本書中即將讀到的那種。我這裡要談論的是已經與個人的性格緊緊相扣，成為個人不可切割的一部分、渾然天成的幸福感。在雪梨，我遇到專門研究幸福的權威專家——羅伯特．寇明斯（Robert Cummins）教授，他曾說過：「短暫的幸福感，無論是偶然的、濃烈的，或是已經成為過去式的，都與幸福的性格之間有著明顯差異。所謂幸福的性格是指，長期在精神和心理狀態上都能呈現良好感受的人格特質。」

或許寇明斯教授的這番話，更能闡釋我想要表達的幸福定義。那麼，我們又該如何才能達到這樣長期又深植內心的人格特質，進而擁有圓滿人生呢？這就是我想追根究柢的問題。因為所謂「幸福」應該是一個人如何安排生活所呈現的結果，所以我期待讀者能在本書中得到一些啟發，重新調整各種人生要事重視度的排序。幸福的感受有時可能就在喝一杯咖啡的短暫時光中稍縱即逝，但是如果讀者也期待經常能感受愉悅，就一定可以在生活中找到創造幸福的機會。

從名列前茅的幸福國家，找出改變現狀的可能

這是我的座右銘，但是唯獨有一件受人囑託的事卻未能實現。由於人的幸福與否不見得可以從

外表看出來，因此電視台規劃一個探討幸福議題的節目，當時預訂於二〇一三年底播出。播出前，那個節目的製作人來找我，希望在採訪過程中能幫他問一個問題，他考慮把與這個問題相關的一些畫面運用到節目上。他特別叮囑我：「當妳詢問別人『什麼事情讓他們感到幸福』時，請順便留意，讓被問的人在回答這個問題時，臉上能帶著笑容。」但是，實際進行訪問期間所遇到的人，卻不一定都帶著笑容回答這個問題。

至少這樣的期待在芬蘭就完全行不通，我曾在街頭試著訪問害羞的芬蘭人，都被他們躲開了，直到遇見十九歲的寇納（Conna），才終於有人願意在鏡頭前接受訪問。那天他在赫爾辛基的晨光下，坐在階梯上看報紙，身上穿著紅白條紋T恤和灰色褲子，金黃色短髮俐落俊俏。

「你認為自己幸福嗎？」我用鼓勵的口吻問道，而寇納看起來似乎有一點沮喪，就像是剛剛受到什麼打擊。「嗯，我很幸福。」他回答的聲調一點也聽不出情緒的高低起伏，臉上也看不到任何笑容。「那……我懂了。」我在心裡想著，接著問道：「如果幸福指數量表上有零到十分……」還不等我問完，他就抬頭看著我，用乾澀的語氣回答：「八．五。」

寇納自我評分的幸福感，甚至還比芬蘭的平均值七．九分高出〇．六分。多出的〇．六分可以代表什麼呢？零點幾的數值聽起來似乎微乎其微，但是在幸福感受度上可能造成極大的差異。想像一下，單身的你身旁正站著一對男女，而這對男女的關係剛好處於新婚燕爾的甜蜜階段。在研究數值上，這對男女的幸福感受度應該比你還多出〇．四分。以哥斯大黎加的幸福指數平均值八．

五分，而德國只有七．一分為例，相當於每個德國人身邊應該至少要有三對新婚夫婦，才能勉強追上哥斯大黎加人的幸福腳步。這樣一想，似乎對德國低迷的生育率來說，提升幸福感受度還不失為完美的解決方案！

有很多針對幸福感受度的研究調查，但是各國排名總存在些許差異。有時候丹麥排名第一，另一次的調查結果可能又是哥斯大黎加或加拿大領先，取決於受訪的時機、訪問哪些人，以及問題的設計。但事實是：排在前面的總是那幾個國家，從來沒有進入前幾名的也總是那些國家，比如德國便是其中之一。

我挑選「全球快樂資料庫」（World Database of Happiness）[5]做為這趟旅程的數據基準，這個資料庫蒐集過去一百年來全球對幸福研究的成果，並且加以分類。這個資料庫最初是由鹿特丹大學（Erasmus Universiteit Rotterdam, EUR）的魯特．維恩霍文（Ruut Veenhoven）教授倡議建立，並由他帶領的研究團隊進行後續資料建檔與維護。針對幸福感的樣貌，目前資料庫中有約有兩萬四千項研究成果，分別發表於九千多份學術性出版品中；也就是說這個資料庫不僅涵蓋內容廣泛，提供的資料也很可靠。這樣一來，我就能夠安心規劃旅程，不必隨時因為讀到其他新的幸福研究

5 「全球快樂資料庫」是針對主觀生活評價研究成果的網路資料庫，該資料庫涵蓋範圍廣及全球一百六十五個國家，研究中對幸福的定義是以生活整體做評估。

結果，而臨時更改行程。

出發前蒐集資料時，我曾在二〇一二年底前往維恩霍文教授位於鹿特丹的辦公室，和他進行會談。從他書桌上的混亂狀況看來，我揣想進駐這間辦公室的人一定有著非常偉大的靈魂吧！維恩霍文教授是幸福研究領域的「老人」，鑽研相關議題已經超過三十年，白髮、白鬚，還有無框眼鏡後像頑童一樣慧黠而炯炯有神的眼神。

「說到幸福啊！」教授說：「應該全世界都是一樣的。至於你是否真的感到幸福，就只有你自己知道。所以，要問人是否覺得幸福，這樣的問題當然適用於全世界。」從受訪者的回答中，我們應該可以學到什麼，至少丹麥專門研究幸福經濟學的克里安．畢昂司寇夫（Christian Bjørnskov）也如此認為：「世界上最幸福的幾個國家每年都是那幾個，也就是說我們或許可以從中了解，有哪些因素可以應用在其他國家，讓其他國家的人也變得更幸福。」

堆疊了眼淚、努力與用心的旅程

世界上許多不同國家的人，都為本書貢獻心力，甚至有些人還貢獻了眼淚，把他們的生活觀，還有眼中幸福的模樣呈現給讀者，就算我像雜技演員一樣蹩腳地架設攝影器材，他們還是很有耐心地等我，直到採訪結束。我希望讀者了解這些付出背後的可貴，把本書當作引玉之磚，希望書中呈現的生活觀，讓你在規劃生活藍圖時能派上用場。讀者無須為了享受幸福，而讓自己變成冰島人或哥倫比亞人，但是或許能從他們身上截長補短，開創屬於自己的新視界。

順帶一提，我在回國後經常被問到，想不想移民到這些最幸福的國家？直至目前，我已經在荷蘭生活十三年、在墨西哥生活兩年，這兩個國家都在最幸福國家中榜上有名，但我終究還是回到德國生活，而我也喜歡待在這裡。就像戀愛一樣，我愛德國，就會愛它的全部、愛它的缺點、愛它醜陋的傷疤，或是其他令人會心一笑的特點。

因此，我面對這樣的問題總是會如此回答：與其再次移居其他的國家，不如就把幸福迎回自己的國家吧！因為個人甚至社會是否能夠幸福，都掌握在自己手中，無論是你的還是我的，每個人都是存在社會中的小小分母。如果能從每個個體開始改變，整個社會的氛圍應該也會有所變化。這個想法太夢幻了嗎？一點也不，因為德國是有幸福潛力的：看看二〇〇六年時，德國足球代表隊的表現如何讓全世界刮目相看[6]，二〇一四年也同樣如此[7]。我們與世界各國的人一同慶祝、一

6 譯注：二〇〇六年世界盃足球賽時，德國為決賽地主國，作者與譯者通信時表示當年度德國代表隊雖然並未取得冠軍，但是賽事順利落幕，期間德國上下呈現的好客氛圍和歡樂氣氛，讓世界上許多國家對德國人一絲不苟、不苟言笑的印象有所改觀，而這也是作者所說的「德國人通往幸福的潛力」。

7 譯注：德國於二〇一四年度世界盃足球賽登上總冠軍寶座。

起大笑，之後德國人對國際社會的動態也更友善與關心了。

在這趟旅行之後，我已不再是原來的我。世界上最幸福的人所說的話，都深深烙印在我心裡。我從他們身上學到的，彷彿是我終於說服了「幸福」，而「幸福」最終也願意留下來陪伴我。我希望，讀者們在讀過本書後也能有這樣的感受。

接下來，就讓我們一起進入這段旅程吧！

1
精靈的國度——冰島

幸福關鍵字　樂天

世界上應該沒有其他族群會像冰島人一樣，要如此極端地面對生命中的變幻無常和自然環境的局限，所以冰島人寧願盡可能活在當下，也都明白想做什麼就要及時行動。冰島人的性格大膽、又充滿想像力和創造力，還很有幽默感。試想：世界上還有哪裡的人會選最喜歡的喜劇演員擔任首都市長？

飛機降落在冰島。經過在哥倫比亞和哥斯大黎加熱鬧開場後，我望向窗外的景色，不免有些失望。「如果從外太空看向月球，大概就是這個景象吧！」我心想。後來，曾經派駐斯堪地那維亞半島、擔任德廣聯特派記者的提爾曼．卜恩茨（Tilmann Bünz）告訴我，在第一批踏上月球的太空人中，阿姆斯壯（Neil Armstrong）在出發前往月球前，確實曾在冰島做過登陸訓練。

哈！原來世界上排名第三幸福國度的人，就生活在像月球表面的地方啊！我可以想像，如果一個地方全年平均氣溫在五．四度，甚至在被稱為夏天的七月也只有十三．三度，然後放眼所見盡是無趣的天然景觀：一望無際的荒涼、看起來堅硬頑強的地貌，而且真的很冷！那是身體明顯能感受到的寒冷！所以我在第一天就衝進一家冰島商店。十分鐘後，身上穿著長及大腿的羊毛上衣、戴上手套，才能重新站回攝影機後開始工作。當時還是八月，一個有著和煦陽光的日子，在遮蔭處大約攝氏五度，我總覺得每次風吹來，都像拔掉頭髮一樣冰冷刺骨。

接著，有兩個冰島人站在面前，我還以為自己看到的是托爾金（John Ronald Reuel Tolkien）名著《魔戒》（*The Lord of the Ring*）裡的精靈，結果竟然是研究幸福的專家——朵拉．古德潤．谷特孟絲多緹兒（Dóra Guðrún Guðmundsdóttir）和助理畢達絲多緹兒。

谷特孟絲多緹兒的膚色白皙清透、唇色紅潤、深棕色長髮和充滿熱忱的眼神；而畢達絲多緹兒則是掛著淺棕色、微捲的及肩長髮，她的眼眸湛藍而深邃，簡直就像是把冰島的藍色珊瑚礁放在這張稚嫩可愛的臉龐上，再配上豐滿的雙頰、甜美的嗓音，還有令人著迷的微笑……

當我還沉浸在童話世界時，谷特孟絲多緹兒非得和我談起工作，硬生生把我拉回現實。的確，谷特孟絲多緹兒熱愛她的工作勝於一切，而且她真的不是童話世界裡的精靈！她是三個孩子的母親，也是歐洲正向心理學協會（Europäisches Netszwerk für Positive Psychologie）的理事長，正職更是芬蘭身心健康審委會主委。身心健康審委會是芬蘭健康部下屬的國民健康理事會中，對於國民身心健康相關政策有發言權的行政單位。

在我們見面的那段時間，谷特孟絲多緹兒正在研究冰島金融危機對該國國民身心健康的影響。我出神地望向雷克雅維克市街、看著街上低矮的彩色小屋，有紫色、黃色、綠色……「幸福並不意謂著隨時掛著笑容，而是一個人對自身整體生活滿意度的評價，還有當生命中出現無法預測的意外時會如何面對。」谷特孟絲多緹兒的話再次催促我回到現實，而且冰島人似乎最晚才從銀行宣布破產開始，學會這種回到現實的能力。

「身為冰島人，有時候覺得自己就像維京人，受到自然環境限制，必須航向遠方的世界，想辦法征服陌生市場！」谷特孟絲多緹兒接著說：「先是二〇〇八年的金融風暴，接著我們國家就破產了。」她在說這段話時，臉上帶著微笑。我們當時在市區裡一家布置溫馨的小餐館，餐館的門漆上土耳其藍色，材質是現代感十足的波浪狀鋁質帷幕牆。不知道為什麼，這裡似乎無論什麼東西都小一號，除了價格以外。我點了一杯紅酒，但是價格卻讓我一度以為自己是不是買了一部二手車。

提到酒，在冰島只有國營商店才能買到，而且這些賣酒的國營商店都很有使命感，致力於讓冰島人戒掉菸酒，而這樣竟然也成功了：目前冰島境內只有一五%的成人和三%青少年吸菸。冰島政府照顧人民的身心健康，國民也懷著感恩的心情欣然接受。例如，冰島政府在二〇〇五年底寄給每位國民一個冰箱磁鐵做為耶誕禮物，那塊冰箱磁鐵上洋洋灑灑寫上「幸福十戒」。谷特孟絲多緹兒告訴我：「那十條戒律是我們針對眾多在個人成就和幸福感雙方面都得到滿足的人，所得出的研究成果。就健康部的觀點而言，目標是創造理想的社會，而且人們在這個理想的社會體系裡，不只會覺得幸福，都能參與其中，找到屬於自己的位置。」

十條戒律之一的「從錯誤中學習」，竟然就在不久後的二〇〇八年得到慘烈驗證。那年冰島遭遇的金融風暴，簡直就是該國史上最嚴重的一次船難，但是這個國家卻以驚人的速度復原了。

「冰島人總是覺得船到橋頭自然直，也許這也算是一種抗壓力吧！我們以前就很有創意巧思，在面對困難時總是能想辦法尋求各種機會與解決方式，也就這樣撐過了金融危機時期。」谷特孟絲多緹兒一邊若有所思地望向遠方，一邊這樣說著。

金融風暴帶來的啟發

根據冰島健康部以身心健康為題的問卷統計結果，冰島人在金融風暴前後的幸福感受度竟然相同，即使實際上歷經金融風暴後的冰島，有不少人在生活上面臨急劇改變：例如，有些銀行從業人員在金融風暴發生後不久就出海捕魚了，就像安納．耶爾林頌（Arnar Erlingsson）目前正在一艘大型貨船上的廚房工作，他對我說：「也許在金錢中可以找到幸福，但是在冰島，我們必須從那段艱難時期得到教訓，就是我們實際上並不需要那麼多物質享受。」

冰島人從金融風暴中學到的，還有「我們開始思考，可以如何重新定義社會結構」。谷特孟絲多緹兒告訴我：「在那之後，我們的經濟狀況大不如前，但是我認為我們也不想再回到那條路了。」說到這裡，谷特孟絲多緹兒終於露出放鬆的笑容，望向遠處的大海。

整個冰島就像一個大家庭，在這個大家庭中的每個成員都備受呵護。也許正因如此，這個小小的火山島國才能連續五年在《全球性別差異報告》（*Global Gender Gap Report*）[8]中穩坐第一名的寶座。這項報告主要調查，全世界女性在各個國家中經濟、政治、教育與健康等領域的參與度，而「家庭」這個議題，在冰島的國家政策上正好就一直被列為優先處理項目。

「在我們的大學裡，有很多為家庭生活設計的專屬空間，因為我們認為在就讀大學期間生育孩子是理所當然的事。」二十五歲的畢達絲多緹兒這麼告訴我，在我身旁這個像精靈一樣的年輕

---

8 《全球性別差異報告》是由世界經濟論壇（World Economic Forum）主導，並與美國哈佛大學（Harvard University）及加州大學（University of California）共同合作的調查成果。

女孩，目前正在大學心理系攻讀學位，她經歷喪夫之痛，是一個五歲男孩的母親，大學裡這些為有家庭的在學學生所做的支持規劃，對她而言感受自然特別深刻。冰島的生育率在二〇一三年遙遙領先歐洲各國，德國的生育率在那一年卻是倒數第一。

「我經常被問到為什麼冰島人可以那麼幸福？在那麼冷的地方，真的還能感受到幸福嗎？」谷特孟絲多緹兒停頓一下，接著微笑看著我，肯定地點頭說：「我確信冰島人真的很幸福，而且幸福的程度符合他們所說的那樣。如果仔細檢視那些能讓人感受到幸福的因素，不難發現幾乎多半與人的連結有關，我們剛好是一個小國家，人和人之間要產生緊密的連結並不難。除此之外，我們只能善加利用所擁有的一切，就好比這裡的冬夜漫長，我們會在家裡點起蠟燭，讓自己與所愛的人都覺得很溫馨；而且冰島還有許多的溫泉，對我們來說就是與親朋好友出遊的好去處；或者在暴風雨的日子裡，我們也會泡在溫暖的浴缸裡，或是享受別人幫你按摩，那真是太美妙了……」

大約在兩千萬年前，冰島在一場劇烈的海底地震中，從太平洋深處冒出，因此冰島地表的地層厚度較薄，靠近地表的岩漿濃度也較高。這裡的火山就像是冰島的心臟，不斷加熱地下水，而且每天平均有二十次地震，讓泉水不斷滾燙而沸騰湧出，就像是大自然的心跳脈動一樣。冰島的溫泉水聞起來有硫磺味，我在冰島時會避免用來洗澡，更別說刷牙了，溫泉水聞起來就像壞掉的雞蛋，簡直就是一大折磨！

在冰島，很容易就可以感受到各種感官知覺，比如地震或溫泉硫磺味的刺激。這個國家的自然環境隨時都可能會有變化，而住在這裡的人民，除了順勢而為以外，無法有更積極的作為。

不被動等待未來降臨

「昨天我從雷克雅維克出發，開了好久的車，直到黑夜籠罩周圍，我才走出車外，抬頭仰望天空。然後看到閃爍著綠色亮點的螢火蟲在身邊盤旋著，那時的我覺得自己就好像宇宙間一顆小小的砂粒，我好希望妳也能看到這樣的景象。」後來在船上掌廚的耶爾林頌在寄給我的電子郵件上這麼寫著。

冰島人說話時喜歡提到能量場域的概念，或是談論關於小精靈、神祕的小矮人族群或其他不可見的妖靈神怪。對冰島人來說，他們應該就存在窗外的某個地方。對此，卜恩茨也在所寫的書《致熱愛寒地的你：初學者的北歐世界》（*Wer die Kälte liebt: Skandinavien für Anfänger*）[9]中提到，對冰島人來說，這些神話或傳說既真實又不可忽視，所以道路建設局在做道路修建規劃時，甚至必須把靈媒納入工作團隊中。

反正相信這些精靈的存在也沒有什麼損害，因此寧可信其有，不可信其無。尤其冰島的人口

9 *Wer die Kälte liebt: Skandinavien für Anfänger*, Tilmann Bünz, München 2009.

密度每平方公里只有三個人，確實有非常足夠的空間與這些精靈們共享。

世界上應該沒有其他族群會像冰島人一樣，要如此極端地面對生命中的變幻無常和自然環境的局限，所以冰島人寧願盡可能活在當下，也都明白想做什麼就要及時行動。冰島人的性格大膽、又充滿想像力和創造力，還很有幽默感。試想：世界上還有哪裡的人會選最喜歡的喜劇演員擔任首都市長？

當二〇一〇年埃亞菲亞德拉庫爾火山爆發，世界各地的觀光客對於前往冰島旅遊感到卻步時，冰島人馬上就印製T恤，上面寫著：「我們沒有銀子，但有沙子！」冰島人不坐等未來降臨，哪裡有魚就往哪裡捕魚。為什麼要害怕未來？反正，未來之所以會稱為未來，就是明天以後才會發生，不是今天。

「Komdu sæl/l」（快樂的來）、「Vertu sæl/l」（快樂的去），冰島人用這樣帶有祝福意味的招呼語送往迎來，也告訴全世界，這些祝福一直都應驗在這個全球排名第三的幸福國家中。

追尋幸福的起點

世界上可以讓人感到幸福的事情很多，
好天氣、壞天氣，什麼都有可能。

——希格倫・夏塔朵緹兒（Sigrún Hjartardóttir），
冰島雷克雅維克市區附近的馬場主人

有沒有想過：如果幸福是那麼自然而然的事，自然到人們都不需要談論呢？如果得到幸福這件事，變得和擦防曬乳一樣理所當然呢？如果在面對生活突如其來的危難和變故時，幸福就順理成章地成為最佳解藥呢？應該沒有人會因為不知道怎麼使用防曬乳，而特別拿起說明書仔細閱讀使用方法吧！

對於世界上最幸福國家裡的人來說，和幸福打交道根本是家常便飯，就像我在墨西哥市希烏達德拉廣場（Plaza de la Ciudadela）上，遇到那對六十歲出頭、隨興跳起舞的夫婦，還有赫爾辛基階梯上帶著靦腆笑容的男孩，或是雪梨沙灘上的年輕家庭。當我問這些人：「你認為自己是幸福的人嗎？」時，通常會得到不同語言，但相同的肯定答案，無論是西班牙語的「Claro Que Sí.」、英文的「Yes, sure.」或德語的「Na klar.」，並且在這些短句之後，都聽不到任何強調意味的驚嘆號，一切是那麼的理所當然、天經地義。他們的回答就像是在告訴我：「我就是一個幸福的人，句號。除此之外，我還應該說些什麼嗎？」

如果有人問我，他們回答時怎麼都沒有歡呼的手勢？難道沒有眉飛色舞的表情？沒有像牙膏廣告一樣，露出牙齒的笑容？沒有，應該說不是每個人都這樣，因為幸福本來就是一件「正經」的事！如果不能用「正經」來形容，至少也應該認真看待。因為幸福的意義，本來就超越拆開福袋的那一瞬間，也比得到上面印有幸運草，要價一．九五歐元的馬克杯，或是在廁所撕下當天日曆當下的心情，還要多出許多。

「幸福就像是身體的肌肉，就是這麼單純的事實！妳不能在物質上找到幸福，幸福應該是一種生活態度。」我在哥倫比亞波哥大市中心的一家小型咖啡館裡，遇到個性活潑的女律師安娜．馬莉亞（Ana María）這麼對我說。的確，幸福應該是一種由每個人自行決定的生活觀。試想：如果在下雨的沙灘上，你會需要防曬乳或是一把傘嗎？答案應該顯而易見！

即便幸福是這麼自然的事，但是當我請這十三個最幸福國家的受訪者協助完成「我感到很幸福，因為＿＿＿＿＿＿。」的句子時，卻有高達九〇％的人像是遇到重大難題，而這也是唯一一個經常讓受訪者搜索枯腸地望向天空、緊張地蹙起眉頭的問題，接著一臉認真地對我說：「要在一個句子內回答這個問題？真的嗎？」

為什麼這個問題會如此難以回答？因為只要有人在的地方，幸福就無處不在。無論是心理學家、哲學家、醫學家、社會學家、經濟學家、政治學者，以及很遺憾地說，還有不少業餘心理治療師……來自各個領域的專家學者都在研究同一個問題：什麼可以讓人感到幸福？怎麼做可以為個人，甚至為社會整體帶來幸福？

對這些生活在世界上幸福國家裡的人來說，最關鍵的問題莫過於「我該如何過得幸福、活得滿意？」對於年僅十七歲的女學生瑪俐亞—荷希（Maria-José）來說也是如此。她獨立扶養一對三歲雙胞胎，住在哥斯大黎加聖荷西的貧民區，她告訴我：「悲傷的情緒對事情毫無幫助，我們都該保持正面想法，並且積極面對，過著有意義的生活，千萬不要讓日子平庸地溜走。我們應該全力以赴，表現出最好的自己，讓自己滿意自己的表現。」瑪俐亞—荷希對於未來有一個大計畫：她想讀大學。

把幸福意識深植於心

「怎麼樣才能把生活過好？」這個問題就像是對自己不斷提出挑戰，而這些最幸福國家裡的人也這麼努力著。因為對他們來說，這個問題就是生命中最重要的事。對此，移居德國已經九年的芬蘭人黎伊薩．基樂布呂特納（Liisa Kyrö-Blüthner）這麼對我解釋：「幸福是不能比較的，我覺得芬蘭人和德國人的差異應該只在於，芬蘭人認為重要的事和德國人認為的不同而已。」正是如此，顯然芬蘭人認為能活得幸福是重要的事，而他們也剛好很幸運，在芬蘭文化的發展歷程中，讓芬蘭人都可以輕易成為幸福的人。

還有丹麥人也經常在不同的調查中，被評鑑為世界上最幸福的人。決定定居在德國科隆的米歇．比爾貝克（Michel Birbæk），身為作家與編劇的他，父母都是丹麥人，擁有純正的丹麥血統，就對此做了簡單說明：「如果問德國人是否感到幸福，他們一定會先尋找五個理由，來證明為什麼不能覺得幸福。但是在丹麥，使用丹麥文的『幸福』（lykke）這個字就簡單多了。對丹麥人來說，如果覺得幸福，就說出自己感到幸福，或是說自己過得很好，都是再自然不過的事了。」

我想，應該也沒有任何一個國家的人會在同一時間點集結，然後一起手牽手，大聲說：「嗯！現在我們很幸福喔！」但是在北歐國家，幸福早就深植在與生俱來的民族性裡，他們有緊密的凝聚力、高度的信任感、幾乎沒有限度的自由意識，以及對他人的尊重。

我在挪威最北方的特羅姆梭（Tromsø）港邊遇到阿隆．哈芬（Aron Halfen），之後又在哈芬的遊艇上遇到他的朋友們，就是那麼輕鬆自然。哈芬是頂著金髮、個性開朗、三十歲出頭的大男孩，他總是會不經意地向我透露挪威人幸福的祕密：「這裡很重視對人的信任，我們只看別人最好的一面。或許可以說，這已經是北歐文化的一部分了，至少到目前為止都是如此。比方說，現在我們在船艙裡，如果等一下全部的人都上甲板，我們還是會把所有的東西都放在船艙裡，也不會鎖上船艙的出入口。」

對北歐人來說，對人充滿信任的特性可以理解成既是文化的一部分，也是歷史因素造就而成的，但是這種特性在德國人身上卻愈來愈難發現了。舉例來說，當過去北歐人早在荒涼又天寒地凍、到處都變幻無常的自然環境中，已經學到只有團結才能存活時[10]，德國人可能還在互相攻打。因為回顧德國的歷史，內部分裂、地理上的分隔，以及反覆經歷國土疆界分崩離析的心路歷程，在世界上十分少有。

因此，荷蘭的弗立茲·玻德曼（Frits Boterman）就曾在書上寫道：「德國近代從一八〇〇年至今[11]的兩百多年來，歐洲境內應該沒有任何一個民族像德國人一樣，為了國族認同打過那麼多場戰爭，德國的歷史不斷糾結在統一、自由與平等這幾個議題上。」有這樣的鄰居真好，多虧荷蘭人這麼理解我們。

但是，文化上還是有改變的可能，而且我們正在朝著正確方向前進，因為政府也把國民身心健康列入施政項目之一。二〇一四年底，我接獲加拿大幸福研究專家亞勒士·米卡羅斯（Alex

---

10 *Risk, cooperation and the economic origins of social trust: an empirical investigation*, Ruben Durante, Nov 2010, Munich Personal RePEc Archive.

11 *Moderne geschiedenis van Duitsland. 1800 - heden*, Frits Boterman, 2005, Uitgeverij de Arbeidspers.

Michalos）邀請，出席國際生活品質研究協會（International Society for Quality of Life Studies, ISQLS）舉辦的研討會（關於米卡羅斯，容我在之後的篇幅中介紹）。

而那場研討會在二〇一五年舉行時，德國國務委員赫爾格．布朗恩（Helge Braun）在演說中提到，德國政府也了解到，如果只著重經濟成長，並不足做為國民真正的幸福，因此計畫直接與人民對話：「對你來說，何謂生活品質？」、「人生中，你最重視的是什麼？」想要以這兩個問題為出發點，建立一套指標性方針，藉此發展「身心健全」的德國。

布朗恩表示，為了找出一個足以代表「幸福」的詞彙，政府有關部門花了好久時間才找到「身心健全」這幾個字。聽到這裡，當時與會的其他國家代表紛紛搖頭，露出不是很認同的訕笑，因為感到快樂時就會表達出相應的訊息，在其他國家並不是什麼特別的事。

「德國政府希望能創造出讓國民都感到幸福的未來。」當時國務委員布朗恩以這句話結束那場演說。所以，要感覺幸福是有可能的！社會的改變只要由上而下，就如同人與人之間的關係層層相連，可以互相牽引、產生影響，只是最終的決定權還是在個人、在我們之間的每個個體，就算政府對於「幸福」這個字詞還保守以對，但是或許可以由我們用身體力行做為說明，讓主政者更明白幸福的樣貌也不無可能。

瑞士人、加拿大人和芬蘭人也都認為幸福很重要。歐勒（Ole）想了想，說：「是這樣的，人總有一天要自己決定，到底要不要走向通往幸福的道路，而我也察覺到自己比較喜歡幸福這條路，所以就專心走在這條路上。」他是赫爾辛基的銀行從業人員，我在銀行午休時遇見他。

幾乎在每個最幸福的國家中，我都會遇到不帶條件、純粹認同幸福概念的人，比如在特羅姆梭海邊遇到的琳達（Linda），當時正帶著小女兒的她告訴我：「我是快樂的人，因為我會看事情好的一面，遇到困難時也會主動尋找解決方法。對我來說，家人就是最重要的，只要我們聚在一起就能感到幸福，我們也都滿足於已經擁有的，不會一直追求想要的。」

由上述兩段紀錄可以看出，大家都同樣在往更幸福的方向構築生活。

同樣這麼做的還有麻麗亞—特樂莎（María-Teresa），她的莎莎舞姿美極了，在墨西哥市中心和上百個墨西哥人一起跳舞，唯獨她的舞姿令我著迷。「我們來到這個世界，就是為了享受幸福，而幸福就在我們體內，不需要在物質享受中尋找，也不是在事業成就裡，更不是要去征服什麼，最先要做的反而應該是征服自己的靈魂和心。如果做得到，我們就會覺得幸福、快樂，那時候幸福也會常駐心裡。」

每個人都是自己的主宰

你人生中最重要的事是什麼？你把什麼事情排在第一順位？排定以後，你確實去面對這件事嗎？對於基樂布呂特納來說非常明確：就是與家人在一起，還有和朋友相處，這些對芬蘭人來說就十分重要；對麻麗亞—特樂莎來說，是人生中的歡樂與享受。

那麼對我們來說呢？社會地位、權力、金錢，還是房子、車子和保險？我們似乎都期待上述列出的幾件事，總有一天會為我們帶來幸福。可能吧！但無論是哪一種，如果只是空想，幸福不會從天而降。

「如果你真的想要覺得幸福，就要立下目標。不可能只是無止盡地購物，然後期待會因此感到幸福。」來自冰島的谷特孟絲多緹兒說。她在說這句話時正微笑著，輕輕揚眉。

來自丹麥奧胡斯（Aarhus）的高中畢業生米樂（Mille）說的話也有異曲同工之妙，她說：「我是幸福的人，而且我認為人就是自己的主宰，因此應該過好自己的人生。」正是為了好好把握自己的人生，眾人都以此為目標努力著。

瑞士的物理治療師海蒂（Heidi）也說：「我確實該為自己的幸福做一些事，不能只是枯坐著抱怨。」還有七十一歲的丹麥人契絲丹（Kirsten）在採訪後的那天晚上，又到我的臉書（Facebook）上留言：「別忘了，幸福並不會憑空降臨，必須自己創造！」

加拿大的歐琍維雅（Olivia）和她的丈夫，還有五歲的兒子艾力克斯（Alex）坐在蒙特婁的公園長椅上接受訪問。歐琍維雅一邊搖了搖嬰兒車，安撫家中最小的成員，一邊說：「人們總是有了幸福，還要再幸福一點，但是如果不斷追求更多的幸福，有時候反而要付出太多的努力。要達到幸福的最高點，應該只是一種過程吧！我也不清楚那是什麼樣的感覺。」說到這裡，她對丈夫笑了笑，繼續說：「但是無論如何，我感到幸福的時候還是比哀愁的時候多一些。」

這並不意謂著，當我問到「『幸福指數量表』上有零到十分，零分代表非常不幸福、十分代表超級幸福，你覺得你在哪裡？」時，每個受訪者都會回答「十分」。全球快樂資料庫的建立者維恩霍文甚至警告：「研究顯示，一直處於『十分』的人，有太過幸福的傾向。事實上，那麼幸福的人幾乎只看事情的光明面，然後為了維持那樣過分的幸福，往往付出更多，但同時也要承受更高的風險，因為他們的努力可能會白費。一般而言，八分和九分的幸福感是在幸福的狀態下還能保有理性的人。」說到這裡，維恩霍文自顧自地笑著。我們對於幸福的感受確實沒有必要那麼苦苦追求，像吸毒成癮那樣，肯定不是！

自己決定要幸福的人生，也自動自發地朝向幸福的人生路邁進，使得生活在世界上最幸福國家裡的人都成為世界上最幸福的人。這樣說來，德國人也有一手好牌，因為他們不正是以能果斷做出決定，並且善用紀律解決問題而聞名於世嗎？如果說到完美主義和效率，德國人更是在行。

蒙特婁的讓—賽巴斯堤昂興奮地描述著：「聽過德國汽車發動時的引擎聲，再聽到其他國家製造的汽車引擎聲，就知道什麼叫做完美的精湛工藝。」

拉司．基爾賈德（Lars Kjeldgaard）是丹麥一家工程事務所的主管，也贊同地點頭說：「無論是知名品牌如西門子（Siemens），或在汽車製造業方面，德國一直都是市場領導者，只能說他們真的很成功。在各種危機中，德國人的表現也有目共睹，像現在德國就為其他國家做了很多。」

開車把我從哥斯大黎加聖荷西機場送到飯店途中，拉法耶爾（Raphael）也對上面的觀點認同地點頭說：「德國人遇到問題，不只能迎刃而解，還能從中再往前進一步，發展出更好的新技術，根本就是愈挫愈勇的民族！」

本書就是要幫助你們得到幸福的努力，要讓你們努力在邁向幸福的路上不會半途而廢。每個人都可以成為最好的自己。希望讀者的人生路途上可以少一點後悔，並且在讀過本書後，如果有一天回頭看這一段生命中曾經做過或放棄的，不會感慨地說：「如果當時我有更多時間和朋友一起度過就好了！」或是「如果我更常去聽音樂會就好了！」簡單打個比方，如果在太陽下，我更常記得擦防曬乳就好了，如果我能為自己的人生幸福再多留心就好了……

重新定義何謂「最重要的事」

大部分最幸福的國家，都已經有好幾百年幸福取向的文化傳承，這對德國來說並不公平。但是，既然沒有人送給我們，還是可以自己創造。生命中所有的事都是同樣的道理。沒有承襲到幸福取向的文化，不該是乾脆鬆懈下來或放棄努力的藉口，或只是聳聳肩，然後無助地啃著指甲仍然無所作為，更不該是沉溺在自憐自艾中的理由，反而更應該鞭策自己不斷努力變得更好，並且從別人成功的經驗中學習。

這樣做會不會有點像是在餐廳裡，坐在自己的位置上窺探隔壁桌都點了什麼菜？為什麼不行呢？這麼做並沒有忌妒的成分，而是要求自己向成功的例子看齊。只是有哪些概念是可以向別人學習的？別人又會給予我們什麼建議？

「我們是誰？怎麼可以給德國人建議？妳又能給墨西哥人什麼建議呢？」上面的疑問再清楚不過了，這是我在採訪時被受訪者反問的，那是我在墨西哥市瑪塔・杜蘭・德・巫維塔（Marta Durán de Huerta）家客廳遇到的情況。巫維塔的客廳雖然舒適，但是小了一點。女主人是墨西哥某份政論報紙的編輯，也是荷蘭廣播電台（Radio Nederland）的派駐記者。此外，她說了一口流利的德語，在反問我時還俏皮地眨著眼睛，像是要喚醒我一樣。

巫維塔的家坐落在墨西哥市「普通」區域的一條「普通」墨西哥街道上，屋內鎖得密不通風，讓我不由得想起作家愛德華多・加萊亞諾（Eduardo Galeano）曾經在所寫的《拉丁美洲：被切開的血管》（*Die offenen Adern Lateinamerikas*）[12]一書中提過：拉丁美洲是一個扭曲的世界，有錢人把自己鎖在屋子裡，罪犯反而自由地在街上活動。但是，根據我的觀察卻不完全如此，這裡的窮人也把自己鎖起來。無論房子多小，每扇窗戶上都還裝設已經生鏽的柵欄，有些柵欄看起來甚至像是整棟房子最堅固的部分。

---

12 *Die offenen Adern Lateinamerikas: Die Geschichte eines Kontinents*, Eduardo Galeano, Wuppertal 2004.

一如我會詢問每位受訪者：「你想給德國人什麼建議嗎？」我也問了巫維塔同樣的問題，但是這一次卻意外地被她反問回來，我當場愣住了，她卻還用充滿挑戰的眼神盯著我看。

我想著：對啊！我能給這個國家什麼建議？這個國家雖然有貧窮、暴力、貪汙等等一大堆的問題，但已是新興工業國，也是經濟合作暨發展組織的一員，我還能給他們什麼建議？重點是，就算有那麼多的問題，這個國家的人民竟然還覺得自己很幸福！難道我要建議他們：你們應該再準時一點、工作再努力一點，才能趕上德國這個模範生嗎？可是這樣一來，你們的幸福可能就會少一點，有時候可能要咬牙苦撐，然後生活中會少了很多樂趣……但是有誰會關心這些呢？反正只要你們這麼做了，應該就會更成功，會更被人看得起、變成有實力的強國，經濟持續成長。但是，我說你們應該還有其他更重要的事！

然而，哥斯大黎加、墨西哥和巴拿馬這些國家，並不準備為我們定義的成功付出上述代價。如果要把我們對進步的定義套用在拉丁美洲，馬力安諾．洛哈斯（Mariano Rojas）這個拉丁美洲研究幸福專題的權威學者就從中窺見危機，「如果集中資源成就經濟成長，這裡的人勢必要付出某些看重的事物做為代價，比如社交時間，這樣一來，雖然經濟成長了，但幸福卻減少了，所以我們才說應該重新定義什麼是進步。」

這樣的代價確實太高了。想像一下，因為對味道、聲音和顏色分別制定超標上限的規範，墨西哥街上原本充滿鮮豔的色彩可能就再也看不到了；隨興又熱鬧的墨西哥街頭民樂（Mariachi-

Musik）必須整整齊齊地排排站才能開始表演，還有樂趣可言嗎？原本和人錯身而過時可以聞到各種不同的誘人香味，也必須全都消失？所有生命中真正值得的事情，現在都變成在浪費生命？哪些事情是我們認為重要的？是幸福快樂、功成名就，還是兩者皆是？我們只能二選一嗎？或是只要重新定義生命中的重要事項，或調整它們的優先順序，就有可能呢？

這些世界上最幸福的國家，大部分都將快樂生活擺在人生要事的第一順位，至於其他願望則認為都必須排在幸福後面才行。這些最幸福國度裡的人都在邀請我們和他們一樣愉快過日子，這讓我想到夜貓子莫里斯（Maurice）。我在波哥大鬧區遇到莫里斯和他的朋友，他告訴我：「到哥倫比亞來吧！繞著地球旅行，然後在旅行中學習！不要去思考物質上或政治上，甚至宗教上的問題，而是思考要怎麼樣才能活得幸福，怎麼做才能實現夢想。」

「而且這個目標必須用人的一生去努力。」洛哈斯的哥倫比亞同僚，耶磊剌教授也這麼認為：「最重要的是，人應該善用休閒時間改善生活品質，加強個人與社會、家庭的連結，讓自己過得更幸福。那和命運、信仰或是我在哪裡出生都沒有關係，只需要專注在讓自己對生活感到滿足、全力以赴地感受生活，並且克服負面的想法就可以了。」

「我很快樂，因為生命太美好了。生命中會出現不同的機會，當發現適合自己的機會來臨時就要奮力撲向它，把它牢牢捉住、讓它留在身邊。」

——羅柏（Rob），醫生，澳洲雪梨

「如果仔細檢視我們的生活，一定可以發現讓我們感到幸福的事情。有時候我們需要做的，就只是在那些可以讓我們覺得幸福的事情上多花一點時間。」

——威仕（Wes），工匠，加拿大布蘭登（Brandon）

「如果可以這麼說的話，大概就類似人往哪個方向思考，就會變成那樣的人。如果總是看到事情不好的一面，久而久之也會變成負面的人。人有可能自我改變嗎？我就覺得自己是幸福的，因為我想要幸福，也會為了我想要的愉快生活而努力。」

——基爾貫德，工程事務所主管，丹麥阿爾堡（Åalborg）

「我的父親總是告訴我，幸福生活是生而為人的目標。或許經由工作或做善事就可以達到，但無論如何，既然生而為人，就要持續以幸福生活為人生目標。」

——璜・賽巴斯提安（Juan Sebastián），工程師，哥倫比亞波哥大同理，德國人也做了選擇：先工作，再享受。他們深信沒有付出，就沒有收穫，因為生活從來就不容易。他們追求的，不外乎是財富、名聲和權力，並且因此受到尊重，同時也確實擅長那些達到成功的特質，比如追求完美、有效率及一絲不苟。確實，相對於許多生活在世界上最幸福國家裡的人來說，德國人真的很少遲到。

任何一個決定都會帶來不同的人生風景。是否記得？幸福本來就是我們如何安排自己的生活之後所產生結果。決定要過得幸福的人，就必須改變生活態度，也要能夠調整生命中重要事項的優先順序。

但這並不是說，從現在開始，德國人的所有約會都要遲到，這樣一來，原本的社會結構恐怕會崩潰，而是希望他們能多一點彈性，人與人之間更多一些理解與包容，如此一來，應該就可以留給彼此更多的餘地。這很困難嗎？以德國人迄今為止建立的名聲來說，或許吧！但是，我仍相信在二〇〇六年的夏季童話結束後，他們已經開始尋找其他重塑形象的可能性：公平對等、開朗而好客，就是可以變得再討人喜歡一點。

有時候，不必事事追根究柢

「幸福就像是身體的肌肉。」這是前面已經提過的波哥大女律師安娜．馬莉亞說的。來自墨爾本的澳洲幸福協會研究員，美蘭妮．黛紋（Melanie Davern）博士也附和這個說法，並且加以說明：「心靈健康和生理健康同等重要，就像不能期待沒有接受過訓練的人，第一次上場跑馬拉松就贏得第一名。同樣地，人也必須為了自己的幸福努力，比方說暫緩自己的步調，為生活中的小情小愛感到幸福，或是停下腳步，享受一朵玫瑰花的香味。」

但是，新的生活態度應該從何開始訓練呢？幸福又該如何爭取？洛伊．包邁斯特（Roy F. Baumeister）的研究團隊，於二〇一三年中得到以下結論：紀律可以提升生活滿意度[13]。因為理論上，人們如果為自己訂下目標，決定朝著這個目標勇往直前，只要中途不偏移初衷，通常都能向自己訂的目標邁進一大步，而且往往這樣就能帶來幸福感。所謂的紀律，在這裡不外乎就是確認自己想要什麼樣的生活模式，進而在生活中朝著這個方向貫徹到底的能力。

這個研究團隊發現，培養自我紀律的技巧其實很簡單：自律能力較高的人通常較能抵擋外界的誘惑，更明確地說，他們安排生活的方式通常已經排除會讓他們分心的事物，因此較容易專注在既定目標上。

舉例來說，如果他們一開始就放棄買巧克力的念頭，就不必在往後每次看到冰箱時，都必須抵抗「打開冰箱就有巧克力」的念頭。這些人的做法可能是遠離陳列巧克力的貨架，然後推著推車往結帳櫃檯前進。但是，如果只是憑藉意志力，就要約束自己放棄事實上確實不是必需品的甜食，那麼在超市的採購馬拉松終點前，意志力很容易就會瓦解了。就如同我們的體能都有極限，意志力也一樣有限度。因此，如果一開始完全不受到甜點的誘惑，就不用依靠意志力節制欲望，在結帳時即使看到貨架上的奶油餅乾，也不會吸引你的注意。

這就是幸福感滿滿的人常用的一些訣竅：轉移視線，不用畫太多的重點，也不必每件事都要追根究柢，尤其是對於世上不幸的事更是如此。但剛好就是這些技巧，偏偏在德國特別抗拒，並投以不理解的眼神，質疑著底限何在？這樣一來，聰明才智和思辯能力怎麼會有發揮的空間呢？但是，我們總不能一直活在與世隔絕的環境吧！我們當然都知道，活在現今的社會就必須隨時補充資訊！

只是五十年前可能每天閱讀報紙就能知天下事，而如今每兩年全世界知識量就會翻倍成長。因此，對迎面而來的眾多訊息，有時就需要更多的紀律：不用每件事都知道，更不必每個事件都探究到底。因為面對大量的資訊，會讓人像是在迷霧裡奔跑一樣徬徨，但實際上其中有高達九〇%的資訊是我們不需要的多餘訊息。

然而，我們之中有多數人卻主動把這些多餘的資訊放進生活，並且持續追蹤，就連我自己都是如此，像是會在智慧型手機上讀取電子郵件、瀏覽網頁購買東西，然後不時接到推特（Twitter）

---

13 *Yes, But Are They Happy? Effects of Trait Self-Control on Affective Well-Being and Life Satisfaction*, Wilhelm Hofmann, Maike Luhmann, Rachel R. Fisher, Kathleen D. Vohs and Roy F. Baumeister, 2013 Jun 11, Journal of Personality.

上某人張貼新動態的通知訊息，或是會在臉書上讀到雖然即時，但一點也不重要的新聞。從手機上，也可以隨時知道時間、天氣等資訊，並且透過 Siri 掌握距離最近的餐館資訊。至於其他的問題，尤其是我八歲女兒提出的問題，反正都有 Google 或維基百科（Wikipedia）幫忙解答。資訊真是無所不在。但是，你會不會有時候想要從中逃離？那就關掉無線網路功能，然後買一個鬧鐘吧！

自律能減少壓力的來源，因為自律的人不再需要一次又一次地抵擋外界的誘惑，還能因此保留意志力來處理其他更重要的事情。

此外，針對包邁斯特的建議，也不宜一次排入太多計畫，讓太多改變同時發生，「調整生活步調的初期，難免會擾亂原先的生活步調，而這種混亂一次多於一個就會顯得太多了。」就連冰島政府在這方面也勸人適度就好。所以，冰箱磁鐵上的十條戒律中就有一條：「勿使生活捲入不必要的糾葛中。」

如果下定決心明天開始減肥、每天晚上準時回家，而且不要再對同事發脾氣，只要愉快順心地過日子，可能到了最後，眾多期望中就連一個也無法達到。因為大概不用等到中午，意志力就已經消耗殆盡了，而你的偉大計畫清單在意志力面前，只會一一不小心地付諸流水。所以，一開始只要專注在能讓你感到自在舒適的生活安排就夠了。

丹麥阿爾堡的工程事務所主管基爾賈德說：「德國人處理事情的態度和我們不一樣，或許就是因為這樣，他們才會成功吧！但他們做事的態度並不是我的處世風格，我想要圓滿的生活，在工作時也是。如果要在職場上工作三十年，才能享受幸福人生，我沒有任何興趣。」

我相信，每個人都想要在生命盡頭回顧過往一生時，能夠覺得過去很好、很圓滿，我的一生很幸福了。如果對你來說，圓滿的幸福人生很重要，就不要再用吊車尾、及格就好的心態，把幸福人生一直放在待辦事項清單中，而是應該放在獨一無二的第一順位，並且有紀律地朝著這個目標前進。

「我給德國人的建議，就是給所有人的建議。」哥斯大黎加的數學教授瑪歌（Margot）說：「每個人都有各自的問題，我自己也是，但是我絕不會被這些問題打倒，絕不會讓它們變得比讓自己過得幸福還來得重要。」

為自己做些什麼吧！

採取一點行動吧！冰島政府的幸福政策發言人谷特孟絲多緹兒向我解釋，想要幸福該怎麼做，「問你自己，什麼能讓你感到幸福，然後就投資在那裡。人都該為自己做些什麼！我常詢問來聽我演講的外國聽眾：你們有誰想要幸福？有誰訂定生活目標？有誰把幸福列入生活目標？結果通常沒有人認真地把幸福列入生活目標中。」說到這裡，谷特孟絲多緹兒不解地搖搖頭，接著說：「應該常常捫心自問：什麼是你前進的動力？什麼可以讓你真的覺得快樂，並且讓你感受到幸福、讓你想要就那樣生活？你又可以怎麼做，使得這些能讓你感受到幸福的事物在生活中的比例多一點，再更多一點？」

丹麥工程事務所的基爾賈德也認為，要過愉快的生活，不主動爭取是不行的，「德國有一句諺語：『每個人都能創造自己專屬的幸福。』不能只是期待別人為你做什麼，無論在工作或運動，只要覺得不適合，就應該停下來檢討哪裡出了問題，然後著手改善。如果還是行不通，就要換別的方式嘗試。如果只是得過且過，讓自己心情不好，只會讓人更沮喪。就是這樣，才會讓那些販賣憂鬱症藥品的藥商有利可圖。」

每個人都能改變自己的態度，即使是年長者或所謂的「銀髮上網族」也會對自己的改變潛力感到不確定。「過去幾年對大腦的研究，有幾項好玩的新發現，其中最引起我興趣的是，人腦的運作和電腦不同。在為問題找到答案的過程中，人腦組織會隨著我們尋求解決方案的軌跡而不斷自我發展，甚至深化成為習慣。」

我在旅行結束後，前去拜訪哥廷根大學（Georg-August-Universität Göttingen）神經生物學系教授葛拉德．俞特（Gerald Hüther），從他那裡聽到上述這段說法。俞特教授既不是鑽研幸福議題的專家，也不是來自世界上最幸福國家中的任何一國，但是我仍然希望從這裡找到一些線索，解答為什麼要自己家鄉的人覺得幸福會那麼困難的原因。

「大腦的運作傾向盡可能不耗費體力，而當我們的思考、感受和行動達成一致時，也就是說行為與大腦配合時，就能創造出那樣的條件。」俞特教授解釋著。但是，周邊的環境持續在變動，並且不斷對我們的行為造成影響，因此我們對於這些變動就必須運用各種不同的方式，把它們整合到生活之中。「這種不斷自我重組的過程，就會在大腦裡建立新的神經網絡，因此大腦愈常受到新經驗的刺激，對大腦帶來更多的訓練，我們幾乎是透過經驗來訓練大腦。」

只要你願意，就可以為生命帶來各種新的體驗，但我的意思並不是要學習複製什麼。就以閱讀本書為例，讀者不需要完全仿效書中的做法，而是希望讀者在看過本書後能得到一些啟發，然後試著在生活中做出一些改變。

比方說，如果你像谷特孟絲多緹兒一樣，認為社會、群體是最重要的，或許就該試著參與這類會為你帶來幸福感的活動：可能是參加自行車團體旅行，或是出於良善的立意，和其他人一起淋上一桶冰水，或只是在街上攙扶老太太過馬路，也可能只是找人隨意聊天，或是找朋友一起烤肉、玩排球，或是為了支持的球隊買一張季票……隨便什麼都可以！「然後你只要在那裡、專注在那裡，投入在你正參與其中的事情裡，像是當你和朋友或孩子在一起時，就不要想著同時回覆電子郵件或發送簡訊。」幸福精靈谷特孟絲多緹兒補充說：「只要在那裡就好了。」

2

看不見的富裕祕境——挪威

幸福關鍵字　信任

我們的社會政策試著把所有人都納入考慮，希望藉此縮小貧富差距，這樣的方式帶給人與人之間充分的信任感。在這裡，你可以相信其他人是可靠的，不必隨時提心吊膽、擔心被騙，這樣真好！一個人幸福與否和身邊的人都有關係，如果你信任別人，就可以活得更自在。

七月底，我步下飛機，地點是距離挪威首都奧斯陸北方一千六百四十公里遠的特羅姆梭，世界上比這裡再更北的地方應該也沒有幾個了。最初從飛機上往窗外看時，我以為自己已經做好心理準備：因為都已經接近八月了，連綿的山脈還被白雪覆蓋著。結果走到機艙外，我的第一個念頭還是：「噢！怎麼可以這麼冷！」攝氏十五度，無論是在遮蔭處或陽光下。尤其風吹來時真是涼爽，看來行李箱裡的衣服都帶錯了。

但是也還好，之後我在旅遊指南中讀到，特羅姆梭的天氣確實很難準確預知，書上寫著：「一般而言，特羅姆梭的天氣變化多端，就算從南方吹來溫暖的風，到了這裡隨時都可能和北極圈的寒風產生對流。所以，經常發生明明應該是嚴冬的季節，突然有了零度以上的溫度，然後盛夏時節反而降到零度以下，甚至下雪。」

從機場所在的制高點，可以把這個有七萬居民的城市盡收眼底。我冷得發抖地站在唯一一條行李輸送帶旁等待行李，一面不時望向機場接機大廳。來接我的應該是專門研究幸福議題的佑為．維達索（Joar Vittersø）教授，可是我到現在都還沒看到。對方應該是一個溫和的男人，頭髮雪白、眼神機靈，至少從照片中看起來是這樣的，而且整個機場只有十幾個訪客，應該也很容易認出他吧！但是，他穿得很休閒地站在那裡，極不自然地微笑著，含蓄地對我點頭示意。

我以為會看到的挪威形象：商務襯衫搭配牛仔褲和橡膠長靴呢？雖然來此之前，我就已經知道挪威人對於所謂的商務穿著有非常獨特的詮釋方式，但是再怎麼樣，都覺得橡膠長靴應該會如我想像的出場才對啊！接著馬上意識到自己穿著材質輕柔、布滿小花的緞面裙，搭配率性的短袖上衣和皮夾克。這時候才發現哪一本旅遊指南都幫不上忙了！看來我的穿搭不只不適合這裡的天氣，還過於正式！

歡迎來到挪威！歡迎來到世界上第三富有的國家，和最幸福國家榜上第七名的挪威！一切都要從一九六九年，在挪威境內發現全球前二十大的油田說起，從那時候開始挪威人都變得很有錢，至少帳面上如此。但是，光從外表還真的看不出來。他們口頭上也不誇耀，衣著上也沒有過多裝飾。

「在北歐，就算有錢也不會表現給別人看。妳知道，我們就有這種『洋特法則』（Jante-Gesetz）[14]的傳統：不要以為妳比別人有錢。」有著金色捲髮的哈芬對我說，那天我們和他的一群朋友在特羅姆梭港邊的餐館共進晚餐，他說：「雖然我們有油田帶來的財富，但是也不隨便亂花。政府認為，要用那些錢投資基金，和未來的子孫共享才是正途。我也覺得這樣很好。確實有很多人都覺得，能出生在挪威真是太幸運了，挪威到底還是很團結的國家。」

挪威人常被其他的北歐國家笑稱，是一群在大自然裡翻滾長大的孩子，這樣的挪威人對錢真

14 譯注：出自一九三三年有丹麥血統的挪威籍作家阿克塞．桑得摩瑟（Aksel Sandemose）的小說。「洋特法則」講求平等、強調團體的價值，完全屏除個人英雄主義，被視為解讀北歐社會價值觀的行為密碼。

的不是很有概念。「就讓他們笑吧！反正他們說的也是事實。」幾天後，來奧斯陸港口接我的葳孔特說。葳孔特是記者，也是德國電視台的駐地特派員，那天她穿著慵懶的家居洋裝、腳上趿著夾腳拖，開著看起來頗有年分的休旅車來接我。「我一點也不認為，挪威人的富足會因為生活和大自然有很多接觸而減少。這裡的人愈有錢，就會花更多的錢往戶外跑。」她一邊開車，一邊講著。

不久後，我們來到她農舍的穀倉前，她介紹一對女兒和「女兒的父親」。二十歲的女兒米蜜（Mimi）不以為然地抗議說：「媽！妳為什麼不直接說是妳丈夫啊？」「因為我又不屬於任何人！」葳孔特反駁道。在歐洲傳統上，挪威一直是男女平權的先驅。有些議題至今在其他歐洲地區還爭論不休，但是比如挪威針對企業已經在二〇〇八年直接立法規定，企業中的監事席次必須有四〇%的女性保障名額，否則可能面臨依法解散的局面。

當我們離開機場時，維達索建議，既然天氣這麼好，不如就到他位於郊區的度假小屋去看看吧！對我來說，當然好啊！那天的天氣真的太好了，放眼望去就是藍天白雲，空氣又非常清新，我覺得整個肺都可以舒暢地呼吸。維達索把我的行李箱，放進他那部看起來也有點歷史痕跡的藍色休旅車中。

我們開了一個多小時的車，一路暢通，整條路上好像除了我們，就再也沒有看到其他車輛，感覺好不真實！「這裡的風景真是令人印象深刻，遇到的人也都很友善，但最吸引我的還是這裡的大自然！」維達索這時候手握方向盤突然轉了一個大彎，往窗外遠處看得到山的方向前進。

大約一個小時後，我們終於在一處僻靜的海灣停車。維達索突然跳下車，引擎竟然沒熄火！「現在是怎麼樣？」我心想：「難道我就這樣沿著小路被載到海灣的盡頭嗎？」這時候維達索已經登上一艘看起來有點不牢靠的小船，還搖著槳划往船塢，不到三分鐘就看到他駕著汽艇往我的方向開來。

這個僻靜的海灣看來並不像有人住在附近。我趁著空檔，從行李箱拿出牛仔褲和在冰島買的羊毛衫穿上。十分鐘後，連同急救背心與長筒膠鞋，我已經穿上看起來大一號的全套橘色防水衣，接著就把我的大行李箱和幾個沉重的船用置物箱抬上汽艇。「妳現在看起來完全像是另一個人。」汽艇迎著海浪前進，發出很大的聲響，維達索在船尾不得不扯著喉嚨對我說話。而我坐在汽艇的最前端，汽艇高高低低起伏前進時，我的屁股一次又一次地重重摔在汽艇上。「對啊！我也這樣覺得！」我也大聲吼著回應。有幾次浪花甚至拍上我的臉，我享受著這裡空氣裡的那份清明爽朗，覺得輕鬆愜意，難道這就是所謂的幸福嗎？

高高的山頂都像戴上白色皇冠，山的下坡處盡是一片蓊鬱，水很清澈，深處是一片湛藍，遠遠望去，零散地錯落著一間間挪威典型的木造房屋，通常是紅色屋頂配上白色牆面和格子窗。這裡的大自然就在眼前，充滿活力而遼闊。眼前的景象讓我屏息，手裡拿著攝影機也沒閒著，直到機器被沖上來的浪花打到，差點從手上滑出為止，我才停止拍攝，就這樣終於可以專心享受眼前的美景。

大約二十分鐘後，水漸漸不再那麼深，我們抵達人稱「鯨魚之島」的克瓦勒島（Kvaløya）北部的一處優美海灣。這時我才了解，為什麼維達索一定要我來看看他避暑的度假小屋。

其實在我來之前，他就曾經在我們通信時寫過：「如果妳想知道挪威人幸福的祕密，就來看看我避暑的度假小屋吧！」映入眼簾的是布滿花草的小山丘、潺潺流水和此起彼落的海鳥叫聲。褪下沉重的防水裝備時，一併卸下的還有時間帶來的負荷。維達索的妻子不失親切，但仍含蓄地和我們打招呼，接著維達索開始烤肉。當晚，我們一邊喝著葡萄酒，隨興地聊著，有時只是靜靜享受，直到像白天一樣光明的深夜……

這個時節的挪威白晝像是沒有盡頭。夏天的挪威，白晝在時間的軸線上，像是沒有盡頭地延伸著，太陽一直高掛天空直到深夜；但是到了冬季，又像黑夜要把時間吞噬殆盡一般，依緯度的不同，最長可以持續四個月之久，午後大概三點左右，四周就開始被漆黑籠罩。和冰島一樣，天黑之後大家就進行室內活動。

從容悠閒的生活步調

七十歲的英國阿嬤瑪莉雅・愛德華茲（Maria Edwards），移居北國已有五十年之久。她住的小鎮就在挪威盛亞島（Senja）上，距離北極圈只有三百五十公里。我在特羅姆梭的一座教堂前遇到她和她家族的人，那天他們出席一場新生兒的聖洗禮。她銀白髮絲隱約看得到昔日金髮的痕跡，梳得蓬鬆像是要把雙下巴的圓臉框住一樣。豐滿的她看起來心情很好，「我們住在很精采的國家。雖然這裡的冬天嚴寒，但是我們都已經習慣了。每個季節都有各自的魅力。在黑夜漫長的日子裡，能和最親愛的家人在一起，就是最重要的事了，這樣一來，黑夜再長都沒關係！」

當我經歷過夜裡睡眼惺忪、踩著不穩的步伐，還要穿過一道小徑才能到農舍的茅廁時，現在的我很慶幸是在白天較長的季節來到這裡。幾乎每個挪威家庭都有一間被大自然環繞的夏季專屬度假小屋，而且往往為了更接近大自然，這些度假小屋裡通常沒有自來水或電力。說到這一點，我還算是幸運，至少隔天早上出發前還能沖個熱水澡，之後維達索才帶我去鄰居那裡吃早餐。

為了這一頓早餐，我們必須攀爬過冰河峽灣邊的大岩石，路途不算短又很溼滑，一趟大約要花上半小時。在挪威，原則上不會隨意去別人家裡，打擾對方的生活。挪威全國人口大約只有五百萬，人口密度只有每平方公里約十三人，不隨便打擾別人也真的很容易做到。

在花草滿布的山腳下，克努特（Knut）和瑛格・莉瑟（Inger Lise）的黃色小屋就像畫一樣，不遠處還有一小彎溪流滑過。從這裡望向冰河峽灣也像在夢裡，由於岸邊水不深，所以海浪小小的、輕柔地撫著沙灘，當然，不能缺少一艘漆上紅白條紋的小木船。這幅景象好像阿思緹・林格倫（Astrid Lindgren）[15]筆下的北歐夢幻世界，在這裡為後代子孫保存下來。

一個白髮、高大又一臉淘氣的大男孩熱情地迎接我們，在身旁是他的妻子，身材嬌小、一頭灰色長髮，眼神裡盡是愉悅。這一家的男主人以前是教師，女主人曾經是護士，也曾主管採購事務。在他們的小屋裡，我們享用一頓滿滿海味的早餐。

克努特難掩驕傲地說著：有些還是自己捉的呢！在挪威因為發現油田而致富前，捕魚是主要收入來源。然而，到現在挪威人還是保留對捕魚的熱情，而這項安靜又需要專注的運動似乎也適合自持、穩重又沉默的挪威人，就連這對夫婦的十九歲女兒瑛格．特樂莎（Inger Therese）也不例外。說到瑛格．特樂莎，就要順帶一提：之後我在特羅姆梭的日子裡，多虧有她熱心地擔任我的隨行助理。

在這裡生活也確實需要氣定神閒的修養，還有時間，因為房子和房子之間的距離很遠，而道路要穿過被冰河切割的山嶺與峽灣，更顯得蜿蜒曲折。克努特告訴我：「這裡的孩子上學要到阿諾島（Arnøya）上。不管天氣狀況如何，孩子們都得先搭船到島上。我都用家裡的小船載他們去換搭大船，他們搭乘大船抵達島上後還要再搭一段公車，真是辛苦！」話雖然這麼說，克努特說完卻笑了起來。這裡的生活步調就是緩慢，到哪裡都需要時間，和人相處也要時間，甚至對任何感受做出反應都需要時間。好吧！人也需要喘息的時間。

如果有人認為，可以靠著施壓或是個人魅力攻勢加快這裡的生活步調，大概也只會得到一堆疑惑的眼神。在挪威，人們會壓抑自己的情感。挪威人認為，每個人都應該保有自己的尊嚴，才能維護這個社會的基本共識。

挪威人會謹慎地用蝴蝶結打包批評的語言，還有他們的神經比較大條，所以對於總要讓人猜心思的人很沒轍。其實也沒必要讓人猜，因為這裡的人會顧慮彼此的感受，盡量不冒犯別人。此外，挪威人厭惡衝突，所以會盡量避免，也很少有抗議衝突的場面發生。根據維達索的說法是：「挪威人尊重別人的存在價值，也會為別人留餘地。」

不只對人，挪威人對畜養的家畜也以這樣的原則對待。如果有人在挪威臨時找不到過夜的地方，就近找一間農舍體驗在牛舍裡過夜也是不錯的選擇。二〇〇六年起，挪威政府就立法規定，牛隻也要在床墊上休息。床墊的品質從一般橡膠材質到極舒適等級都有，就像葳孔特告訴我的：「這麼做對酪農和牛隻都好！牛隻睡得舒適、睡眠充足，生產的牛奶品質也會比較好。」

「我熱愛這裡的與世無爭與大自然、愛這裡的空氣、這裡的捕魚活動，還愛這裡的人煙稀少。」維達索鄰居的女兒——瑛格．特樂莎用輕柔的聲音沉穩說著。真是令我感到訝異，因為在我眼前

15 譯注：一九〇七年十一月十四日至二〇〇二年一月二十八日，瑞典國寶級兒童文學及繪本作家，最為人所知的作品應為一九四五年出版的《穿長襪的皮皮》（*Pippi Långstrump*），該書目前有三十多種語言的翻譯版本。林格倫辭世後，瑞典政府並以其名成立紀念獎項（Litteraturpriset till Astrid Lindgrens minne），鼓勵全球兒童和青少年文學創作，迄今獲獎者涵蓋世界五大洲，從委內瑞拉、日本，到巴勒斯坦與南非等國的教育團體及個人。

的不只是一個長得很好的鄉下姑娘，還是一個氣質優雅的醫學系學生，她還計畫著要和男友一起出國生活幾年。

聽她這麼說，她的父親克努特微笑地點頭說：「放心吧！他們還是會回來這裡的，這裡的一切才是真正的生活！我們在這裡覺得好極了，我們要在這裡生活。」

信任是最大的寶藏

這裡很重視對人的信任，總認為別人都是良善的。
——哈芬，企業家兼挪威外交部合作人員，挪威特羅姆梭

在北方的鯨魚之島，清晨四點的刺眼陽光叫我起床，其實太陽也才在剛過午夜的不久前和我一起入眠而已。我坐了起來，還心不甘情不願地用頭頂了頂棉被。昨晚我好不容易才攀爬梯子、屈身爬上屋頂下的夾層裡。維達索在樓梯下方一再道歉，說那是因為當初結構設計錯誤，才會造成使用不便。

今天輪到他接受我的訪問。我應他的要求，必須找到一個讓他的紅色小屋能出現在畫面的同時，還看得到壯麗冰河峽灣的角度，為了這幅畫面，維達索必須在盡責的大太陽底下汗流浹背，又瞇著眼睛接受訪問。

如果維達索不在這座島上，他的身分是特羅姆梭大學（Universität Tromsø）的心理系教授，同時也是國際正向心理學會（Internationale Vereinigung für Positive Psychologie）的董事會成員。「為

什麼挪威人會如此幸福？」我這麼問他。「我認為，原因在於每個人都有高度的自主權，也都有自己的人生規劃和願望，而且幾乎都能以自己的方式和步調實現。」維達索所說的，其實也和他的研究領域有關，他的主題是：人在不受干擾的情況下，全心投入某項活動時領受的幸福感。

「挪威人為什麼會覺得自己很幸福？」他重複這個問題，然後輕聲說：「也許這和整個社會的資源分配體系有關。我們的社會政策試著把所有人都納入考慮，希望藉此縮小貧富差距。在這裡，就算你失業了，整個社會體系還是會提供一些錢讓你自行運用。所有的孩子都就讀公立學校，人人也享有同樣的健保制度。我認為，這樣的方式帶給人與人之間充分的信任感。也有很多的研究顯示，挪威人彼此之間的信任度極高。在這裡，你可以相信其他人是可靠的，不必隨時提心吊膽、擔心被騙，這樣真好！一個人幸福與否和身邊的人都有關係，如果你信任別人，就可以活得更自在。」

聽他這麼說，我真的可以想像，畢竟維達索之前就曾在電子郵件中邀請我到他的度假小屋遊玩，而那時我們還沒有見過面，甚至不曾通過電話。這時維達索再次點頭說：「我找不到懷疑妳的理由。」但是我心想，他同樣也找不到信任我的理由啊！他只是那麼理所當然就相信了我。

在維達索把我載回特羅姆梭那晚，我再次到港邊散步，想起曾經在這裡、在一艘十四公尺長的帆船甲板上，與哈芬和他的七個朋友天南地北聊天的景象。「這就對了！」我突然想到港邊良辰美景難得，怎麼能錯過在這裡採訪的機會呢？於是，我在晚上十點再度拿出攝影機，隨時準備行動，反正天色還這麼亮。

「我在外交部工作，來這裡舉行『揚帆，在挪威』（Sail Norway）的活動。我們買了幾艘船，然後成立一家小公司。我們想要在挪威推廣帆船運動，這個運動不只能讓與會者共同體驗難得的自然美景，更能讓人感受到幸福。」說到這裡，周圍的帆船運動同好都紛紛低聲表示贊同。「我喜歡笑，也喜歡別人告訴我，我把他們逗笑了。當然，可能是因為我的髮型太可愛了，但我更相信是因為我本身就是一個幸福的人。」這一段挪威式的評論，是由一個鼻子不高、俊美的金髮小生說出來的，果然逗得大家笑成一團，而我卻沒有搞清楚笑點在哪裡。

「小事情就能讓我感到幸福，比如陽光，又比如說看到有人做善事時，又或是去做我喜歡的活動，好比滑雪板或駕駛帆船，甚至是一個很有感覺的吻，都會讓我覺得很幸福。」這下子大家真的哄堂大笑了，可是這一次我卻真的相信他所說的話。接著，當我和他提到「信任」這個話題時，他馬上嚴肅地說：「對挪威的社會結構來說，信任真的很重要。挪威人非常信任我們的政府和身邊的人。」

二〇一三年全球貪腐趨勢指數（Global Corruption Barometer 2013）證實了哈芬的說法。因為根據那份報告，只有五％的挪威人認為政府官員會中飽私囊，在德國的同樣調查卻有超過半數的受訪者表示同意。

「尤其住在挪威北部的人根本不會把房子和車子上鎖，因為比起物質財產，信任他人，並且只看到他人的好是更珍貴的，這是北歐文化的一部分。」他謹慎地補充說。聽過這一番話後，我才了解二〇一一年七月在余特島（Utøya）上發生的夏令營喋血事件，有多麼衝擊挪威社會既有的價值觀。

而事件發生兩天後，在奧斯陸大教堂舉行追悼彌撒時，挪威首相延斯·史托騰伯格（Jens Stoltenberg）所說的一席話又是如何體現無私的人道關懷。當時他說：「事發至今，我們雖然還感到震撼不已，但是我們不會放棄一直以來堅持的信念，我們的回應是：要更民主、更開放、更仁愛。」

缺了誤會、少了欺騙，而多了滿足

之後，我坐在堤岸邊，然後讓雙腿懸空晃盪，一邊想著：信任能讓人感到更幸福嗎？然後我回想著自己被信任時的各種不同情況。是啊！那的確讓我感到愉快，也會讓我有所成長。就像我每天看著女兒因為我的信任而自己走路上學、自己去買麵包。這些信任確實都讓她笑容滿面。至於她每次出門後，我會掛心地不時向窗外張望數十回，就當作是我們之間的小祕密吧！

那麼科學對信任能帶來幸福感又是怎麼說的呢？為了尋求解答，我特別拜訪丹麥奧胡斯大學（Aarhus Universitet）商學院的畢昂司寇夫教授。「丹麥與瑞典、挪威這三個國家在信任這方面，一直保持世界紀錄的水準。雖然我們只是很普通、富足的西方國家，但是似乎比其他國家還要幸福，就只是因為大部分的丹麥人相信別人多一點。」

根據畢昂司寇夫的研究，信任不只會影響經濟發展，還會影響人的幸福感受度，「長達兩百五十年的時間，經濟學只以物質標準來衡量生活品質。但是，透過幸福研究領域卻能看到，生活品質和其他面向的衡量標準。在主觀意識上，人究竟會如何評價自己的生活？如果一個社會非常富足，但是生活在其中的人對自己的生活品質覺得不滿意，這樣就毫無意義。」

信任別人的人會比那些對他人缺乏信任的人多出大約〇．五分的幸福感，還記得我在前言提過的嗎？這〇．五分聽起來雖然很少，但是代表的幸福感受度卻很大，程度相當於你和你的夢中情人結婚一樣大！

畢昂司寇夫繼續說：「如果你問別人：『你相信多數的人是可以信任的嗎？』大概會有高達七成的丹麥人回答：『是的，我相信。』而這個數值在德國只有三八%，而且和世界上的其他國家相比，這已經是較高的數字了。」我在心裡碎念著，也許比較的對象是敘利亞或多哥共和國吧！

雖然德國人對他人的信任度並不是特別高，但根據二〇一二年版《德國幸福地圖》（*Glücksatlas*）[16]的分析指出，信任確實也在德國人的生活滿意度中扮演重要角色。《德國幸福地圖》

---

16 *Glücksatlas 2012*, München 2012.

的作者群甚至推測，有高達七成在不同地區的生活滿意度差異，是因為個別地區對他人的信任度不同所造成。

調查結果顯示，德國北部，尤其是什列斯威悉—霍爾斯坦邦（Schleswig-Holstein）和漢堡（Hamburg）[17]明顯出現這樣的跡象。因此，信任他人也對我們的幸福感受很重要，而且顯然有著無可估算的價值。

企業家羅伯特．博世（Robert Bosch）[18]也說：「寧可賠錢，也不能失去顧客的信賴！」二〇一一年一份在美國發表的研究報告也指出：信任他人可以提升一八％的生活滿意度[19]，這樣的提升程度相當於薪水呈現倍數成長時的喜悅感。然而，隨著時間愈久，加薪的喜悅感會逐漸降低，但是信任他人的滿足感卻還能持久地維持。

這讓我想到，不信任他人的人生活應該孤單又複雜。請你閉上眼睛，想著一個你信任的人：也許是伴侶、父母、朋友，甚至可能只是點頭之交、鄰居，或是工作上有往來的人、賣東西給你的人。你和這樣一個信任的人，雙方的關係如何呢？你們的溝通情形如何？只要說半句話，對方就能知道你想說什麼，還是你必須不停說話？如果你們一起做一件事，進展會順利嗎？或是必須用表決的方式來決定任何事情？有了決議時，需要做書面聲明嗎？你在做決定時會只想到自己的好處嗎？彼此相處時感覺愉快嗎？或者經常要劃清界限？什麼事情都要一再確認嗎？需要不斷做解釋、澄清嗎？相約見面的過程容易嗎？遇到問題時可以互相討論嗎？如果雙方有誤會，釐清後能夠回復和先前一樣的互動狀態嗎？

接著，請再用同樣的問題思考，但是對象換成一個你不喜歡的人，應該會得到完全不一樣的答案！根本不需要幸福專家分析，你就知道這些答案都會引起不愉快的感受。或許要定義信任並不容易，但是人和人之間能互信的話，感受肯定大不相同。所以，瑞典作家林格倫就說：「偶爾被騙都比不信任任何人來得好。」

把陌生人當自己人的文化

在丹麥，雷納・米特施德特（Rainer Mittelstädt）和他的妻子曼娣・米特施德特（Mandy Mittelstädt）這兩位德國人從阿爾堡來接我。丈夫是工業配電技師，而妻子則是工程師。我們的車

17 譯注：根據二〇一二年版《德國幸福地圖》，漢堡人與什列斯威悉—霍爾斯坦邦邦民的整體生活滿意度分別為七・二一級與七・〇八級，分居德國第一位和第五位，而在對他人的信任上，什霍邦有六七・三%、漢堡為六七・六%，分別是德國整體調查中的第二位與第三位。顯示對他人信任度較高的地區，整體幸福感通常也較高。《德國幸福地圖》每年由德國郵政（Deutsche Post）發行，針對德國境內十九個邦及特別行政區做生活滿意度調查。

18 譯注：一八六一年至一九四二年。德國企業家、知名品牌博世（Bosch）集團的創辦人。

19 *Trust and wellbeing*, Helliwell, J. F., & Wang, S. (2011). International Journal of Wellbeing, 1(1), 42-78. doi:10.5502/ijw.v1i1.9.

開進西海辛鎮（Vester Hassing）後，轉入一條寬闊卻寧靜的道路，有些道路兩旁的房子還有頗大的前院。這對夫婦和女兒已經住在這裡七年了。

「這裡的人通常都不關門，如果看到哪一戶人家的門是開著的，也不表示裡面一定有人在。」我們在抵達後坐在露台上，曼娣向我說明：「就是信任讓我對這裡印象很深刻。」

在丹麥並沒有很多的條文規範：以聘僱合約來說，這裡的人口頭說好就算；買房子時隨便寫下雙方約定即可，並沒有一定的格式規範；出差申請只要一通電話就可以解決。這樣一來，人與人的日常接觸就簡單多了。「如果哪一天修理屋頂的工人來了，我們只要談好共識就可以，不需要簽訂修繕合約，還要明白列出約定項目，再逐一確認。在這裡，握手就代表雙方達成共識，而且相信彼此都清楚各自的權利義務。」

不只是這對德國夫婦，我自己也領教過丹麥式的信任和助人為樂的熱忱。其實我根本就不記得是怎麼認識梅俐安・葛苞兒（Miriam Gebauer）的，但是我知道她住在丹麥已有十六年，是阿爾堡大學（Universität von Ålborg）日爾曼學系的教授。男友從德國黑森林搬來與她同住，他們有兩個女兒，分別是六歲的海倫娜（Helene）和兩歲的蘇娜（Sune）。

由於剛好碰上這家人要到海邊度假，但是我在阿爾堡還有幾個已經約好的採訪行程，因此一開始要和她敲定訪談時間並不容易。「這樣好了，我們先出發去度假，等妳忙完後再過來和我們會合吧！還有妳乾脆先住在我們家吧！和隔壁鄰居拿鑰匙就好了。」聽到葛苞兒這麼說，我簡直就是目瞪口呆，接著又馬上意識到，經過這一趟北歐之旅，我對攝影裝備、背包或行李是愈來愈粗心大意了，我在採訪過程中簡直就是把攝影機隨處亂放。

在我又回到自己的國家時，下機後就先在機場的咖啡店喝咖啡，休息一下。我把行李箱放在幾公尺外的牆邊，因為手機沒電了，只有那裡有插座可以充電，然後把手機放在行李箱上方便充電。不到五分鐘就有兩個警察走過來圍住我的行李箱。我看到這種情形就馬上跳起來，接著跑向我的行李箱。警察嚴肅地看著我，又訓誡我不能讓個人行李離開視線範圍。因為對人的信任而得到更多自由的美夢，到這裡就必須醒來了。

關於信任已經有很多相關的理論、研究和書籍，就無須在此贅述。信任不屬於任何一種軟實力，而是實際上又比軟實力更柔軟的能力。請暫時把書放下，回想一下在每天的生活中，會遇到多少信任他人與被人信任的情況？比如去用餐時，店家相信你不是來白吃白喝的；晚上出門去喝一杯時，店家相信你不會在店員轉身時就把整間店搬空。同樣地，你也信任修車廠，相信那裡的技師會仔細檢查車子，讓保險業務沒有機會向你推銷不必要的保險項目；甚至你也信任孩子在學校或幼稚園裡遇到的人。這樣一想，搞不好我應該可以把維達索的車開走、把葛苞兒的家搬光，甚至把哈芬的船也清空都說不定。

小自個人交往，大至國家政治與經濟層面，沒有信任根本就行不通。或是對於缺乏的信任，當然也可以用法條規定和官僚制度來加以保障。

「德國人真的什麼都要規定！」基爾賈德搖頭說道。他除了是工程事務所主管，同時也是前面提過的德國工程師曼娣的上司。那次我和他約在他的辦公室見面。他認為，太多規定會讓人不快樂。「妳知道嗎？」他說：「規定是為了讓人講理而制定的，但是反過來看，如果我本來就合情合理地做事，原本的行為就已經合乎規範了。」他看起來堅信自己所說的話，所以並沒有再舉出其他的例子。

「在丹麥的工程業界有自己的一套DIN規範，雖然裡面對特定事物有列舉規範，但是只要能提出合理解釋，就可以用不同方式執行作業。不過，在德國就有幾百頁篇幅的一套DIN規範，裡面詳細描述每個施作步驟，然後操作的人絕對不能有其他做法。天啊！那只會讓人不快樂吧！我希望自己是夠理性的人。」

聽到這裡，身為德國人的我感到有點難為情，我突然覺得我們會把一些外國企業搞瘋吧！《社會凝聚力雷達》（*Radar gesellschaftlicher Zusammenhalt*）[20]研究全球三十四個國家的團結程度，結果出乎意料，雖然德國人樂意遵守社會規範，但卻不是最團結的。

信任，不是一條單行道

信任應該是一個優質社會的基礎。在缺乏信任和凝聚力的地方才會需要規定，或許應該說也才想要讓人加以規範，因為在其中的人彼此都不相信對方沒有依循規定就能做好。在這一趟旅行回來後，如果用這樣的觀點來檢視，我對這樣的研究結果就不覺得意外了。雖然我在自己的國家常聽到：「這裡或那裡應該要加以規範。」但是我卻相信，如果只是拘泥形式地操弄規範，反而會是爭議的開端，倒不如避免用規範做為管理的手段。

在充滿規範的社會中，如果依照基爾賈德在他的辦公室裡所說的，人和人之間的溝通不再以理智與信任為基礎，而只依據白紙黑字，如此一來，我們是自動放棄自由、彈性及自主自決的權利。這個依循規範行事的人說得有理，但是他對規範的抱怨也並非完全沒道理。

我認識的克麗絲汀（Christin）是一個和善的年輕媽媽。她在波昂南城區開了一家不起眼的小咖啡館，命名為蘋果寶貝（Apfelkind）。孩子們可以在那裡玩耍，或在放學後享用剛烤好的鬆餅填飽肚子，父母們也可以坐下來喝咖啡。她選用一顆紅蘋果的圖樣搭配一個小朋友的剪影輪廓做為招牌的設計，沒想到因而開始和蘋果（Apple）進行長達數年的訴訟程序，在經過幾次媒體報導與顧客有利的證詞後，好不容易才從官司中全身而退。

「我覺得我快要放棄了！」前一陣子在學校遇到克麗絲汀時，她對我說：「再這樣下去真的就

20 *Radar gesellschaftlicher Zusammenhalt*, Bertelsmann Stiftung, 2013, www.gesellschaftlicher-zusammenhalt.de.

不好玩了。」

「又是蘋果的問題嗎？」我同情地詢問。

結果，這次並不是因為蘋果，而是咖啡館的鄰居！他們幾度讓咖啡館暫停營業，比如克麗絲汀在前院種了兩棵蘋果樹，這種做法似乎也符合咖啡館的形象，但是鄰居卻抱怨她沒有遵守這條街上的前院植栽規定，而所謂的前院植栽規定，確實載明前院不能種植蘋果樹。就這樣，雖然贏了蘋果的官司，最後卻還是過不了鄰里規定這一關！這個悲劇差點就扼殺一個出發點良善的創業概念。

「噢！畢昂司寇夫！」我抱歉地看著眼前這位幸福經濟學者說：「對人有信任感固然很好，但是德國人也說了，人不能太天真的一味相信別人，這樣對自己就沒有一點保障了吧？」他點頭笑了。

畢昂司寇夫顯然知道這個論點，「幾年前有一份美國報紙在全世界挑選幾個城市做實驗，他們故意讓錢包掉在路上，錢包裡還放著虛構的錢包主人名片和兩百美元。在丹麥和挪威這兩個國家進行的實驗中，所有的錢包都回來了。找到錢包的人都會設法把錢包送到警察局或郵寄給錢包主人，更重要的是，錢包裡的錢都沒有減少。」故事的結局當然很好，但是畢昂司寇夫到底想用這個故事對我說什麼？

「丹麥人就是誠實得太過愚蠢了，妳完全可以信任我們！就算是完全不認識的人，我們還是對他充滿信任。如果妳遇到一個相信別人的人，可能這個人的言行舉止也會讓妳覺得他是值得信任的，但是妳必須先跨出第一步，信任必須是互相的。」

信任不是單行道。有一句荷蘭諺語就說：「店家老闆會以自己的秉性，信任他的顧客。」[21]所以，不信任別人其實也是對自己的不信任，更糟的是這樣的人可能也不可靠。依照這樣推算，我只能大膽假設，應該只有三八％的德國人是可靠的？也對，如果說到德國社會中強大的自我意識，和對社會地位幾近強迫症的渴求……哎喲！趕快收起反駁和不滿，先認真想想我上面所說的吧！我們應該好好思考，為什麼在我們的社會中，人與人之間的互信會那麼不容易。因為這種信任已經在其他國家獲得證實，是很多幸福要素的基礎：包容、平等、個人自由、社會責任和群體意識。你也將在我的旅程中看到，如果我們不學著信任別人，就要繞很多彎路才能通往幸福。

21 譯注：荷蘭原文為Zoals de waard is, vertrouwt hij zijn gasten，意指由於店家老闆為人誠信良善，因此認為他的顧客良善可信。如中文的「以己度人」，即以自己的心思來衡量別人之意。

不靠管控，也能讓人自動自發

我在奧胡斯街邊的長凳上遇到七十一歲的契絲丹。那天她穿著紅色襯衫、白色長褲，配著一頭灰白的短髮，她的生活很充實。過去她在公營醫療單位擔任牙醫助理，還曾經因為服務夠久，獲得丹麥女王親自接見。契絲丹喜歡旅行，也喜歡音樂，尤其是蕭邦（Chopin）的作品。

「如果問我，我是不是幸福的人？我的答案是肯定的。我是一個感恩的人。我知道自己蒙受神的恩典，才過著很好的生活。」丈夫還在世時，他們經常一起做的事就是聆聽音樂。直到前幾個月過世之前，她的丈夫有時候還會彈起鋼琴自娛。

說到這裡，契絲丹的眼眶泛淚。即使幸福，心痛的感受還是不會因此消失。契絲丹擦去臉上的淚水，接著說：「我相信人性本善，也相信有付出一定會有回報。生活就像是一面鏡子，如果給出善意，必然也會得到良善的回應。」這就像前面提過的，店家老闆和顧客之間互信的道理一樣。

對此，基爾賈德不改工程師性格而做出一番詮釋：「妳大可認為屬下都是喜歡偷懶的人，因此無法放心地把任務託付給他們，然後成天拿著鞭子在後面驅趕、催促進度。但是，如果能夠換一個方式，讓他們都樂在工作而自動自發，管理起來就會省事多了。」當人被信任時會產生榮譽感，因而與隨時處於被督促的情境下相比，更能激發出有效率的表現。

或許正因如此，和德國相比，在北歐國家中很少發生社會福利制度被濫用的情形。因為在那裡的人，在親身體驗過互信做為社會根基後，往往也會將維護這種互信的價值觀，視為個人應盡的義務，這一切都要從教養開始。

舉例來說，挪威、瑞典或丹麥的兒童在個人發展上有很多的自由空間，因為父母相信孩子的能力，這些國家的父母相信每個孩子都有各自的潛能，而孩子們的潛能只有在被信任的狀態下，才能得到最大的發揮與成長空間。

因此，在丹麥的學校教育規範上就載明：「學校教育應以致力達到具體驗性、強化心智與激發創造力為目標，期許學童在智識和想像力上都能有所成長，進而讓學童肯定自身的能力，並以此為基礎，讓學童的能力在擅長的領域得到充分發揮。」

在如此信任的前提下，教育不再以管控做為手段。而我也認為，對每個獨立個體的責任感與發展潛力採取信任原則，才符合現代社會應有的樣貌。如果一開始就預設每個人都不值得信賴，因此設下天羅地網般的繁文縟節加以規範，這樣一來……後果真是難以想像。猜忌、互疑不只會限制個人行動的自由，還會擴及整個國家。

雖說不要凡事政治化……但是還記得第一章提過，身上留著丹麥血液、定居在科隆的比爾貝克嗎？他對信任這個主題特別提到：「由於某種原因，讓丹麥人特別信任他人，也特別信任自己的國家。這是由於丹麥人總想細究所有事情，所以就得到這樣的結論，他們用可以令人感到安心的實用主義來簡化過程，於是人與人的互信因此建立。就是把所有的事情，連同令人感覺不舒服的事，都攤在陽光下檢討，然後得到這個共識。這樣的互信之所以讓丹麥人可以憑藉、依賴，當然是因為在這裡的每個人都可以得到公平對待，還有這裡的人並不會懾於威權而不敢說話，能依照自己的意志做決定，不輕易被收買而改變初衷。」

在瑞典，我也從不僅是北歐專家，又熱愛瑞典這個國家的德廣聯特派記者卜恩茨那裡，聽到類似的說法：「整體而言，這兩百年來，瑞典政府沒有帶給人民負面的經驗，因此瑞典人很放心把私人資料交付給政府管理。簡言之，如今這個社會體系得以運作，完全是因為人民對國家有極大的信任感。」

透明公開原則正是其中的關鍵，而以下描述的情形更可能會顛覆某些既有觀念：「如果我打電話到某個政府機關，當然會被詢問姓名，但其實更重要的是我的身分證號碼。給出這個資訊，在電話另一端的人馬上就可以看到我住在哪裡、我妻子和孩子的名字等資料。甚至有一次某個朋友遇到臨檢，執勤的員警都知道他的狗正在接受隔離檢疫！這樣的個資透明在德國是無法想像的。但是相信我，瑞典人之所以能接受，就是因為他們清楚明白，交付這麼多個人資訊給政府並不會帶來任何不良後果。」說到這裡，卜恩茨從容地靠向椅背，悠然抬起一隻腳跨在另一隻腳上。

在細雨紛飛的天氣裡，我們坐在他紅色花園小屋的屋簷下，靜靜看著這片帶有瑞典風情的大自然，就如同瑞典人看待個資透明這件事那麼放鬆。「數百年來，瑞典人就是活在信任之中，相信政府機關不會濫用他們的個人資料。」卜恩茨接著說。

一九九〇年代，瑞典社會民主黨的國會議員茉娜・莎琳（Mona Sahlin）就曾因為信任危機而請辭下台，導火線竟然是因為莎琳用公務信用卡購買紙尿褲和兩條瑞士三角巧克力（Toblerone）。

卜恩茨說：「這樣一來，過去常發生在檯面下陰暗處的事件，比如逃漏稅、貪汙賄賂、各種形式的霸凌、跟蹤騷擾等，由於資訊如此透明公開，而少了很多發生的機會。」在瑞典，透明公開原則顯然並不會妨礙社會和平與社會凝聚力的發展。只要不做錯事，自然就沒有什麼好隱瞞的。

日爾曼式恐懼症

我和俞特約在哥廷根火車站碰面。他帶著銳利的眼神，拿著一杯咖啡在火車站的咖啡吧等我。俞特是一個親切的人，有著修長的身形、一頭淺灰色頭髮，下巴還留著整齊的絡腮鬍。身為神經生物學教授的他，花費數年為哥廷根大學附設精神療養院奠定研究基礎。

我們臨時決定到他的辦公室進行訪談。五分鐘後，已經在他的銀灰色休旅車內就座，車子的內裝也和挪威的幸福專家維達索一樣，雖然有點凌亂卻不失個人魅力。至於為什麼那天車內還有一台洗衣機，現在想來，當時卻忘了向他提出我的疑惑。

只記得剛剛進入車內時，我還小心翼翼地把他妻子的針織襪從副駕駛座拿到後車廂，回座後又發現腳踏墊上放了一盆櫻桃，俞特說那是剛從住家附近的農莊新鮮摘下的。我必須說，那些透亮的紅櫻桃真是美味！而在我將櫻桃籽一顆接著一顆彈到車窗外的同時，我們一邊聊著他家接下來的度假計畫，也聊到薩爾斯堡音樂節，還有義大利的托斯卡尼地區和俄羅斯的聖彼得堡。俞特總是輕聲細語而專注地應答著。

眼尖的讀者可能會疑惑，我現在回到德國做什麼？事實上，我試著尋找答案，解答為什麼在德國的我們迫切需要重新找回對人的信任感。我認為原因可能在於歷史，長久以來都是處於分散的小王國局面，在這種政治氣氛下，有數以百計的公侯、伯爵和國王，彼此之間不斷處於結盟或是互相爭戰的情勢，但是一般的老百姓卻陷入不受任何一方保護，長期處於不安的恐懼狀態。在那樣的局勢下，還能相信誰？

用互信互愛，才能克服歷史傷痕

另外一條線索，我認為是身為德國人該負責的第二次世界大戰。第二次世界大戰的罪責，無疑在德國人的心裡留下深刻的傷痕，尤其是直到不久前才引起些許關注的無辜受難兒童。帶著心靈創傷的人又承擔教養下一代的責任，於是受過心靈創傷的人特有的猜忌與對人的不信任，就這樣一代又一代地傳遞。

俞特和我都有同樣的推測，「德國人的歷史確實沉重。英國人和美國人所謂的『日爾曼恐懼症』

（German Angst）指的就是整個沉重的歷史造就德國人的某些共通性格，那段歷史應該不是從兩次大戰才開始的，可能要更往前追溯。」一九八〇年代「日爾曼恐懼症」一詞首次出現在美國經濟學出版品上，用來做為典型日爾曼族群對未來感到焦慮不安的同義詞，指稱德國人面對偏離常軌的狀況時，通常過度琢磨、太過深思熟慮，而不是即刻面對現實、採取適當的處置措施。

「日爾曼恐懼症」也用於形容人的行事作風是遇事就糾結不前、充滿猜忌與不安全感，認為隨時都可能會發生危險，面臨決斷時總是審度再三、猶疑不決。對這樣的人來說，最好什麼都有規範可循，就不會發生意料之外的後果。但是，這對建立互信的社會顯然並非良好的基礎。

俞特對此表示：「我們現在回顧歷史，探討祖先過去在這塊土地上如何解決這方面的問題，會發現我們正在做的，就和其他面對恐懼的所有人一樣，別無二致。當周邊所有的事情都充滿不確定感時，最簡單的方式就是把所有的事情都加以管控。隨之而來的就是耗費更多心力，讓所有事情在規定範圍內、有秩序地進行，同時著手任何事情前都要完美的計畫，以確保執行過程不會偏離預設狀況，就形成所謂的完美主義，而『德國式的完美主義』不正是現今德國人給全世界的印象嗎？但是，我們並未因此從背負歷史的恐懼中解脫。」如果更誇張地說，就是現今外國人認為德國人的成功之處，正是他們心靈創傷的結果。

俞特接著說：「用來克服心靈創傷後帶來的恐怖陰影，德國式的完美主義或許是一種方法，但是這種方法卻無法令人快樂。」因為當人察覺到恐懼，卻不知道這股恐懼感的根源時，就會感到更無助，而想要緊緊掌握能得到的資源。俞特認為：「一些駭人聽聞的道聽塗說，就是利用這樣令人無助的恐懼感才有了散布的機會。其實人們無須探究那些莫名的恐懼感從何而來，真的一點也不需要！因為本身根本毫無問題，有問題的其實是外在環境。」

知道理論是一回事，但實際執行又是另一回事。因此，對於人與人之間的互信是否可以經由學習養成，我也請教丹麥的經濟學家畢昂司寇夫，他回答：「不。」身為興致勃勃的學習者，這真的不是我想要聽到的答案。畢昂司寇夫舉例表示：「看看美國的移民族群，我們就會發現他們對他人的信任度，幾乎與在祖國的祖父母一樣。那樣其實很可怕。這種世代傳承所背負的恐懼感，就算歷經三個世代還是幾乎沒有改變。」也就是說，自己嚇自己這件事歷經幾個世代還不會消失，因為我們的思考模式和感知能力在下意識裡，還是被這份莫名的恐懼感牽引著。

現在要怎麼辦呢？難道就這樣把書闔上，然後宣告放棄？一點也不！既然學腳踏車的過程，只要放膽地大力踩下，就總有學會的一天，我相信信任感也是可以學習的！就從現在開始，只要想想這麼做的好處：如果有愈來愈多的人一起嘗試這樣的學習，就能期待共創充滿對人信任，也可以被人信賴的社會。我在瑞士認識的柏林人史黛菲（Steffi）也這麼認為，她給予德國人下述的建議：「無疑就是多一點互信！歷史都已經成為過去，我們要活在當下，德國人應該多一點互信和互愛。」

3

二三％貧窮人口的快樂——哥斯大黎加

幸福關鍵字　活在當下

到這裡，我要慢慢為哥斯大黎加人的特調——「蒂寇斯幸福雞尾酒」的配方做個總結：用人與人之間緊密的連結做為基底，並以強烈的家庭凝聚力做調味，佐以很多時間和放鬆的心情，最後再加上對神的信仰與堅強的意志。無論各人有什麼樣不同的起始點，上述配方都適用於每個人。

歡迎光臨世界上幸福感排名第一的國家——哥斯大黎加！哥斯大黎加的西班牙文 Costa Rica 字面翻譯是「豐饒海岸」的意思，但是境內卻有高達二三%的貧窮人口。為什麼生活在這樣的國家裡，人們還能覺得幸福？我感到非常疑惑……

「停一下！」我扯了扯艾度瓦多（Eduardo）的袖子要他停車。艾度瓦多是工科領域的大學教授，他在那幾天充當我的臨時司機。當時我們正在哥斯大黎加首都聖荷西的一條平坦柏油路上，往出城的方向行駛。那條道路的一邊矗立著岩壁，另一邊卻以間隔約兩公尺的距離出現一間又一間的小屋舍，這些小屋舍是由各種板材或波浪形鐵皮搭建而成，而且都被漆上各種醒目又繽紛的色彩。

其中，在一間天藍色小屋前，站著一個看起來個子不高卻又顯得粗壯的婦女。談不上漂亮，有著豐滿而下垂的乳房，而當她開口笑著對我們揮手表示歡迎時，還看得到所剩無幾的牙齒。當我下車跑向那個婦女時，突然有一輛四十噸重的大卡車從距離我不到一公尺旁呼嘯而過，那輛疾馳的大卡車所造成的氣流在瞬間把我往前拉，讓我向前踉蹌幾步，而這樣的氣流竟然幾乎每分鐘都在這裡反覆上演，衝擊著眼前這些看似脆弱的房舍！

這段期間還有五個孩子向那個豐滿的婦女聚集，她名叫卡堤雅・艾斯奇威・茹涅絲（Katja Esquivel Nuñez），經過詢問後，她同意接受我的採訪。

茹涅絲邀我進屋，我到了室內後才發現，這間小屋的內部比我想像中大上許多，甚至還有兩個房間和一個類似廚房的空間，其中一間略顯昏暗的房裡擺放兩張床，看不到窗戶，從鋪在地上的木板凹凸不平紋路間才反射出些許日光。說到這裡，我還要感謝主的保佑，讓我上車離開前才發現，這間小屋原來只是在邊坡上用幾根臨時支架搭建的。

擺放兩張床的房間是茹涅絲和四個孩子睡覺的地方，緊鄰的房間只有一張床，給已經成年的女兒專用。向屋外看去的風景真是令人屏息的美好：對面丘陵上種植滿滿的咖啡樹，在那些約有一公尺左右高度的扇形咖啡樹上，在陽光照射下閃耀著油亮的綠葉。「真是太好了！」我向茹涅絲的大女兒麗娜（Lina）點點頭，希望得到她的認同，至少從她的房裡可以看到陽光，因為在她專屬的房間裡，最長的那面牆靠外側，牆面是一整片完整的裝飾圍欄。整面牆就是一片裝飾圍欄！而且肯定沒有通過德國萊茵鑑定（TÜV）。

「咦？妳的房間沒有窗戶？」我問麗娜，但是話一出口就後悔了，覺得自己問了蠢問題，答案不就在眼前嗎？「這樣不冷嗎？」我試著轉移重點，提出新問題。「噢，有時候啦！」她竟然回答我了，還接著說：「而且下雨時要看風吹的角度，有時還會把整張床淋溼。」這時候，我才聽到角落的電視機裡傳來給小朋友看的卡通節目聲音。

茹涅絲會到鄰居那裡提取生活用水，至於用電就要另外想辦法了。總之，這間小屋是違建，隨時可能會有人來拆除，而孩子們可以從政府那裡領到足以維生的補助金。此外，孩子的父親並未住在附近，又少了一隻手臂，什麼也幫不上忙。我在廚房角落裡發現一條布滿油漬的棕色毛毯，茹涅絲告訴我：「有一個工人住在那裡。」她的語氣聽起來似乎是再普通不過的事了。

看到這裡，我幾乎不是很有信心地提出問題：「你們快樂嗎？」沒想到茹涅絲竟然笑著回答說：「當然！雖然我們沒有錢，但是卻很快樂。要活得快樂，就必須與人和平共處，無論是朋友或家人。在哥斯大黎加雖然有很多人過著貧困的生活，但我們還是覺得快樂，因為家人和神總是與我們同在。」

「妳是說即使擁有的那麼少？」我把攝影機放上屋內克難的爐台，一邊問道。

「我們不會被打倒的！米飯不夠，可以摻著豆子吃；就算全家只剩下一根香蕉，我們還是會幸福在一起。很多東西是有錢也買不到的，比如說愛，有錢也買不到真心，而當妳感受被愛時，就不需要金錢了。」好吧！我被說服了。

這時候艾度瓦多也加入我們的對話，「應該可以說，這裡雖然窮，但並不因此妨礙我們過著心靈富足的生活。」

當時正值哥斯大黎加的雨季，所以一天的氣候經常是在大太陽後，連續下兩個小時傾盆大雨，接著又出現大太陽。正當我們準備離開小屋時，外頭開始下雨。於是，我讓十三歲的阿莉娜（Alina）玩攝影機，她胖嘟嘟的弟弟就充當收音助理。兩個小孩都說長大以後要當警察，可以幫助別人。當我開始收拾攝影裝備時，艾度瓦多表演起魔術，讓茹涅絲和孩子們都很著迷。

直到雨勢稍微緩和，我們決定繼續出發，才發現在那裡待了三個鐘頭。道別時，我再次擁抱這一家人，其中年約八歲，有著金色捲髮的表妹艾蓮娜（Elena）還一度不願意放手。他們在微雨中向我們揮手道別，直到在車裡再也看不到他們的身影。

或許讀者對哥斯大黎加有著其他印象，認為它在拉丁美洲國家中是比較進步的國家。一九五〇年代，這個國家的戰備兵力就被以推展各種教育與公衛項目為由取消。在我看來，這是很好的做法。果然取消軍隊後，確實為這個國家帶來正面成效，比如哥斯大黎加就成為拉丁美洲國家裡文盲比例最低的國家之一。

其次，則是哥斯大黎加的經濟成長在過去幾年都能保持連續微幅上揚的紀錄，其中貢獻最多的，當屬觀光業帶來的收益，更重要的是，這個國家在發展觀光經濟時，還是以有分寸的開發、讓大自然得以休養生息的方式來進行，因此有二七％的國土面積被劃入自然保育區。

對一個只有四百六十萬人口的國家來說，每年到訪的外國訪客數量高達兩百五十萬，確實是很可觀的數字，但是如果知道哥斯大黎加呈現在世人眼前的自然美景有多麼迷人，就不會對這個數字感到太過驚訝了。這個國家臨近兩面海岸，加勒比海在東岸，太平洋在西邊，還有令人印象深刻，高於三千公尺的壯麗山脈，尤其因為這片從到南到北貫穿整個國家的山脈，更讓哥斯大黎加有「拉美瑞士」之稱。

「真值得世界上的其他地區看齊：以不傷害地球的方式，快樂地活著，哥斯大黎加向世人證明這是可行的。」拉丁美洲的幸福研究專家洛哈斯在那次訪問的幾天後這麼對我說。

Pura vida！現在，一切都好

在和艾度瓦多同行的幾天裡，他不但是稱職的司機，還是得力的翻譯助手，也證明他有導演與攝影師的天分，然後我們回到他的住處。他住在哥斯大黎加很常見的市區周邊聚落，厚厚的圍牆或柵欄後方是平面屋頂的小房舍，我住在墨西哥時就見過這種景象，所以並不陌生。一個有著淺琥珀色頭髮的小女孩過來幫我們開門，然後熱情地擁抱她的父親。

小女孩名叫克拉拉（Clara），雖然她的母親珊卓拉（Sandra）是德國人，但是可惜那天她沒有興趣用德語和我打招呼。珊卓拉與艾度瓦多在西班牙讀大學時就認識了，七年前珊卓拉才搬到這裡住。

為了進行訪問，我安排他們坐在屋內的紅色皮沙發上。有著深棕色眼珠的艾度瓦多，確認一下自己修剪整齊的深棕色絡腮鬍後，就開始向我解說關於「蒂寇斯」（Ticos）的心靈深處……說到「蒂寇斯」，這是哥斯大黎加人對自己的暱稱，「哥斯大黎加人就是能比德國人更輕鬆地面對事情。每天要做的事情，比如職業、工作，所有會帶來壓力的事，哥斯大黎加人都能從容以對，這應該也是我們能夠感到比較幸福的原因吧！對我們說，所謂的未來就是明天以後才會發生，只要 pura vida 就好了！」

到哥斯大黎加旅行的人，一定都聽過 pura vida 這個招呼語。「Pura vida！」既是初見面的招

呼語，道別時也會用到，甚至在機場的紀念品店，到處可見這句招呼被印在馬克杯上或短衫上。我很想知道「這句話到底是什麼意思？」

艾度瓦多聽到我的問題，同意地點頭說：「那句話的意思可以說是：一切都安好、我們生活很滿足、擁有想要的一切……但是這並不代表，擁有豪華的住居、達官顯貴的朋友和非常好的職業。」珊卓拉也在一旁點頭認同。

艾度瓦多接著說：「對這裡的人來說，生活成就的意義是全家人有很多的時間在一起，並且彼此照顧、相互扶持，應該遠勝於德國。對本地人來說，家庭或家人占據日常生活中很重要的地位。我認為，這裡的人因為奉行這樣的價值觀而感到幸福。」珊卓拉望向我說，她的眼珠湛藍透亮，像是在宣告她也感染這個國家的幸福感。

隔天，我們出發去參觀愛的連結（Lacitos de Amor）兒童照護中心，這個兒童照護中心所在的位置是聖荷西市郊風評不太好的區域。我已經和這個兒童照護中心保持幾個月的聯絡，主要是因為拍攝需求，需要一一取得這些兒童父母的同意。

我們的車停在一棟薄荷綠色建築物前，圍著這棟建築的是一排整齊的白色柵欄。站在外面就可以聽到屋裡傳來小朋友的嬉鬧聲，這裡的小朋友多數是幾個月大到六歲不等的小孩，看著這些小朋友像其他幼兒園的孩子一樣玩耍，不說沒有人會注意到，這些孩子的父母幾乎不是未成年，就是有毒癮，或是愛滋病帶原者。

照護中心的主任嘉蓓麗葉樂．沃偉德．莫菈瑞茲（Gabriela Valverde Morales）出來迎接我們，三十二歲的她已經為人祖母，並將這個照護中心視為上帝交付給她的使命。她說：「我十五歲就當媽了，很早就要承擔為人母的責任。幾年前這個照護中心一度要關門，我只好也承擔起這份責任。」中心裡的照護人力由國家支付薪水，其餘的支出就由莫菈瑞茲用自己的收入來承擔。「能夠幫助別人，讓我感到幸福。」說到這裡，門鈴聲響起，莫菈瑞茲打開柵欄門擋，迎來一個帶著一對雙胞胎的年輕媽媽。

這位名叫瑪俐亞—荷希的年輕母親前來接受我的採訪。「我十七歲，是單親媽媽，孩子在我十四歲時出生，現在我和孩子們住在一間小公寓裡。起初，孩子的父親還能給我一些協助，但是後來他犯錯被關進少年監獄。我還在讀書，但目標是希望以後能學會一技之長，找一份普通的工作，至少可以支撐我與兩個孩子的生活。還希望以後有機會能上大學，想念考古或企管。」在瑪俐亞—荷希接受訪問時，雙胞胎塞巴思堤安（Sebastian）與馬謫亞斯（Matthias）正不停圍著他們的母親鑽動，像是在接受體操訓練一般，而瑪俐亞—荷希總像是充滿耐心的天使般回應他們。

「我每天早上四點左右起床，這樣才能在七點上學前把孩子送到幼兒園，但是晚上要哄他們入睡就比較麻煩了。我的生活基本上就是起床、孩子、學校。」眼前這個五官輪廓分明的甜美女孩，竟然已經是年輕媽媽了，那天她穿著牛仔褲，上半身的小可愛上還印著充滿童稚氣息的印花圖樣。她讓我感到驚訝，如果拿她和我之前認識的同年齡孩子相比……「孩子們讓我感到幸福，」她接著說：「他們是我繼續前進的動力。」

到這裡，我要慢慢為哥斯大黎加人的特調——「蒂寇斯幸福雞尾酒」的配方做個總結：用人與人之間緊密的連結做為基底，並以強烈的家庭凝聚力做調味，佐以很多時間和放鬆的心情，最後再加上對神的信仰與堅強的意志。無論各人有什麼樣不同的起始點，上述配方都適用於每個人。

在這片豐饒海岸上沒有虛榮的光芒，即便如此，瑪俐亞—荷希也不想冒險賭上她的幸福，她說：「生而為人就不該停止學習，人還是要向前看，還要不斷努力，所以我經歷過的事都將成為前進的養分。」

艾度瓦多將克拉拉放在鞦韆上輕輕擺蕩著，可愛的克拉拉幸福地笑著，她的笑容有撫慰人心的作用。「親愛的，妳高興嗎？」父親問了女兒，卻得到令人沮喪的回答：「沒有耶！」我忍不住在攝影鏡頭後方偷笑，心想：全世界的兒童叛逆期果然都是一樣的。

沒有人應該是孤單的

冰島的人口不多，而且彼此之間都很熟悉。我們善待彼此，因為沒有人可以孤單地領受幸福。

——星里克・貝林（Hinrik Bæring），九十歲，冰島雷克雅維克的船隻主人

臉上掛著低調而有教養的笑容，洛哈斯就這樣站在我入住的經濟型旅館大廳等我，地點是哥斯大黎加聖荷西。洛哈斯是拉丁美洲研究幸福的重要學者，中等身高、快要五十歲的年紀，他穿著藍白條紋的襯衫搭配深色西裝褲，側分的深棕色頭髮梳得整齊，讓他看起來比實際年齡年輕、有教養又溫文有禮。總之，就是給人很好的印象。

打完招呼後，洛哈斯就建議到他最喜歡的餐廳，他的銀色中階汽車就停在旅館大門前。「當然，太棒了！」我一邊說著，一邊順手向左撈起攝影機，右手拿起麥克風。出發！我們一路上坡後，終於抵達一家氣氛溫馨的小餐館。洛哈斯告訴我，他和家人固定會在這裡用餐。但是，其實洛哈斯已經移居墨西哥幾年了，這一次正好碰巧遇到他返鄉度假。

我愈聽就愈覺得自己何其榮幸，占用他寶貴的家庭聚會時間，因此加快動作，在棕櫚樹和大大

的遮陽傘之間快速架好攝影機，我在一邊動作時，一邊問他：「身為經濟學家的你怎麼會和幸福研究扯上關係呢？」

他微笑著，顯然常被詢問同樣的問題，「妳知道，經濟學家常會忘記，人除了消費者這種身分之外，應該還有其他的定義。除了工作以外，應該還有其他的事要做。生命中有很多其他的事，個人成就和消費行為都只是其中一部分，而不是全部。我常思索的，就是在這樣的視角中缺乏的那一部分。」洛哈斯說完後，若有所思地越過手上的玻璃杯，望向遠處豐盈而綠意盎然的哥斯大黎加景色。

一九九八年，洛哈斯首次接觸幸福議題的研究工作。「研究幸福讓我也樂在其中，一晃眼就過了十五年，讓我幾乎忘了之前都做了哪些方面的研究。」他調皮地對我眨眨眼，他並沒有說實話，以前投入心力研究過的內容又怎麼會忘記？

洛哈斯現在同時任教於拉丁美洲社會科學研究院（Facultad Latinoamericana de Ciencias Sociales, FLACSO）與墨西哥普埃布拉州私立人民自治大學（Universidad Popular Autónoma del Estado de Puebla, UPAEP），可能是幸福經濟學領域，我完全忘了向他確認。

拉丁美洲國家各有不同的問題，比如哥倫比亞的政治問題，或是墨西哥居高不下的犯罪率，又像是在哥斯大黎加或巴拿馬的貧窮問題，即便如此，這些國家人民的幸福感還是偏高，真是難以理解的特殊現象。但是，洛哈斯卻很清楚：「我們的研究結果，發現讓這些國家人民感到幸福的兩個主要因素，而且這兩個主要因素都和國民生產總值無關，分別是人際關係與可自由運用的時間。」

「確實，維持人際關係是需要時間的。」洛哈斯點點頭，接著說：「人際關係的熱絡，包含有機會和朋友閒聊、維持與所愛的人的親密感，以及有足夠的時間和家人相處，這些都是生活在這裡的人日常中很重要的部分。」順帶一提，在拉丁美洲所謂的家人，還涵蓋姪子、姪女、外甥、外甥女、遠房阿姨、姑姑，還有這些人的家人、朋友，以及這些朋友的家人……。

「我們的人際關係非常緊密，而且人與人的關係都是真心誠意，完全沒有需要隱藏的利益糾葛，這裡的人際關係只是單純和人群在一起，就是拉美西班牙文中所說的 calidez humana。」所謂的 calidez humana，可以說是與人相近相親、人和人之間的溫情，或真誠交往，或人間溫情？……大概就是這麼一回事吧！要精確翻譯出這個詞彙的意思，讓我的思緒有點卡住，覺得怎麼樣的翻譯都無法傳達出 calidez humana 的熱度。

洛哈斯繼續說：「這裡的人就是需要這些，這是我們基本需求的一部分。」我在心裡想著：好吧！人類的基本需求還有吃、喝、睡，但是這些基本需求能帶來幸福感嗎？

加拿大專門研究幸福議題的教授米卡羅斯，就曾針對生活品質與幸福感之間的關係做了許多研究，他告訴我：「我們曾經在問卷中，分別針對收入，以及與人的情感連結對個體產生影響進行調查。統計的結果發現，個體是否被所愛的人關心著，對生活品質與幸福感所產生的影響力，竟然比收入還高出五倍！」

確實值得警惕，仔細回想，當我們面臨生活中其他的抉擇時，比如個人進修、事業成就，或是其他未來計畫，我們是否總是讓出前面的優先順位，而把與人的情感連結一再往後推延？

包含我自己在內，我們往往低估情感聯繫對身心健康的影響。德國哥廷根大學神經生物學教授俞特就以對德國現況的反思，應證上述說法：「如果有人被禁止與他人產生連結，這個人就會有心痛的感受。」當時在服務系所圖書館裡的他，以極具個人特色的強調語氣這麼對我說。根據俞特的說法，如果一個人自覺被群體排擠，大腦裡就會發展出如「真實」肢體傷痛一樣的感知網絡，因為社交上與肢體的傷痛感都會記錄在大腦的同一個區塊中。

「我們和其他人如此緊密連結，幾乎沒有真正單獨存在的個體。如果我們刻意從群體抽離，也就是捨棄從別人那裡得到或接收的所有事物，應該就不會剩下什麼了。前面提及的一切、我們引以為傲的一切，所有成就我們成為獨立個體的，基本上都是拜他人所賜，無論是從父母、老師、朋友，甚至在書本裡學到的都是，這意謂著我們的大腦本身就是一個社會性結構。」

沒錯，這一趟旅行原本只是我一個人的主意……好吧！出發之前是因為我讀了一篇國際性報告；而且在這個世界上有很多不同的國家，但是湯瑪斯．庫克（Thomas Cook）[22]早在我之前就發現這個事實了……至於閱讀，我是在學校學會的，況且如果說關於人生幸福這個議題，

22 譯注：一八〇八年至一八九二年，英國人，是世界第一個組織團體旅遊的人，同時也是旅行代理商與旅行支票發明者。

早就有塞內加（Seneca）[23]、尼采（Nietzsche），或是比較年輕的馮．希爾胥豪森（Eckart von Hirschhausen）[24]這些先賢前輩或多或少思考過了……經過這樣一連串的思考，真的好像都有人幫我準備好了，原則上好像真的沒有什麼是我的新發現。

與人產生連結，才能掌握幸福之鑰

回到社會共同體這個議題上，在讓人感受幸福快樂的要素中，與人產生連結的共同體感受無疑是第一名。學者對此的意見都很一致，就連穿著橡膠長靴的挪威幸福研究學者維達索也說：「世界上有一把通往幸福的鑰匙，就是『其他人』。」

記得維達索在說完後，還抬頭望向前方的峽灣一段時間，然後說：「世界上當然還有很多其他的幸福泉源，但是最重要的非『其他人』莫屬，而且我認為挪威人之所以會為什麼那麼幸福的一部分原因，就是因為我們與彼此聯繫形成有良好人際網絡的共同體。」

說到社會共同體感受，或許有人會說：「沒錯！有時我也喜歡和好友喝一杯皮爾森啤酒（Pils）啊！」但是這個詞彙的意義其實涵蓋的範圍更廣。共同體的建構是在與他人強烈的連結感上，也代表願意讓他人以各種形式參與你的生活。

「幸福感的產生往往和他人有關，雖然我偶爾也會有想要獨處的時候，但是只有當我和其他人一起做什麼事時，才會感到幸福，就像跳舞。所以，和他人產生連結肯定是幸福的關鍵。」

——法伊諾（Väinö），作家兼舞者，芬蘭赫爾辛基

「如果在一個人遇難的時候，能得到他人伸出援手，對社會很有意義。」

——妮蔻（Nicole），學童，丹麥奧胡斯

「對我來說，重要的是與他人分享人生、能夠愛與被愛，而且知道有人願意聽你說話，也會向你傾訴，然後明白無論你在人生的高峰或低潮都能得到支持，相信那樣的支持永遠都會在那裡。」

——艾德馬莉（Edelmarie），作家，哥斯大黎加聖荷西

---

23 譯注：全名為魯齊烏斯・安奈烏斯・塞內加（Lucius Annaeus Seneca），約西元前四年至西元六十五年，為古羅馬時代斯多噶學派哲學家與劇作家。

24 譯注：生於一九六七年，是有醫學背景的德國知名電視節目主持人、暢銷書作家、舞台劇演員、喜劇演員，以其發言常有哲學深意聞名。

「我的建議是，要覺得幸福就要把家庭照顧好，還要與他人密切共存、創造凝聚力，這樣我們就能快樂，過著想要的和諧生活。」

——約各．阿藍特（Jorge Arent），退休銀髮族，盧森堡盧森堡市

到底這些人提到的「他人」是什麼意思呢？這個「他人」又是一些什麼人？是街上那個應該去找工作的乞丐？或是你在麵包店結帳時，看著大排長龍的結帳隊伍，希望她從後台多叫一個人手過來幫忙結帳的麵包店女主人？還是剛才衝著你騎過來，可是你卻來不及閃開而撞上的腳踏車騎士？

如果提到關於生活上與人產生連結的共同體概念，聯想的範圍大概就到我們的住家門口。這樣也沒關係，這麼想確實也和那些世界上最幸福國家的人民所想的沒有什麼不同。在我的旅途中，常詢問接受採訪的對象這個問題：「你生命中最重要的是什麼？」讀者又會怎麼回答？我想，應該與那些最幸福國家的人所想的相去不遠，而我是直到詢問第一百六十七個受訪者後才領悟，針對這個問題大概會得到什麼答案。有高達九五％的受訪者回答我：家人與朋友。

「在這個國家中，家庭的意義是神聖的。」丹麥的曼娣是這麼告訴我的。

「能和家人生活在一起、與他們一起成長，就是讓我感到很幸福的事了。」墨西哥的達尼爾（Daniel）這麼對我說。

奧斯陸的金髮舞者卡蘿琳（Karoline），特徵是鼻子不高、笑容迷人，被我問到這個問題時，

毫不思索就回答：「生命中最重要的事？家人和朋友，沒有這些人，世界就變黑白了！」

受限於本書的篇幅，無法一一列出所有將近兩百九十個對於這個問題的回答。一旦生活面臨傾覆的危機，家人和朋友就會是那股平衡的力量，因此這個與人產生連結的網絡愈穩固，就愈能在面對生命的考驗時迅速得到緩衝的支持，而快速回復常軌。然而，就算自己國家的人多數知道和人產生連結的重要性，仍然沒有很緊密的家庭關係也是不爭的事實。

至少就我而言，想到與人產生連結這個議題時，腦中浮現的是某個星期日中午，幾個墨西哥大家族的嘻笑聲占據整家餐廳的畫面；或是在墨西哥，所有曾經親切撫摸我女兒金色捲髮的陌生人（即使還記得當時我的反應是：「把你的手拿開！」）。

我也還記得在墨西哥的女管家——庫卡（Cuca）。藉這趟旅程之便，我與她在五年後再度重逢，她至今仍在床頭放了一張我女兒的照片！她提到：「對我來說，家庭和樂遠遠超出像家庭政策之類律法所規定的範圍。與家人同在是互相親愛，並且參與彼此生活而產生共鳴的價值觀體現，這也是我們能帶給孩子的重要資產。」

「說到孩子，加拿大人真的普遍都很喜愛小孩。他們非常喜歡有小孩在身邊，比方說還在懷孕時，就會讓所有家人和朋友參與孩子的命名，但是到了德國，雖然有些家庭也會在聚會的場合提起，但絕對不是可以讓德國人討論一整晚的話題。」駐加拿大蒙特婁的特派員赫伯特．波普（Herbert Bopp）在他公寓的頂樓陽台上，一邊舒展筋骨，一邊說著。

喜歡小孩、重視家庭和人情，這些在德國似乎比較難感受到。但是，如果你向哥斯大黎加人洛哈斯請教原因，他就會說是因為德國人的時間太少了，總是很快與他人擦肩而過，鮮少有真正的交流。所以，請你試著與迎面而來的人交換一下眼神、試著接收對方眼中所透露的訊息，或許這麼做需要時間，但是請你想想在面臨壓力時，首先想要的是什麼？

然而，我們通常會反其道而行，讓自己遠離人群，面對壓力時也會封閉自己，一個人咬牙面對。我們一次又一次將社交雜務擱置一旁：接聽電話的同時，查看電子郵件，或是和孩子玩掀紙牌的記憶遊戲時，一邊通電話討論公事，甚至還在上廁所時一邊解決其他的事務。

「人際關係的價值就這樣消失在某些群體或社會中。」洛哈斯接著苦口婆心地說：「現代人在工作上花費太多的時間了，他們將壓力加諸在身上，不斷強迫自己要變得更快、更好，結果國家的國民生產總值提升，收益好像也提高了，但卻是以人際關係和讓人身心得到滿足的家庭活動做為代價才得到的。」

人類不斷製造、不斷消費，又不斷蒐集身邊所有可能取得的東西，但是這些東西對於我們想要活在有意義的人際氛圍中，卻往往都是用不到的，而今由於人們迷失與他人的關係，所以物質的地位就提高了。「我們身為社會群體的一員應該努力的方向，在有些國家真的很難再看到了。」洛哈斯認真地說：「結果導致物欲充斥，甚至多於實際需求。人類擁有愈來愈多的東西，也製造更多的垃圾。於是，不斷製造新的商品、消費、製造垃圾，又不斷製造新商品……形成惡性循環。」

這真的是人類社會存在的目的嗎？人類會因此感到更滿足嗎？」

體驗與他人相處時的美好

我在哥斯大黎加時，擔任臨時司機的艾度瓦多曾經載我到聖荷西附近的森林。瑪歌就在那座森林裡的一間度假小屋入口前迎接我們。她是數學系教授，約莫四十五歲，個性非常活潑，還有極具魅力的眼睛和閃耀動人的金色捲髮，真的非常美麗。

瑪歌說：「我們這裡對物質的需求並沒有像其他文化圈那麼多，假如冰箱壞了，也只會想辦法修理，在其他的國家，可能就會說：我的冰箱壞了，所以要買新冰箱，而且還要是最新的款式。相較之下，我們比較不會因為想買新的或更貴、更好冰箱的欲望，而為自己帶來壓力。正因為我們能在人群中得到更多溫暖和情感，所以比較不會索求擁有更多物質上的東西。」

物質需求之所以變得重要，的確是因為缺乏其他寄託，促使它變成人與人之間情感的替代品。「在無法正確交流情感的人之間，便無法產生更進一步的親密關係，因此往往無法看見眼前的人的本質，而只能從外表去評價對方。所以，對某些人來說，你穿什麼衣服，甚至穿著衣服的品牌，就變得很重要，這些人需要藉由這些外在物質去得到外人對他身分地位的評價；然而，在人與人之間較密切連結的社會，就像拉丁美洲，一個人得到好名聲往往是因為他為別人做了什麼善事。」

正當洛哈斯滔滔不絕地訴說時，我在心裡暗罵自己太沒心眼了，就只是為了證明影片的可信度，竟然用西班牙語進行這段訪談，洛哈斯明明說了一口流利的英語啊！

當洛哈斯起身去幫大家拿咖啡時，讓我想到在這段旅程中遇到的所有人，都在對我呈現完全不同的成功觀點。對他們來說，成功的定義是：有好友的人、將好的價值觀帶給下一代的人、婚姻美滿幸福的人，或甚至是幫忙鄰居的人。聽起來是不是有點不可思議？我滿是懷疑地站起身，為攝影機換上新的記憶卡，順便檢查電池還剩下多少電力。我一點也不想放過解答上述那些疑惑的機會。

正當我這麼想著，洛哈斯的話匣子又在攝影鏡頭前打開了，「結果呢？妳看，多少國家的國民生產總值真的提高了，而地球溫度也真的跟著升溫了！」還真的是呢！我想著，然後又坐到對面的座位上，聽他接著說：「人情味淡薄的狀況也同時升高了，對朋友、孩子、伴侶，甚至是自己感興趣的活動都找不到時間。人類還真的會有賺很多錢，卻又處於人情味淡薄的時刻呢！」

這個道理就連不是專門從事幸福研究的門外漢都懂，比如讓—賽巴斯提昂，這個名字在本書中會經常看到。和他的見面是在一個星期日早上，我去按他蒙特婁住處的門鈴，接著場景就換到他的公寓裡，我的手上捧著一杯香濃的法式牛奶咖啡，一邊聽他說：「幸福從與人產生情感交流就開始萌芽了。我和妻子有兩個小孩，都努力地盡可能在生活中為孩子們創造更多美好的記憶。當然，孩子有時也會想要新款的滑雪板，或是最新上市的平板電腦，但最重要的還是要讓他們體驗與他人在一起的美好經驗。和人相處時的每個美好瞬間都很重要。當人能意識到這些個別的人生片段如何美好時，其他的不愉快就不是那麼重要了。」

我們之中有許多人都失去把時間從效率思維中獨立出來的能力，也有許多人失去的是與人打交道的能力，我肯定不是例外。

洛哈斯又開始說：「這裡有很多情況在其他國家裡，或許會被歸類為遊手好閒、浪費時間，不深入探討就做為定論結案，因為這些人都是有能力工作的，但是他們卻把時間花費在與朋友和家人相處。嚴格來說，那應該不算是浪費時間，雖然還是可以說是遊手好閒，但這種遊手好閒是可以帶來幸福感的！」

對我來說，拉丁美洲模式確實很有說服力，但我們還是無法放下文化意識中的包袱。我思考著，是否有可能不用變成拉丁美洲人，也可以在生活中擁有更多時間來經營更好的人際關係？洛哈斯提到的拉美風情確實很有吸引力，而我也無意另創新文化，只希望能從別人的經驗中獲得一些新概念。

在期待的關係中，投資一點值得的時間

幸好，鄰近德國的丹麥就能找到。丹麥人似乎在德國式作風和拉美風格中，找到黃金比例的中庸之道，至少在阿爾堡大學任教的日爾曼學系教授葛苞兒就這麼認為：「丹麥人與德國人的差異，

在於呈現的從容氣度。在這裡，人單純因為是『人』而受到尊重，並不會因為在物質方面的呈現而受到評價。我覺得或許因此才會在丹麥感覺比較放鬆，好像時間在丹麥就會走慢一點。」

葛芭兒的另一半雷那（Reiner）原本是社會工作者，現在任職於幼兒園，他補充說：「這裡很重視工作的人並不會因為工作帶來過大的壓力、兒童在學校不被過分要求，然後家庭和樂。」是怎麼辦到的呢？葛芭兒深諳丹麥人的做法，「是啊！或許就只是把生活步調放慢一點，然後對自己和生活品質多點關心。要常問自己：我現在好嗎？然後多注意身邊社會的發展、對社會凝聚力多一點關注。」

「如果想要幸福的生活，就該在家人、朋友及其他社交關係多『投資』一點時間；但是如果想要變得富有，就投資在股市。」冰島的幸福研究專家谷特孟絲多緹兒略帶挑釁地說。

她任職的理事會有一份研究報告指出，冰島的青少年在這個國家經歷金融危機時反而比較幸福，甚至金融危機解除後，這樣的趨勢還維持著。「為了了解這些青少年身邊有什麼改變，我們進行調查，結果發現原來是和金融危機發生前相比，父母和孩子有了更多的相處時間；也就是金融危機發生後，冰島人重新評估生活方式。」

我在墨西哥市的高級住宅區和塞修．舒瑞茲（Sergio Suarez）見面。他現年三十四歲，穿著筆挺的西裝與白襯衫，任職於金融機構，當時他正要步入黑色頂級越野車中，而他對德國人的建議真是簡單到令我驚訝，他說：「他們應該好好享受所擁有的。人生中重要的其實既不是工作，也不是任何物質上的東西。和好友在街上天南地北的閒聊，或是面對面坐著，都能帶給人幸福的感受。如果他們能像墨西哥人一樣勇於表達熱情，只要一點點就好，就會有大不相同的感受。」

聽到這段話時，我忍不住瞄了侯格・賈西亞・固堤耶瑞茲（Jorge Garcia Gutierrez）一眼，他是我之前住在墨西哥時的司機，這一趟墨西哥行也多虧有他帶路。他看起來有些疲憊，於是我對他說：「走吧！我們一起去喝杯咖啡！」

熱愛自己成長的地方

你愛生養你的地方嗎？你認同你出生的地方是世界上最好的所在嗎？你對眾人為這片土地所奉獻的成果感到驕傲嗎？

上面這些問題和與人產生連結又有什麼關係呢？關係可多了！因為我們前面提過的「其他人」不僅止於家人和朋友。你大可把搜尋半徑再放大一點，然後就會發現：街上的人、居住社區的人、居住城市裡的人……整個國家的人。即使這些人之中可能有些人不見得喜歡和人有太多的連結，但是實際上你與這些人共同享有的，可能比你察覺到的還多：比如你成長的文化背景，還有與你如影隨形的民族性。

撇除區域性差異，你與這些人還有一個共同點：你們生活在同一片土地上。你可能是本國人或半個本國人，就像我一樣，或者由於某些因素而持有該國護照，或是已經在這片土地上生活三十年的土耳其人……無論如何，在這片土地上的眾人共同組成一個社會，世界上其他地方的人看來也這麼認為。

幾乎毫無例外，世界上最幸福的幾個國家都表現出愛國精神。在接下來介紹丹麥的章節裡，還會提到更多的馬爾特（Malte），他舔了一下女兒手上的冰淇淋，對我眨了眨眼，然後笑說：「妳知道嗎？其實丹麥人在內心深處都認為，我們是世界上最好的小國，可能就是因為這樣，丹麥的幸福指數才總是那麼高吧！而且從很多的觀點來看，我們也真的是世界上最好的國家了！」

德國媒體駐赫爾辛基特派員瑞貝卡・莉柏蔓（Rebecca Libermann）也為芬蘭人作證表示：「芬蘭人很有國家優越感，畢竟這個國家雖然還很年輕，但卻已經能為人民帶來安全感與幸福感。」

芬蘭和丹麥這兩個小國的人口都只不過五百多萬，能期待會有什麼大事發生呢？因此形成關係緊密的社會不過就是必然現象，更何況是對像冰島這類特別小的國家。正如菲力璽翁・汎南・賀曼頌（Friðjon Fannar Hermannsson）說的：「我認為冰島人能夠這麼快樂，是因為我們生活在關係穩固的小型社會中。」賀曼頌現年三十八歲，是冰島第一大報《冰島早報》（*Morgunblaðið*）的客服專員。

我在冰島時，有畢達絲多緹兒這個像精靈般的伴遊。那天賀曼頌從他家客廳窗戶往外看時，恰巧被經過的我與畢達絲多緹兒看到，我們主動和他攀談。不久後就坐在他家的餐廳裡，他其實不用這麼做的。餐廳不大，光是一張深棕色大餐桌就幾乎把整個空間塞滿了；此外，餐廳的牆面用深綠色塗漆，其餘的木櫃面板都是酒紅色，總之，整個空間小而可愛，就像這個國家一樣。

聽到賀曼頌的說法，畢達絲多緹兒也贊同地點頭說：「冰島就像是一個大家庭。」的確，這個國家的人口只有三十幾萬，這麼說一點也不奇怪，再加上幾乎全國的人彼此都有七等親以內的血緣關係。

對於這個單一種族國家來說，說是大家庭簡直就是理所當然！反正住在冰島所屬群島內的人都是「冰島人」，所以當然很容易就能有生命共同體的體認，因為他們有共同的價值觀和傳統。

但如果是像盧森堡這樣的國家，全國五十幾萬人口中約有一半是外國人，還有約十六萬人每天為了各種理由進出國界呢？訪問馬可．盧佩特（Marc Rupert）的那天下著雨，當時正值他參選期間，他站在代表政黨提供的傘下沒有被淋溼，而我為了讓畫面呈現更好的構圖，下半身卻都被淋得溼透了。

盧佩特才三十出頭，平時擔任教師，他認為：「盧森堡人幸福的原因，應該是因為這個國家的範圍很小，所以人和人之間很容易就形成凝聚力。」我想著，只有這樣的國家大小，卻有這麼多的民族融合在一起，還真能體現人類靈魂的偉大啊！

但是，這個論點即使對於有著八百多萬人口的國家仍然適用，瑞士的亞嵄德（Ahmeed）就認為：「或許我們感到快樂的原因，只是因為不覺得受到國家的壓迫。我們的國家很小，因此什麼都可以一目了然，生活在其中的人自然而然就會成為社會的一部分。」

特派記者卜恩茨也為人口超過九百五十萬的瑞典發聲：「瑞典人都謙虛地認為，他們生活在世界上最好的國家。」而芬蘭人、哥倫比亞人、墨西哥人、丹麥人、澳洲人也都這麼謙虛地認為。

在差異中尋求共存之道

訪問瓊絲頓的地點是在她蒙特婁住處後方的中庭露台。正當我在那棵人造棕櫚樹旁架設攝影機時，她臨時起意為我準備第二輪早餐。那棵人造棕櫚樹上還掛著耶誕節慶氣氛的裝飾品，引起我的注意，那些耶誕裝飾還是去年過節時留下來的。「我們就是覺得在這裡很幸福，大家都過得很好，加拿大就是一個大型的共同體。」

不僅如此，加拿大還是容納很多不同民族的典型移民國家，但是國家的人民對彼此之間休戚與共的感受並未因此受到影響。「其實我並不清楚加拿大人的幸福感是不是存在祕密，但是每個人都以身為加拿大人而驕傲，我們就是在差異中尋求共存之道。」眼前的前外交官夫人如是說。

「在差異中尋求共存之道」，就是這麼一個句子，在這趟旅程中經常浮現我的腦海。正因為每個人都不一樣，所以每天都必須面對在差異中尋求共識的挑戰？無論面對的是父母、子女、另一半、同事，只要面對的是人……

對於任職於波哥大電視公司的莉莉安娜・薩威達拉（Liliana Saavedra）來說，答案非常明確：「哥倫比亞真的太棒了！雖然這個國家還是有很多問題，或是因為這些問題而讓其他國家的人對我們國家有負面印象，但我們還是覺得自己很幸福！人人都應該愛自己身邊的人、要互相尊重，還有對自己的國家、家人和朋友要有歸屬感。」順帶一提，哥倫比亞住了四千萬人以上！

到目前為止，我們探討家庭、朋友、人、國家，然後回到原點。所謂「我們就像一家人的感受」或是歸屬感，涵蓋的範圍非常廣泛，所指的當然不只是到自家門前的範圍，或是直到常去的餐館而已。所謂歸屬感應該涵蓋到所屬國家的邊境，讓我們感受到自己被一個大群體所接納。愛自己的國家、認同自己的國家，就應該是這樣的感受、這樣的意義，而在這樣的前提下，使得認同自己國家這件事也成為幸福感的構成條件。

有著一頭咖啡色秀髮的漂亮媽咪琳達，像海精靈一樣，坐在沙灘上和五歲女兒玩耍，背景是挪威遼闊的山脈。她平和地望向大海，看起來像是充滿思緒，接著溫柔地說：「為什麼德國人不快樂？我不知道，可能是因為國家太大了嗎？」

仔細想想，真的是因為人口太多，所以很難一起過著快樂的日子嗎？德國八千多萬的人口真的太多、太累贅了，因此太過有稜有角、不討人喜歡嗎？或是在境內的人彼此之間存在的差異太大，而國家的疆域太廣？或是歷史的負擔真的太過沉重？如果以加拿大或瑞士的例子來看，種族差異的因素大可刪除；如果說人口太多是造成德國人不幸福的因素，也可以不必考慮：看看有一億兩千多萬人口的墨西哥，還是以自己的國家為榮。

某天我在墨西哥街上一家精品店前採訪時，攝影機陣仗吸引十八歲青春年華的尤莉蒂亞（Yuridia），她說：「我喜歡我的國家，我也以身為墨西哥人為榮。如果問我是不是喜歡在這裡生活？答案是肯定的！這是世界上最好的地方！」

二〇〇六年與二〇一四年世界盃足球賽期間，墨西哥熱情的火花也曾經兩度漂洋過海到德國，並且感染了德國人。那些過去幾百年，被德國欺侮，甚至折磨過的國家都對我們在世界盃中的表現給予高度讚賞，至於說到喜愛……？

荷蘭多家新聞社駐德國特派員梅藍．熊布姆（Meljin Schoonenboom）就曾經在二〇一三年出版的書籍裡，下過這樣的書名《為什麼我們（荷蘭人）對德國人表示讚賞——他們（指德國人）卻反而感到驚訝？》（*Warum wir (die Niederländer) die Deutschen auf einmal lieben–und sie (die Deutschen) das selber so erschreckt*）[25]。

太有趣了！難道是因為德國人不習慣受人歡迎、被人喜愛或被人稱讚嗎？在二〇一四年，德國代表隊獲得世界盃足球賽冠軍時，荷蘭最大報《電訊報》（*De Telegraaf*）就曾有一篇報導標題為〈看不起我們東邊鄰居的時間已經過了——我們同為德國喝采！〉，當時荷蘭球迷也確實在荷蘭代表隊遭到淘汰後，在臉上畫上德國的代表色。

直到一九九〇年代，我在荷蘭住家的信箱上都還曾被塗鴉象徵納粹黨的卐字記號，因此這樣的改變令我感到驚喜。而且德國受歡迎的例子，還不限於隔壁的荷蘭。

放下習慣性的自我懲罰

我在瑞典第二大城歌特堡（Göteborg）的公園裡遇到彼特・菲瑞斯克（Peter Frisk）。菲瑞斯克從斯德哥爾摩來此，他的身材高而不胖、淺棕色頭髮綁起馬尾，他的工作是在斯德哥爾摩舉辦各種藝文相關導覽與演講活動。我請他提供德國人一些建議，這個問題好像在他的預料之中，他笑說：「我認為德國是很有發展前景的國家之一。他們勇於面對歷史上的錯誤，已經很全面地檢討過，民族性真的有所改變。就我所見，現在的德國人已經不再那麼憂鬱、心理黑暗，也不適用其他的負面形容詞了。相反地，我經常往返所見，德國人很有趣、很棒。我的建議就是：朝著這個正確的方向繼續前進。」

原來這個世界看待德國人的眼光早就不同了，但是他們也看到我們對自己不太好的事實。常常發生的狀況是，無論當下我們的感覺再怎麼好，只要察覺到這樣的感受，似乎就很難維持，尤其

---

25 *Waarom we ineens van de Duitsers houden (maar zij daar zelf van schrikken)*, Merlijn Schoonenboom, 2013, Atlas Contact.

是我們很難用柔軟的愛善待自己，會不斷放大自己的缺點，把自己想像得比實際上還糟。

放下習慣性的自我懲罰吧！就像二〇一四年慶祝德國代表隊贏得世界盃足球賽冠軍時，有球員跳高喬舞（Gaucho-Tanz），卻引來鋪天蓋地的輿論批評[26]。有些報紙的標題是：「歡慶勝利卻無理取鬧」，或是調侃「布蘭登堡大門（Brandenburger Tor）前的勝利歡呼，卻是一記天大的烏龍球踢進自己的球門」。

我們的荷蘭鄰居對此搖頭嘆息。其中一份在荷蘭孚利弗蘭省（Flevolaand）邊界的報紙對此發表評論表示：「短短高喬舞引起的騷動：星期天他們還是英雄，在三天之後，德國國家代表隊球員卻被自家媒體毫不留情地轟炸到幾近體無完膚的地步。」

德國媒體特派員波普長駐加拿大已有三十年，他把加拿大人與德國人做比較，「在德國，多數人對於碰觸愛國主義這個議題還是充滿恐懼，比如高舉國旗這個動作。所以，我們會看到在二〇一三年大選結束後，站在發言台上勝選的一方，有人想要舉起一面小國旗歡呼時，馬上就被一旁的梅克爾（Angela Merkel）制止。這在加拿大是無法想像的！不只我這一代，而是會牽連之後好幾個世代，這麼一來，當然也就會影響對幸福的感受。但是，如果人能有什麼引以為傲的，不也是另一種美好？」

維恩霍文也有類似的感受，「就我看來，德國人的幸福指數排名無法向前，戰爭的陰影是一個重要因素。因為戰爭帶來的傷痕真的太大了，經歷過戰爭的那個世代，現在還有人活著，而這些人可能必須在沒有父親的狀態下長大……」有時候，我難免覺得其他國家的人對德國人，比德國人對自己還要包容。

「屬於我的國旗、給我引以為榮的感受和愛國精神！」波普向下望著櫛比鱗次的蒙特婁屋頂，繼續說：「在加拿大，不會把愛國主義看成像德國那麼負面。當然，由於自身因素，目前為止加拿大還沒有主動挑起任何戰爭。我認為，戰爭帶來的影響不只有一個世代。」

因此，瑞士琉森（Luzern）的老年照護員雅思敏・穆勒（Jasmin Müller）要我帶口信給德國人，「問我建議……德國人應該怎麼樣過得幸福一點？」這個剪了時髦短髮的女孩看向琉森的山群，而後想了想說：「可能是要多愛自己一點吧！凡事都從自己才有了開頭。人只有在能夠愛自己的時候，才能給別人相同的愛。」

我遇見性格爽朗的退休族蒂卡（Tikka）時，她正在斯德哥爾摩旅行，她溫柔地說：「德國人該學會放下歷史的包袱，不需一直用過去為自己施壓，德國人現在這樣很好，真的夠好了！」

26 譯注：二〇一四年七月十三日，德國代表隊於世界盃足球賽中以一比零擊敗阿根廷隊，登上當屆賽程總冠軍寶座。兩日後德國代表隊於柏林地標布蘭登堡大門前舉行慶祝大會，慶祝會中，有六名球員勾住彼此肩膀出場，並先以低沉的聲音唱出：「高喬人這樣走路，高喬人，都這樣走路……」以拉丁美洲混血人種高喬人諷刺阿根廷人，旋即又抬頭挺胸，大聲唱出：「德國人這樣走路，德國人，都這樣走路……」並且歡呼。翌日，包含《日報》（*Die Tageszeitung, TAZ*）、《法蘭克福廣訊報》（*Frankfurter Allgemeine Zeitung, FAZ*）、《世界報》（*Die Welt*）等在內的德國各大報均對此發表評論，其中不乏嚴厲的批評。

德國人真的可以這樣感受嗎？放下歷史包袱、重新找回自己、找回彼此，仍舊似乎很困難。根據《社會凝聚力雷達》橫跨涵蓋北歐幾個國家，還有澳洲、加拿大，以及瑞士與盧森堡的調查，這些國家在這方面的表現都比德國來得好。

尤其在對國家的身分認同上，德國人感到特別困難，這個身分認同問題讓他們對陌生人習慣保持距離，即使對方只是小孩；他們也會藏起自家國旗的圖騰，深怕會被人看到，或是甚至把國家的代表色印在廁所衛生紙上，也是怕被自家以外的人看到。讀者或許猜到了，接下來想要提到的就是我的另一個故鄉——橘色的荷蘭[27]。以荷蘭為例來說明歸屬感，並非戰爭的開端。

喜歡自己，就是給自己最好的禮物

二〇一二年德國總理代表德國出席荷蘭的解放日（Befreiungstag）[28]紀念活動，並於荷蘭城市布列達（Breda）發表演說，表示：「有危險性的並不是自我認同的人，而是那些自卑情節作祟的人。」是的，一個認同自我的德國，不僅是對全世界，也是對自己最好的禮物。

德國人也應該喜歡自己，因為做到很多事情：德國人的生活很好；相較於其他可以比擬的國家，也未曾發生特殊事件；同時在經濟上也交出輝煌的成績單；身邊都以和平的方式運行著；還有良善的好朋友；也都受到其他國家尊重與歡迎。光是這些還不夠了不起嗎？

現在的德國人生活安樂，幾乎不能再更好了，所謂的更好是比以前任何時候都還要好，但卻還是不清楚該如何面對這樣的美好。到底我們總是要反覆解開的結在哪裡？問題在哪裡？矛盾又在哪裡？還有背負的罪惡感，即使世界上其他國家已經不再對德國人翻白眼……真是的！德國明明就已經變成再普通不過的一般國家了啊！現在的我們都有機會重新定義自己。只要想想：我們想要成為什麼樣子？要往哪裡去？想要在什麼樣的社會氛圍下生活？

也許德國人還能夠朝著具有共同體感受的社會發展，像丹麥一樣？「小孩子這裡很受到重視，他們不會造成任何阻礙，在這裡只會被寵愛著！這個國家的每個人都會為他們做些什麼，無論是鄰居、整個社區或其他人。」移居丹麥多年的曼娣陶醉地說。鄰里中的人都知道，人總有需要別人幫忙的時候，所以外出時也會樂意幫年長的鄰居，順便從超市帶一些東西回來。

我們的社會有各種不同的接觸面，隨時隨地都可能提供不同的協助。請看看你的左右、張開眼睛，將你的國家視為生命共同體，並且向這個重新定義的全新生命共同體邁出第一步。

27 譯注：十六世紀後期荷蘭脫離西班牙統治獨立，當時的旗幟代表色為橘色，因此後來荷蘭一直以橘色為其國家精神代表色，世界盃足球賽中荷蘭代表隊的球衣顏色亦為橘色。

28 譯注：荷蘭文為 Bevrijdingsdag，紀念一九四五年五月五日當時的德國納粹軍團退出對荷蘭的占領；而前一日，即每年五月四日為荷蘭二次世界大戰紀念日，紀念第二次世界大戰期間犧牲的荷蘭人民。

4

從容簡單的生活哲學——丹麥

幸福關鍵字　閒適

一起享受似乎就是丹麥生活的核心，丹麥文稱為「Hyggelig」，這是一個很難翻譯的字，或許可以說是「安適」？但是其實這個丹麥字所代表的內容還包含更多，那是一種親密的、與人緊密連結、有歡樂，又滿足、從容，把所有這些感受都集合，就是「Hyggelig」的意思吧！

因為旅行社安排的失誤，我必須在哥本哈根機場等待八個小時，令我相當驚嚇。那是在前往奧胡斯的途中，而隔天我要在那裡和畢昂司寇夫教授見面。我當下馬上決定跑到機場車站，跳上下一班前往市區的火車，一個小時後我就站在哥本哈根市區內，這裡是「丹麥開放式三明治」（Smørrebrød）的故鄉與舒適的福利國家首都。這個城市很熱鬧，但還是能讓人感受到一種沒有壓迫感的從容。

「初學者想認識北歐，就要從丹麥開始。」不久後我遇到帶著女兒愛莉（Elli）外出的馬爾特開玩笑地這麼說。同意受訪後，馬爾特快速為愛莉買了一支冰淇淋。他大約四十五歲，穿著寬鬆的短袖上衣和休閒的五分褲。在訪談期間，金髮的愛莉一直騎著紅色腳踏車圍著我們繞圈。

「我覺得丹麥人其實比較像北部的德國人。」對啊！德國是丹麥唯一有國土接壤的國家，而且令人感到出乎意料的是，根據二〇一三年版的《德國幸福地圖》[29]，住在丹麥邊界的德國人還是最幸福的一群德國人呢！不知道是不是丹麥的幸福往南越過邊界感染了那裡的德國？如果用這種方式解讀，那麼什列斯威悉—霍爾斯坦邦、漢堡和低地薩克森邦（Niedersachsen）這三個行政區成為德國最快樂的地方，還勉強說得通。

看來丹麥的幸福還頗具影響力，至少應該是有那麼一點，因為根據調查，丹麥人的幸福指數總是比德國人多上一分。（根據「全球快樂資料庫」統計，丹麥為八．三分、德國則是七．一分[30]），或是可以用另一種方式理解：是德國人帶給丹麥人幸福，讓他們可以登上最幸福的寶座？

因為丹麥從一八四九年成立君主立憲制後，丹麥皇室的血統一直是德國格律克斯堡（Glücksburg）家族的嫡系宗親，與挪威皇室同屬一系血脈。這樣想來，似乎是德國人讓自己的幸福跳過邊界到別人的家裡。聽起來真是不太聰明。除了貴族血統有格律克斯堡家族以外，格律克斯堡這個地方還是德國最北的城市，以地理上而言，帶著幸運符的騎士、公主及國王要過去一趟，路途也不算遠。

但是，撇開皇室公主夢，到底丹麥人幸福的原因是什麼？是因為啤酒很貴嗎？還是因為多變的寒冷氣候？或是比德國還高出二五％的民生消費物價水準？或是因為在丹麥，只要達到相當於五萬兩千四百歐元的年收入，就必須被課徵高達五九．六％的最高所得稅率？丹麥的生活並不便宜，按照常理推斷，這個國家應該有五百六十萬以上的人有充分理由可以抱怨，但是事實上卻沒有發生。

移居丹麥的英國人麥可（Michael）舒服坐在他開在奧胡斯的餐廳裡。摻雜一點灰色的及肩中長髮、曬成古銅色的皮膚，年紀應該六十出頭的他喜歡這裡的生活，他說：「妳可以一天沖澡三

---

29 *Glücksatlas 2013*, München 2013. (Basiert auf den Daten des Sozioökonomischen Panels (SOEP) sowie einer Umfrage des Instituts für Demosskopie Allensbach vom sommmer 2013.)

30 http://worlddatabaseofhappiness.eur.nl/hap_nat/findingreports/RankReport_AverageHappiness.php.

次、用餐三次，也可以失業，然後從政府那裡領錢，幾乎妳所能想像得到的層面都受到保障。沒錯，在丹麥要繳很高的稅，但是整個體系也因此得以運作。住在丹麥真是太棒了！」

麥可提到的體系就是所謂的福利國家體系，是北歐國家典型的社會運作方式。簡言之，福利國家的目標就是讓生活其中的每個人都過得好。相對於德國的社會國家體系，是要確保生活其中的人並沒有過得太差。然而，福利國的運作成效似乎在丹麥得到很好的驗證。

「也許這也是福利國給人的印象：個體在這個共同體裡都覺得被接納。」阿爾堡大學日爾曼學系教授葛芭兒表示。我在北海附近的施勒特小鎮（Slettestedt）沙灘上和葛芭兒與她的丈夫雷那會合，我請他們在一艘漁船的背風面接受訪問。

團結的定義，在丹麥所代表的不只是比較富有的人照顧比較貧窮的人，而是每個丹麥人都自覺地認為，維護這個社會體系的運作人人有責。如果只是輕鬆坐領失業救助金，一般丹麥人會對整個社會感到過意不去。

丹麥社會的貧富差距很小，而包含高齡就業人口比例在內的就業率都是全歐洲境內最高的。主要的原因就是：在丹麥工作能讓人樂在其中。丹麥人不只是一群非常幸福的人，丹麥的勞動人口更是世界上幸福感最高的受薪族群[31]。第二個原因是：在丹麥的工作都很「簡單」，因為整個社會提供很好的嬰幼兒看護制度。所以在丹麥，女性平等投入勞動市場已有很長的歷史。

當然，生活除了工作以外還有很多其他的事，這句話尤其適用於丹麥人。丹麥人熱愛生活，他們抽菸、喝酒，也愛大吃大喝，寧願為了生活盡興而短命一點。相較於其他鄰國，比如在大自然中翻滾長大的挪威人、客氣溫和的瑞典人、沉靜的芬蘭人，丹麥人簡直就是北歐的一群「頑童」。

挪威的幸福研究專家維達索認同這個比喻，他點頭說：「丹麥人確實比挪威人快樂，但是沒有人知道確切的原因。我認為是因為丹麥人很能接受享樂主義的概念，他們喜歡肉體上的歡樂，像是飲酒、美食。」這麼說就讓我想到「丹麥開放式三明治」上，總是鋪著各種滿滿精緻食材的畫面。

什麼都慢一些的生活速率

我們在阿爾堡附近採訪的曼娣與雷納，他們同樣是移居丹麥的人，兩人在八年前離開德國東部的故鄉來到這裡。據他們表示，是因為在德國東部看不到想要的生活願景。曼娣與雷納分別是工業配電技師和工程師，兩人都在丹麥找到屬於自己的人生幸福和很好的工作。

訪談是在他們的別墅前院進行，那是一棟典型丹麥鄉村風格的別墅，主體是屬於大自然色系

---

31 *Glückliche Mitarbeiter – Glückliche Unternehmen?* StepStone-Studie über Glück am Arbeitsplatz 2012/2013 – Ergebnisse und Empfehlungen,StepStone Deutschland GmbH.

的淺米色，搭配白色格子窗，還有一座優美的花園——重點是花園並沒有圍籬。

這兩個決定定居丹麥的德國人在對我講述丹麥生活時，對這個地方的喜愛之情溢於言表。對於丹麥很重視家庭凝聚力，家族成員之間往來頻繁，曼娣深表認同地說：「這個國家的面積不大，當然會是很大的優點，尤其是家人之間並不會像德國那樣，因為工作的關係而讓一家人四散各處。」

那天是星期日，花園裡有一座小噴水池緩緩湧出水。一切是那麼寧靜安適，只有那麼半個小時因為鄰居佩爾（Per）的除草聲而中斷。我還有點訝異地發現，佩爾不僅清除自己院子裡的雜草，也會連帶清理附近三個鄰居家的草皮。「那台除草機是附近幾個鄰居合買的。」曼娣大概看出我的不解，笑著說明。說得也對，反正當下正好是正午時分，並不會吵到任何人。

「就是這份滿足感，還有在這裡生活的人總是帶著從容，讓我們對這裡一見鍾情。」一起享受似乎就是丹麥生活的核心，丹麥文稱為「Hyggelig」，這是一個很難翻譯的字，或許可以說是「安適」？但是其實這個丹麥字所代表的內容還包含更多，那是一種親密的、與人緊密連結、有歡樂，又滿足、從容，把所有這些感受都集合，就是「Hyggelig」的意思吧！

某次我在阿爾堡的一處工地迷路時，遇到雅各（Jacob）。他是年約二十歲的年輕人，戴著白色工地安全帽，穿著印有重金屬音樂圖像的短袖上衣，手上還拿著一支菸。他說他是來工地實習的。我把握機會問他：「為什麼丹麥人很幸福？」

「在丹麥，我們對人都很有禮貌、很和氣，無論是外出購物、出門工作，或是和朋友在一起，我們只是試著互相給對方最好的。」道別時，他有點靦腆地對我揮揮手。我心裡想著，這個男孩看起來真是好女婿的人選，接著就看到他拿起手上的菸吸了一口。

「洋特法則」的處事原則

Hyggelig 或說安適、從容，在丹麥簡直成為一種生活態度。在施勒特小鎮接受採訪的雷那，就覺得這樣的生活態度很適合他，「在這裡什麼都安靜一點，所有的行動也都變慢一些，就好像這裡的火車和汽車都會開得慢一點似的，連這裡的人走路的步伐都比較慢。」

把生活計畫排滿、隨時處在壓力的狀態下，然後行程一個接一個地趕場，在丹麥，就算這樣也不會提高你的重要性，如果你沒有把自己照顧好、沒有時間和家人、朋友相處，也沒有好好發展自己的興趣，你才真的是在人生中做了錯事——至少丹麥人會這麼認為。就連丹麥的企業主也都明白這個道理。

「在丹麥，人人都會得到很好的照顧，受薪階級也是。」工業配電技師雷納說。在丹麥，會把人在生活中所扮演的各種角色都統合在一起，做為一個完整的個體來考量這個人的需求，在這種全方位思維模式下得出的結論，正是丹麥人意識中典型的人類形象。

「如果妳剛進入公司就發現自己懷孕了，並不會有人給妳白眼。完全相反！妳的主管會很開心，女性職員生產完復職後，不但成為母親，而且通常會獲得升遷，在企業裡得到與先前完全不同的地位。」曼娣說。

丹麥人也將失業視為「為將來儲備能量的短暫休息」，對於職場上年紀較長的前輩，也會被丹麥人看成是經驗傳承的寶藏。在這裡，人被當成「人」看，而不是被當作消耗品，每個人都有能力讓自己的心智一輩子不斷成長。

在丹麥的社會中，每個人都占有同等分量，這與每個人都秉持著「十誡」有關。這裡所說的十誡，並不是聖經上的「十誡」，比較有趣的是，這裡所說的十誡竟然出自有著丹麥血統的挪威籍作家阿克塞爾・桑德摩斯（Aksel Sandemose）於一九三三年發表的一本小說。在小說裡，作者以一座虛構的城市為背景，描述維持這座城市秩序的法律，這部法律由十條戒律組成，這十條戒律的核心思想是：「不要以為自己比別人好。」桑德摩斯在小說裡所描述的內容，顯然說中了丹麥人的心思，把丹麥人數百年來重視的價值觀用文字加以呈現，就是我和你一樣重要的意識。

不只是丹麥人對這樣的價值觀奉行不悖，就連挪威人和瑞典人也都視為圭臬。同樣珍視這個價值觀的國家裡，比較少被提及的其實還有芬蘭、俄羅斯與冰島，雖然冰島在另一方面也頗受美式風格影響。但是，光從丹麥文稱這樣的價值觀為「洋特法則」（Janteloven）來看，就足以說明丹麥人的處世原則是尊重彼此、以禮相待及互相信任。

這時雷納從後方摟著妻子說：「在這個法則上，你可以安心地構築未來。」曼娣也呼應說：

「對！就是互相信任。冬天的時候，這裡的麵包店前常常停了一排車輛，鑰匙都留在車上，那是因為外面實在太冷了，大家想著反正只是去買麵包就會馬上回來，因此不想關上車內的暖氣。但是，從來不會有人擔心自己的車會這樣就被偷走。」雷納這一次用力地點頭說：「這裡的人真的都很信任別人。」

在整體裡接納個體的世界

曼娣繼續說：「而且這裡的人並不會在意別人的工作是不是比自己好，因為『洋特法則』教導大家：『不要誇耀自己』，所以如果有人炫耀，會讓丹麥人感到嫌惡，因此就不會有人這麼做了。但是，如果有人買了新車，大家當然還是會為他感到高興，然後問他：『哇！你買新車呀？』大家會為別人的好事表示慶賀，但通常不會是由本人講出來炫耀的。對於頭銜也是，如果你在路上與人攀談時，用某某博士或某某教授稱呼，會讓對方覺得難為情與不自在，這種作風在這裡完全行不通。所以，在這裡生活可以很放鬆！」

這種情景讓我想起在荷蘭老家也是這樣：尊重的對象是「人」，而不是因為對方的頭銜。我家附近的超市裡有一個名叫海娜（Heiner）收銀員，她總是有辦法讓每個上門買東西的顧客帶著好心情離開。對比之下，如果有一個人的頭銜是教授，就算他在專業領域表現很傑出，但為人簡直就是衣冠禽獸，我想不出有任何理由要讓我尊重那個教授更勝於海娜。

「洋特法則」裡還有一條規則說：「不要認為你有什麼能力比別人好。」我在聽到時，心裡難免有一股微微的壓抑感。個人在大群體面前只能低頭，這樣聽起來似乎像是偏遠部落裡井蛙見識的專制管理方式。

對於「洋特法則」確實也有批評的聲音。柏林洪堡大學（Humboldt-Universität zu Berlin）北歐語言暨文化學系教授博恩德．瀚寧森（Bernd Henningsen）就認為，「洋特法則」會讓群體裡面的傑出表現在萌芽階段就受到抑制，根本就是要讓整個群體一致平庸的不合理思考方式。雖然瀚寧森教授的說法也不無道理，但我還是忍不住疑惑：這位專家是否問過丹麥人怎麼想？

「我覺得能生活在丹麥真的很幸福！雖然也會聽到世界上其他國家有不同的批評聲音，但是我們也有自己的想法啊！在這裡，我們可以說任何想說的話，也可以依照自己想要的方式生活。」哥本哈根的少年顧斯拓（Gustar）是這麼說的。簡單來說，丹麥人簡直都是自由思想家。

自由，要靠自己爭取！

你不是在箱子裡長大的，也就不用一直活在箱子裡生活。你可以走自己的路。沒有人會要求你必須做到什麼。你可以自己做決定，而且必須為自己做出正確的選擇。

——安涅（Ane），土木工程師，已婚，兩個孩子的母親，住在丹麥奧胡斯

我在奧胡斯投宿的旅館前有一條不寬的運河，不時可以聽到海鳥叫著飛渡過河的熱鬧聲音。這家有趣的旅館是畢昂司寇夫介紹的，飯店房間的陳設讓人感覺像在體驗大型渡輪裡的臥鋪一樣。因為如此，我才以為自己好像正站在港邊等待畢昂司寇夫。在還沒見到本人前，我覺得他應該年約四十出頭，有著一頭金髮，如果網站上的照片和本人相符的話。

當我還沉醉地看著運河旁如夢似幻的磚造房屋時，畢昂司寇夫站在我的面前，還好照片與本人一樣：藍眼珠、很有型的下巴。除此之外，他穿著合身的牛仔褲和簡單的短袖衫，一副就好像在宣告他是游泳好手的模樣。如果是荷蘭人大概就會坦率地說：「真是性感啊！」好吧！我的採訪對象可以不用這麼健美。

我們沿著運河邊走邊聊，走向畢昂司寇夫最喜歡的餐廳——孟菲斯客棧（Memphis Roadhouse）。畢昂司寇夫是奧胡斯大學經濟系兼任教授。點了一瓶礦泉水後，他對我講述一段與幸福有關的個人經歷。

「十年前的某個夏日，我在辦公室撰寫博士論文。那段論文的內容剛好和『信任與經濟發展的關係』有關，我突然有點煩躁，乾脆上街買冰吃，順便閱讀一篇關於幸福經濟學的研究報告。回到辦公室後，原本我應該繼續撰寫論文，但是當時的我竟然開始寫起一篇感想，思考信任感與幸福之間的關係，因為我認為兩者之間應該有什麼關聯。」他停頓一下，露出笑容，好像思緒突然中斷地轉起桌上的水瓶。在那之後，畢昂司寇夫開始研究幸福相關議題，尤其是幸福和信任感，以及幸福與自由之間的關係。

「我的信念因此成就現在的我，所以現在自己才有這樣的自由，有時間做自己想做的事。」坐在餐廳裡，風還是滿大的，一團團像小綿羊般的雲朵，以規律的頻率從圓呼呼的太陽面前滑過，這樣一來，因為光線不斷變化，我想架設攝影用的補光器也就變得困難。餐廳的主人克里斯（Chris）設想周到，拿出一把大遮陽傘擺在我們的座位旁。然而，畢竟還是不敵風大，不過十分鐘，傘面就被風掀起，沿著高高的拋物線飛往運河的方向。

「哎呀！」畢昂司寇夫一邊驚呼，已經起身追去。哦！一時之間，傘飛了，幸福專家也不見了，還真有點可惜，我心想。

「嗯，擁有改變自己生活的自由、掌握自己的幸福，還要相信你可以掌握自己的命運，這就是幸福。」畢昂司寇夫把傘帶回來後這麼說。我也突然領悟到他說的可能有道理。

當日的白天，我在奧胡斯市街上和一個年約二十歲的慈善募款者聊天，這個年輕人說：「我覺得丹麥人都很確信自己生活在自由的世界裡，而這樣的信念就足以讓我們都感到幸福。」照他這麼說，就是幸福的人都知道他們擁有為自己的生命做決定的自由，因此他們也會善用這樣的自由，並且享受這樣的自由。

全球快樂資料庫的建立者維恩霍文也說：「你必須能為自己做決定，也要知道你想要什麼，還要相信自己做的決定是對的。舉例來說，哪天你帶了一個女孩回家，對母親說要和這個女孩結婚，偏偏這個女孩就是不得母親的歡心，這時候的情況就不是你要不要做選擇這麼簡單的外在局勢，而是考驗著你是不是有做決定的能力。」

所以繁文縟節、禁忌和期待等這些社會前提，與發展個人自決之間是有所衝突的，而人則不時處在這樣的矛盾中。如果你生活在重視自由的社會，那麼理解自由並善加利用自由的能力，才會得到發展的空間。

維恩霍文認為：「如果你從小培養孩子有獨立自主的人格，這個孩子以後也會有能力，選擇在可以讓他自由做決定的社會中生活，因而成為幸福的人。」而得到自由的能力是可以學習的，根據維恩霍文的說法：「因此，被教育必須自己做決定的過程很重要。為人師表者可以說：『是這樣，而不是那樣。』也可以換個方式說：『這裡似乎有問題，我們可以怎麼解決呢？』」

「可以依照自己想要的方式生活，擁有這樣的自由讓我感到很幸福。」

——亞歷山大（Alexander），編劇，挪威奧斯陸

「在冰島，我們依照自己的方式做自己想做的事，也讓別人依照他的方式做他想做的事。從很多層面來看，這裡是一個自由又和樂的國家。」

——谷特孟絲多緹兒，健康部官員，冰島雷克雅維克

「我覺得，加拿大真的是一個很棒的國家！在這裡，我們有很多自由，也有很多機會，我認為這裡的人因此感到幸福。」

——威仕，工匠，加拿大布蘭登

「在丹麥，人人都有很大的自由，隨時可以做自己想做的事。如果人可以決定自己的生活方式，這樣要覺得幸福就容易多了。」

——米樂，高中生，丹麥奧胡斯

更少限制，就有更多機會翻轉人生

瑞典作家林格倫曾經點出：「自由意謂著人不用盲從大眾，而去做和其他人一樣的事。」自己可以自由繪製專屬自己的人生藍圖。「一個管控更多的社會，生活在裡面的人就更沒有機會翻轉自己的人生。丹麥人受到的限制較少，而那些少有的限制或規範都是很有智慧的產物。」畢昂司寇夫所說的限制或規範，包含那些不成文而約定成俗的禁忌。

「限制或規範會對人生有重大影響。就好比在丹麥，對個人的生活決定幾乎不存在任何禁忌。據說在美國南部不允許同性戀，也忌諱在三十歲前結婚，但是在丹麥完全沒問題！所有人只要厭倦現在一成不變的生活方式，都可以選擇另一種方式過日子，然後幸福地活著。」畢昂司寇夫輕鬆地說。

畢昂司寇夫所描述的情形，也適用於幾千公里外的澳洲。我在雪梨遇到德國媒體駐地特派員伊絲樂・布朗珂（Esther Blank），就證實了畢昂司寇夫的說法：「幾乎每個澳洲人都堅持自己是獨立的個體。如果現在突然來了一個人，告訴大家：『以後你們只能靠哪一邊停車』，或是『晚上十點以後都要保持安靜』，大概很快就會出現暴動吧！」布朗珂大笑著說。

「這就是和德國不一樣的地方。澳洲人並不會因為有什麼規定，就照單全收地依據那個規定做事，他們之所以會遵守規定，是因為明白這樣的規定會帶來什麼成效。」這是丹妮卡（Danyka）

說的。我碰巧遇到她在蒙特婁為新專輯《美洲公園》（*Parc des Amériques*）拍攝宣傳影片，看著她的紅色長髮拂過白皙秀美的臉龐，畫面美極了。

丹妮卡也認為，澳洲與德國的不同之處，也正是加拿大和德國的差異，「我覺得加拿大人之所以幸福，是因為我們的思想很開放。國家的歷史不長，更是由多元文化組成，可能也因為這樣，人民比較沒有壓力，不必非得順應某個特定文化模式行事。也許這正是我們幸運的地方，有更多空間可以做自己。」

丹妮卡最後提到這段關於個人自由的有感而發，讓—賽巴斯堤昂也有所感觸地說：「每一次，只要我進入加拿大的國境內，就會覺得自己好自由。妳知道嗎？幸福和自由有關，妳可以貧窮，但是只要妳擁有自由，就會覺得貧窮不算什麼。能夠生活在加拿大的我們真的太幸福了！」一個星期天的早晨，我去按讓—賽巴斯堤昂家的門鈴時，他在採訪中說了這段話。

抱持相同看法的還有那些真的在物質上很貧乏，但是仍然感到很幸福的國家，比如哥斯大黎加。慕爾曼．禾希（Müllmann José）拍拍胸脯，大聲說：「當然！我覺得自己很幸福啊！我可以自己思考，也可以做自己想做的事，這樣就讓我覺得很好。」

「限制」很討人厭，卻經常無聲無息就發生，而且往往沒有商量的餘地，也不直接溝通。幸好，「限制」有很大一部分只存在我們的思考中。

只要願意，就能改變生命中發生的事

當我在瑞士琉森看到一位削瘦的長者，正屈身坐在教堂前的一座低矮小土牆時，腦海裡浮現的第一個想法是：「我到底該不該去找他聊天？他肯定過得不幸福。」整齊地穿著西裝褲，搭配白色襯衫和藍色休閒西裝外套，他把強烈抖動的手伸向我時，我還可以看到他手上血管的脈絡。他曾到美國、法國和墨西哥等地旅行，見多識廣，而現在卻坐在這裡賣蠟燭。

真是可憐，我心想：這就是自由嗎？我在他的身旁坐下。一旁的尼爾斯．鮑墨（Nils Baume）仍然屈著身子，轉頭看了看我，對我微笑致意，「今天我做這個，然後明天又有了變化，這樣的生活對我來說並沒有問題。成功就是人比以前的自己知道得還多。或許有人會想：我現在八十七歲，還能做什麼呢？事實上，再也沒有比現在這個年紀有更多的機會。如果一個人無法再接收新的事物，才真的是老了。」

你可以在能力所及的範圍自由面對和處理事情。世界上有那麼多的人，像琉森的鮑墨，還有哥斯大黎加的禾希，他們的機會都比你少多了，但他們還是能感受到自由，因為他們知道，只要願意就能改變生命中發生的事，加拿大或澳洲這樣的國家就是這樣建立的。「我想，那些移民到澳洲的人都知道只能靠自己。」布朗珂的眼神掃過雪梨的海灣。「這些移民展現的基本觀念正是：努力獨立並盡可能掌握自己的命運。通常這樣的人也比較願意接受挑戰，而且會為自己的人生負責。」

從丹麥航向瑞典的渡輪上，我遇到瑞典人湯瑪士（Thomas）。他是渡輪上的工作人員，我在他的協助下才有機會到渡輪的最上層，從那裡看到遼闊的海面。湯瑪士告訴我：「我的自由就讓我感到幸福。我可以自己選擇想做的事。」湯瑪士必須大吼著和我說話，因為周圍有著機輪的聲響、海風的呼嘯，還有海鳥的鳴叫，十分嘈雜。

對於幸福，湯瑪士還給了一個建議：「就是不要讓自己對生活感到無趣。在生活上做出一些改變！工作上做出一些改變！把身邊所有的事物都做出一些改變！比如跑步的時候，一般是向前跑，有時候就改成以背為前的方式向後跑。運用一點想像力，看看生活是多麼的美好。」這時渡輪經過幾棟紅白相間的可愛小屋，同時吸引我們的目光。

我深深嘆了一口氣。「用一點想像力。」這句話不斷在我的腦海裡迴盪。真的沒有理由不這麼做，雖然我們總是能找到理由：好比說自己的年紀太大，但是鮑墨就對這一點抱持著完全不同的意見；或推託說有小孩要照顧，就看看我還是照樣到處旅行吧！或是想著等下次加薪時再做什麼事？或是等到我們退休之後？或是等房貸還完之後？或者就等下輩子吧……

「人只活一次，所以就全力以赴吧！」歌手丹妮卡充滿活力，比手畫腳地繼續說：「自由讓我感到幸福。因為有了自由，我可以自己做決定。或許有時候事情的發展會超出預期也沒關係，只要那是為了證明我真的存在過，並不用太過在乎。」

維恩霍文和畢昂司寇夫這兩位學者也都抱持相同意見：在生命中體驗愈多自由的人就愈幸福。

請你掙脫禁忌的束縛、拋開繁文縟節的約束，勇敢追求夢想吧！如果你不跨出第一步，還有誰能幫你呢？

外界的期待，不該成為綁住手腳的繩索

歐塔（Ottar）是我在冰島的精靈嚮導畢達絲多緹兒的男友，他在銀行工作。在我離開冰島後，他在寄給我的電子郵件中寫道：「在冰島，我們有很多自由和機會去實現夢想。我覺得，德國人如果能多聽聽自己心裡的聲音，知道什麼能讓他們感到幸福，或許就會更圓滿一些。他們不應該因為外界的期待，而限制發展自我的自由。」

丹麥的基爾賈德也對這一點深表贊同，他說：「如果做什麼事都綁手綁腳，顧慮別人怎麼想，或是想著別人可能會希望自己怎麼做，就會浪費太多時間在無謂的思慮上，與其如此，不如專心用原本想要的方法，去做自己想做的事。」

專門致力於幸福研究的專家都希望你能善用自由，過著你期望的生活。就連超級知名的德國人——歌德（Johann Wolfgang von Goethe）都說：「只要是你夢想或希望自己能去做的事，就開始吧！勇氣裡自然就有天分、力量和神奇的魔法。」所以，開始行動吧！無論你現在是決定要在工作上花更多的時間，或是為了家裡的五個孩子，還是想和我一樣環遊世界上十三個最幸福的國家，

都開始行動吧！

我在丹麥阿爾堡工地裡遇到的年輕人雅各，就對此深信不疑，「丹麥人有很多的機會去發掘自己的興趣，找到之後還會去實行，所以丹麥人才會覺得這麼幸福。」如果你能意識到自己的自由，就會停下腳步來面對，而這也正是你生命中最大的挑戰。

克里斯汀（Christian）經營的咖啡館剛在幾個月前的瑞典歌特堡開張，他說：「瑞典人會說，你可以成為自己想要的樣子。很多人因此感到莫大壓力，因為這樣一來，就沒有不為自己努力的藉口了。」

好棒的一個觀點，讓我馬上和在荷蘭的維恩霍文分享：「太多的自由反而會讓人不快樂嗎？」「是啊！自由的另一面就是必須自己做決定。」維恩霍文坦白地說：「就像到店裡想買一件外套，但是店裡卻陳列著好多件不同的款式，要自己決定該挑選哪一件？這通常會讓人覺得很麻煩，因為做了決定就會有風險，萬一選錯了……但是，如果到店裡，店裡只掛著一件外套，別無選擇，幾乎就可以百分之百確定，大部分的人都沒有選擇這件外套，也就是對大部分的人來說，那並不是一件順眼的外套。」

所以，有選擇的權利也要付出代價。維恩霍文點頭說：「但其實還是值得的，因為我們都知道，如果在一個社會中有很多方面都可以自由做決定，生活在其中的人通常會比較快樂。」

自由，就是今天的你和昨天的你不一樣

我知道，你現在一定有很多冠冕堂皇的理由，想要解釋為什麼在你的特殊處境下，就是無法好好享受空閒時間。因為你有在這個位置上應盡的義務，和需要承擔的責任，對的時間點也還沒到來。是你將自由囚禁在牢籠裡，而不去實現夢想。或許有時確實無法如你所願，確實無法為了夢想，即刻拋下那些責任與義務，也或許有時你必須向現實妥協，我對此也有切身體驗。過去，我從事一份工作長達五年，那份工作或許並不是那麼適合我，但是卻能幫助我實現某個夢想。於是，我體會到我們都是在被現實約束的同時，卻又擁有屬於自己的自由。

我們常在當下不採取行動改變生活現狀，之後才懊悔不已，覺得當時或許可以為那件事做得更多。但是，如果像現在這樣繼續下去，還是找很多的理由，不願意採取行動，也就不需再問：為什麼當初沒有更積極地面對。五年前，我的生命面臨一個難關，那個難關就好像注定遲早會出現在生命之中，或許是為了讓我從中學習吧！於是，從當時起，我就立志要把生命掌握在自己的手裡。

可是當我現在回頭看，還是會捫心自問：過去二十五年，我到底在哪裡？然後想到以前應該更早、更主動積極地為自己的生命做一些什麼才對，但是過去的都已經過去了，接著我的心還會隱隱作痛。

不久前，我去領取換新的護照。發證窗口的公務員先看看證件上的舊照片，又看了護照上的新

照片，接著又看看我，然後對我說：「妳看起來像變了一個人。」當下我才知道，過去幾年間在很多人的幫助下，我得到很多的勇氣，創造新的自我。而那些曾經給予我幫助的人，都對我意義非凡。

「是啊！我也這麼覺得。」我認同地回答對方。

你也可以這麼看：莫札特只活到三十五歲，卻留下二十一部歌劇作品、十八首彌撒曲，還有五十首交響樂曲、四十二首歌曲……時至今日，人類的平均年齡已經超過八十歲。和莫札特相比，如今已經步入四十歲中期的我還有一大段人生路要走，即使我已經走過了一半。又有誰會知道，往後的我是不是還會再創造出什麼？或是未來的我還會不會變成和現在全然不同的人？

自由是，今天的你和昨天的你不一樣。人都有被認同的需求，希望自己的想法可以被認同、可以讓人信任，我們也不喜歡辯解，不喜歡對人說明為什麼現在自己所想的、所做的和之前不一樣。我們會覺得，對自己的過去有責任。尤其在德國，我們害怕履歷上出現斷層，也有可能與所謂的「日爾曼恐懼症」後遺症有關，因為過去曾經做過太多無謂的努力，以至於現在比較傾向有秩序地管控生活。在有些國家中，履歷上的斷層被視為正常，甚至還會加以鼓勵，因為這是最緊湊的學習方法：失敗、難關、走投無路的困境，會迫使我們改變前進的方向。

如果我們抓得太緊，反而無法掌握，但是當自己有所改變，並且放鬆對自我的限制時，卻反而更能掌握自己的生命，這樣聽起來似乎有點荒謬。艾圖（Eetu）想想之後說：「是的，幸福也意謂著，你明瞭自己無法掌握所有在身邊發生的事。一旦你明白這樣的道理，所有事情就會自行順利運轉。」

這時候從黃色雨傘上滴落一顆雨珠，正好打在艾圖的臉上。他在赫爾辛基擔任導遊，當我遇到他時，他正和女同事在跑行程。生活就像是紙風箏，如果線放得太短就無法起飛，但如果線放得太長，可能來了一陣風就扯斷了線。而生命就像不斷收線與放線的過程，但無論如何，線都握在你的手裡。

敢於自我質疑，也敢於承擔責任

「我感到幸福，因為我知道幸福或悲傷都取決於自己。有這樣的認知真好，那代表我可以選擇決定自己的生活樣貌。」約翰．飛利浦（John Philipp）在訪談過程中這麼說。他是移居加拿大多年的美國人，我在夕陽西下的蒙特婁，遇到正和女友在一起的他。你的手裡握著線，就好好善用吧！

對於我在德國認識的許多人來說，放下責任是比較容易的，而且相較於自己拿起那顆「蛋」做改變，他們更喜歡抱怨機會比別人少。這個「蛋」的比喻並不是我想出來的，而是出自盧森堡一位名叫阿藍特的退休族。遇到他的那天是令人討厭的陰天，但他還是答應接受我的採訪，就讓我受到天候影響的心情有所好轉。

阿藍特的心情顯然很好，整齊地穿著米色及膝風衣，還戴著顏色相應的帽子。當時他正在為參加的社團發放除冰鏟，而除冰鏟發放的目的，竟然是為了要讓盧森堡市火車站附近看起來更美觀。「德國人要怎麼樣才能變得更幸福？」他對這個問題的回答令人印象深刻，「他們應該拿著蛋，然後好好利用這些蛋；應該投入生活中，只有這樣才能帶來幸福。我是說真的，這樣能帶來幸福！」他說得那麼熱情，讓在攝影機後面的我都忍不住大笑出聲。「當知道自己可以成就一些事，而且可以自行完成一些事，並且讓別人參與其中時，就會感到幸福。人總要試著走自己的路。我們以前的經濟部長就說過：『相信自己。』相信自己很好，如果還能有些支持也很好，而這些支持可能來自於家人、朋友，或是必要時來自於國家。」

像這樣對自己有自信而想法自由的人，就會讓人覺得有點麻煩，而且這些行事作風有些不同的人，往往就像是在嘲諷我們的退縮和局限性。他們就是有辦法製造混亂，對原先看起來理所當然的事情提出質疑。但是，在阿爾堡工程事務所擔任主管的基爾賈德卻有不同看法，他認為：「如果有丹麥老闆說：『要這樣做！』就一定會有人發問：『為什麼？我們這麼做的目的是什麼？』我欣賞這樣讓人敢提出質疑的自由。只有這樣，大家才能一起進步。」

這麼說來，如果我們的社會要進步，就要靠這些勇於發問的人，靠著這些在德國大概會被稱為思想家的人。最理想的狀況是，這些人原本就很有責任意識，而且已經在用這樣的責任感過生活，還能再多承擔一些其他責任。因為人類畢竟是社會性的，我們也只能感受周圍發生的事，而其他人也會從你的作為中學習。

那個給我櫻桃吃的神經生物學系教授俞特，在我前往哥廷根訪問他時，他曾這麼說：「只有在有機會與人產生連結，並且在追求成長、自主及自由這些基本需求上同時得到滿足時，人才會覺得幸福。」讓我們和其他人一起有所成長，才是自由社會的目的。而你能為其他人承擔的最大責任就是，表現出最好的自己。

我在奧胡斯鬧區遇到的七十一歲丹麥人契絲丹對我說：「妳知道嗎？我想要成為幸福的人，也想要好好過生活，所以我就努力過著幸福的生活。不是坐等別人為我做什麼，而是自己展開行動。如果抱持正面的態度，就會有人想要與妳同行。」

哲學家兼瑞典幸福專家本特．布呂德（Bengt Brülde），眼神越過他的葡萄酒杯、充滿批判意味地看向我：「有些研究報告顯示，瑞典是全世界個體意識最強烈的國家，但我想說的是那種健康的個人主義。在信任度與同質性較高社會裡的人，確實比較有機會依照想要的方式生活，而且我認為這確實是很好的組合。」

因為如果不是這樣，自由與個體的結合就可能會向下崩壞，造成肆無忌憚的自我中心思想，或是過於狂妄的自我成就幻想。然而，無論是前者或後者，過度以自我為尊，就會容不下尊重與奉獻的存在。

把抱怨視為生活中的一部分

「在丹麥，很難真的不幸，又沒有人會為你伸出援手。」這麼說的人是馬汀（Martin），他是哥本哈根一所幼兒園園長，特色是戴了一頂巴拿馬草帽，穿著寬鬆的有領上衣。他有一個一歲大的女兒，因為走路還不是很穩，所以總是牢牢抓著父親。聽馬汀這一說，我突然有點同情丹麥人了，但這裡也不應該有人沉浸在自怨自憐中。

等一下，丹麥人也會有抱怨的時候耶！而且我竟然還是從幸福經濟學家畢昂司寇夫那裡聽到的：「丹麥人的生活確實很幸福，但是同時懶得解釋不合適的地方。因此，他們會抱怨很多小事，因為他們堅信這樣就會獲得改變。在良好的民主環境中，通常也希望人不喜歡什麼就說出來。如果不說出來，就不會有改變的可能。」這樣聽來，在思想自由的社會中，抱怨還不失為參與公眾議題的健康方式。所以，只要不是持續性的，偶爾為之的抱怨也可以被接受。

「在一定程度內，都可以將抱怨中不好的那部分視為生活的一部分，並且擁抱它。但是，時間不要過久，因為要從這些抱怨中更了解你的需要，所以不要抱怨太久，以免它永遠成為你生活的一部分。」有著英國式幽默的澳洲幸福專家寇明斯說。在之後雪梨的章節裡，還會有更多關於他的介紹。

「但是，德國人不是很喜歡埋怨嗎？」一個深夜談話節目的編輯，在我從北歐回來後對我提出這個問題。是啊！確實如此，這正是問題所在，因為埋怨畢竟和抱怨不同。

「我叫亞嵊德。我在蘇黎世出生，是法律人。請容我這麼說，我認為德國的不幸福是因為埋怨太多，我印象中的德國人似乎就喜歡那樣。也許那樣讓他們有卸下責任的放鬆感，但是如果人不斷訴苦，就難免會讓人覺得這個人真的過得很不好。所以，應該試著減少埋怨，說不定幸福就這樣降臨了。德國人可以感謝的事太多了，他們其實過得真的很好。」真的意識到自己的自由和自身責任感的人不會只是埋怨，而是遇到問題會去面對、處理，就像丹麥人一樣，而這種面對和處理是去向與事件相關的權責單位抱怨，這樣的行為是主動出擊，而不是被動的。

我在斯德哥爾摩拜訪碧特。她是一個身材保養得宜、手腳俐落、個子不高的七十六歲瑞典人，那天她身上穿著紅白相間的方格紋襯衫和淺卡其色休閒褲，我在歌特堡公園裡採訪到菲瑞斯克時拿到她的電話號碼。碧特以前是教授歷史、美術和英文的老師，後來授課對象是新移民的下一代。現在的她就說是「活躍分子」好了，主要投身於讓斯德哥爾摩維持現有綠化狀態的各種活動。噢！天啊！不會吧！她完全不想上鏡頭！我們先到她布置得很可愛的廚房喝咖啡，接著她幫我準備塗著美味果醬的麵包，又處理我腳上的水泡後，才進入正題。

「好吧！妳想問我什麼？」瑞典人很坦率，她回答我的問題時，機靈又帶點挑釁意味地看著我說：「嗯，我生活得很幸福。只要不挨餓、有地方住、有孩子、家人和好友，就沒有不幸福的理由！」我在碧特那裡停留兩個鐘頭，她讓我看電腦裡和她進行活動的相關資料、宣傳海報及構想、規劃。整個過程中，她是那麼充滿活力，讓我一度覺得自己就像是一隻跛腳的鴨子。

「我們在瑞典很幸福，想要改變的事情也會試著做改變，不能只是坐著抱怨卻不採取行動。就算最終努力卻沒有得到想要的，還是會有差別，因為妳試過要讓事情變得更好。對於妳相信的，就要付出努力。」道別時，碧特送給我一本斯德哥爾摩內的公園圖集，還題了詞，並且給我溫暖的擁抱，讓我好感動……因此後面幾天我就必須揹著這本書到處跑。行程中，書變得愈來愈重，而現在那本書就在我家的書櫃上。

5
從性別到階級都平等的世界——瑞典

幸福關鍵字　凡事都要剛剛好

瑞典語中，「Lagom」意謂著凡事不要太匆忙，但也不是過度緩慢；沒有過多階級概念，可是每個人都知道，最終是由誰做決定的。或許這裡多一點女性溫柔、那裡多一點陽剛之氣，但都是有分寸地行事。

這裡是斯德哥爾摩機場。我把行李拖上機場巴士，往市區出發。來此之前，我只知道瑞典人很現代化，過著科技化生活，網路覆蓋率很高。果然，我可以直接在車上用信用卡支付機場巴士的車錢。真是令人感到驚奇，至少理論上是這樣。

結果不巧，正好今天機器壞了。在司機的說明下，我還是在車站的售票機買票。沒關係！反正我已經在北歐境內好幾天，那些匆忙的步調和複雜的思考方式已經離我有一段距離了，現在的我還很有耐心地翻閱著一本北歐節目表。

「到哪裡？」售票機的畫面顯示。噢！我哪知道要在哪一站下車？「幾位旅客？」下一個畫面繼續以瑞典語顯示。我就只有一個人，慢慢覺得有點緊張了。一個客運公司主管模樣的人走來幫我解圍。「按這裡付款嗎？」可是當我按下確認鍵，而信用卡還在機器時，就聽見引擎發動，接著聽到關上車門的聲音。不會是我要搭乘的巴士吧？我還站在這裡，而且信用卡還在機器裡面啊！我用眼角餘光真的看到一輛巴士開走了，正是我要搭的那一輛，還有我的行李箱！

「大大一個、橘色的……」我向客運公司人員說明著，這時候真該慶幸，只有我這個荷蘭人才會帶著顏色那麼醒目的行李箱環遊世界。行李箱不見了，我竟然還笑得出來。這種畫面應該有點奇怪，等我察覺時也對自己的鎮靜感到詫異。大概在北歐待太久了，應該只能這麼解釋吧！無論如何，冷靜和從容在這裡似乎真的無往不利。把行李箱載走的那位司機接到通知，馬上就把行李箱放在下一個停靠站，下一班往我這個方向駛來的巴士再把行李箱送回來給我。

整個過程裡，我沒有對任何人發飆，無論是司機或客運公司，或是糟透的瑞典組織模式（確實如此！）。我只是有禮貌又輕鬆地在那裡等著……事情就解決了。保持輕鬆的心情、妝不要畫得太厚、規規矩矩地打招呼，我在斯德哥爾摩的臥底行動就此展開。

這裡是林格倫、尼爾斯．霍格森（Nils Holgerson）[32]，同時也是觸媒轉化器與三點式車用安全帶發明者[33]的故鄉。無論是利樂包（Tetra Pak）、平價流行服飾品牌H&M，或是宜家家居（IKEA），雖然都很低調、無聲地出現在生活周遭，但無疑都是瑞典人對時尚潮流敏感度和高度現代化的實證。

「總是以自己的方式走在潮流前端，因為他們知道必須維持獨創性。」鍾情瑞典的北歐專家，同時長年派駐北歐的德國媒體特派員卜恩茨說。斯德哥爾摩在資訊科技領域與軟體產業的從業人口，在全球各大城市中一直名列前茅。此外，和芬蘭一樣，瑞典也是全世界網路覆蓋率最高的國家。瑞典人口約是九百六十萬，國土面積接近四十五萬平方公里（德國約有八千零五十萬人，面積為三十五點七萬平方公里），其中只有八%農地與高達五三%的森林面積，因此無線技術在遠

---

32 譯注：為《尼爾斯．霍格森瑞典奇遇記》（*Nils Holgerssons underbara resa genom Sverige*）故事中的主人翁，瑞典二十克朗紙鈔背面，即是變成迷你人的霍格森騎著野鵝翱翔在瑞典田園上方的畫面。作者為瑞典兒童文學作家賽兒瑪．拉格洛芙（Selma Lagerlöf，一八五八年至一九四〇年）。拉格洛夫為世界上第一位獲得諾貝爾文學獎肯定的女性作家。

33 譯注：尼爾斯．伊法．博林（Nils Ivar Bohlin），一九二〇年至二〇〇二年，曾任瑞典富豪汽車（Volvo）工程師。

距溝通上的應用就非常重要。

瑞典人尼克拉斯．詹史壯（Niklas Zennström）看到這樣的需求，所以創立網路通訊軟體Skype，讓全世界的人可以輕鬆面對面通話。這個看起來靦腆，又有點哈利波特魅力的億萬富翁曾有句名言：「如果這樣做行得通，那就成功了。」

同樣抱持這種客觀態度的，還有在歌特堡經營咖啡館的克里斯汀，他說：「妳想做的事、由自己決定做的，無論是什麼就去做，只要是妳覺得對的就去做。」這樣的說法，不僅彰顯瑞典人務實的態度，也讓我頗有同感。

當我帶著攝影裝備踏進他在歌特堡的咖啡館，這個年約二十五歲的大男孩，將他深棕色的半長髮綁成辮子，開朗地對我微笑，「我喜歡客人不只是來店裡喝咖啡，而是偶爾也來和我談心，這樣我才有機會回報他們。」

在訪談的過程中，我不時聽到濃縮咖啡機製作咖啡時發出的聲響，每當這個時候，克里斯汀就會一臉抱歉地對我微笑，像是在說：「要繼續煮咖啡呢！」當他正忙著把誘人的奶泡倒入咖啡杯時，我詢問是什麼原因讓他認為瑞典人很幸福？

「瑞典有很豐富的天然環境，而我認為大自然有某種特別的力量。大自然可以讓你感到心靈平靜，當你平靜了，也就容易感到幸福了。」這時候有常客踏進店裡，克里斯汀驕傲地介紹著，原來對方是一個義大利人。

「我也不是很清楚瑞典人覺得幸福的原因。」克里斯汀接著說：「我想了一下，覺得我們需要的一切都有了：有地方住、有得吃、每個人都可以受教育，哪一天我們失業了，也有政府給我們錢。如果只是為了生存，基本上需要的都有了，甚至還擁有更多。而且我覺得在這裡的每個人都可以做自己想做的事，比如我在幾年前想開一家咖啡館，現在我就真的擁有了。」克里斯汀神采飛揚地說。當我又重新打包攝影器材時，不免捫心自問這句話是否也適用於自己的家鄉：「我們需要的一切都有了，甚至還擁有更多。」

隔天，我就出發去享受這片被克里斯汀提及的瑞典大自然。我搭機前往斯德哥爾摩，又搭乘一個小時的巴士後，終於可以坐在一棟漆著典型紅漆的花園小屋門廊下。林格倫曾經以附近的一座島嶼為背景，虛構出薩爾茲可康島（Saltkrokan），撰寫《島嶼上的夏日假期》（*Ferien auf Saltkrokan*）這部小說。這一次，我受到熱愛瑞典的德國人——卜恩茨的邀請，前來作客。

當卜恩茨又把咖啡倒進面前有著碎花圖樣的咖啡杯時，我正和他講述在瑞典的採訪，因為瑞典人太害羞而遭遇許多困難。很多被我問到的人，只是客氣地揮揮手就離開了。

卜恩茨笑了笑，接著點頭說：「如果有人大力拍著胸脯，然後說：我很有成就、我真的完成很多事、我很有錢，或是我很幸福，那一定不是瑞典人。這或許可以解釋，為什麼當瑞典人被問到是否是最幸福的人時，需要先在心裡調適一下，然後自問：『可能在問我嗎？』、『他們在問誰？』我也無法完全否定這樣的態度，但是我就不會這樣做。瑞典人不喜歡引起別人的注意，寧願自己只是群體中的一小部分，然後在生活範圍內做自己想做的事，也讓別人做他想做的事。當然，是在一定的範圍內。」卜恩茨覺得這樣讓他感到很自在。

每個人都是群體中的一部分

瑞典的福利國制度就是由此應運而生：每個人都是群體中的一部分。卜恩茨又為我更詳細分析道：「對瑞典人來說，有一個強而有力的國家主體很重要，而這個國家的運作必須公平、正義。」

所以在瑞典，由政府提供幼兒托育場地、發放兒童福利金，等你離開原生家庭後，政府還會提供老年照護、安葬國民。「這個國家的政府對於收入的分配發揮一定的作用。所以在瑞典，擁有平均所得最高的二〇%那群人，收入都能控制在只有平均所得最低的二〇%那群人的五倍左右。把這些事交由政府統合處理，於是生活在其中的個人就會有更多的自由。」

「如果政府有那麼多的權力，自由又在哪裡？」我忍不住問道。「國家有很多的權力，但是多數的瑞典人都確信這樣可以保障個人的自主與獨立性。因為如此一來，就能減少一些個人要承擔的責任，我認為這樣的想法很瑞典。」卜恩茨說道。為每個人都提供如此穩固的保障網絡，真的是很適合生活的好地方啊！這樣的制度在提供保障的同時，也設下保障的底限。表現過於優異的人、不合群的人和愛表現自我的人，在瑞典都不受歡迎。林格倫也曾點出：「不上學就沒有假期。」卜恩茨則說：「沒有底限就沒有自由。在界限內，每個人都擁有最大限度的自由，可以過著屬於自己的生活。」

接下來，卜恩茨和我就這樣靜靜坐在門廊下，享受著這片彷彿從繪本裡跑出來的瑞典景色：我們被深綠色的茂密樹林包圍；細雨靜悄悄地落在湖面上；而我們身旁是漆上紅色的主屋：屋子就這樣安靜地坐落在大自然中，白色格子窗和白色屋頂把屋身的紅色輝映得更加鮮明。這是寧靜祥和、充滿自然的氛圍，還有那麼一點孤寂感。此時此刻，我才覺得慢慢有點了解瑞典人心靈深處的想法，於是有點良心不安地自我反省，「我把攝影機對著瑞典人，是不是太強人所難了？」

「也許妳只是太快了一點，那也只是因為妳的行事作風不同而已。」卜恩茨反而安慰我說：「一般而言，像妳我這樣的南國人，在一開始時對這裡的生活步調都會有快要發瘋的感覺吧！因為這裡做什麼事就是要多花一點時間。」卜恩茨說完，調皮地對我咧嘴一笑，繼續說：「而且這樣會讓人覺得很自在。德國人應該從瑞典人身上學習，把生活步調放慢一點，好比說在高速公路上開車的速度可以不用那麼快。」卜恩茨拿起杯子，啜飲咖啡，像是沉浸在滿懷思緒中。

「在這裡，我如果需要為小船找船位，就會打電話詢問造船廠：『能幫我找一個船位嗎？』通常得到的回答是：『喔！好啊……我幫你看看……看最近有沒有人要賣。』過了一個星期後，我再打電話詢問是否已經幫我找到船位，得到的回答通常是：『喔！可能吧！嗯……可能找得到吧！』瑞典人通常話很少，就像打招呼只有一個字：『嗨』，然後就沒了。」聽到這裡，我舒服地把腳向前伸展，靜靜看向瑞典的樹林，然後卸下心裡的匆忙與紛亂。話很少，卻有更多的安寧，這樣好像感覺生活變得更美好了……

帶著這份對我來說有點過分的寧靜與低調，隔天我就開始練習著瑞典式的「無聲勝有聲」。該怎麼說呢？我好像適應得更好了。於是，我遇到六十歲左右、心情愉悅，有一頭金髮的蒂卡。她願意接受訪問！那天她和親戚，一共兩對夫婦同行。當我上前詢問是否可以訪問蒂卡時，果然其他人都逃開了，真是典型的瑞典人啊！幸好兩位女士雖然羞紅了臉，還是欣然接受採訪。我們的對談是一半用瑞典語，一半用英語，還算順利地克服語言障礙。

我試著從蒂卡那裡了解瑞典人心靈的祕密，「嗯！傳言都說瑞典人很陰沉、憂鬱，這種說法是全然……咳！真的是完全誤解！瑞典人就是很老實。和他們交往，通常需要一段時間，他們才會讓妳進入他們的世界。這只是希望確認妳我彼此契合，不會互相唐突。我想，瑞典人確實比較敏感，可是一旦妳被瑞典社會接納，就會永遠成為我們的一員。」永遠成為這個整體的一部分……

在這裡，我們覺得很自在

當你看到街上來來往往的人時，無法從外表分辨誰有錢、誰貧困；如果你到醫院就診，會得到和總理同樣的待遇。在這裡都一視同仁，沒有差別待遇。在這裡，我們都一樣是人。

——哈桑（Hassan），多家利比亞餐廳經營者，加拿大蒙特婁

我的戰利品肯定值得一看，那是我在瑞典市街上跑了一整天的成果。

回到寄宿的青年旅館，我進門後就詢問櫃檯的工作人員，哪裡可以把東西吊起來晾乾。「嗨！就讓我看看嘛！」櫃檯人員之一的顧斯塔夫（Gustav）央求著看我一天下來得到的戰利品。接著，我們就在旅館接待大廳地板上展開一塊兩公尺長的布。「喂！小心點！」我有點緊張地對顧斯塔夫說：「顏色都還沒乾呢！」但是他已經用著有點不解的眼神，盯著我帶回來的瑞典手工藝品。

就像在其他國家經歷過的一樣，我也請今天遇到的瑞典人動筆，用畫的也好、寫的也罷，我請他們動筆告訴我，他們的國家在哪方面讓他們覺得幸福。「Lagom（合宜合度）。」顧斯塔夫大聲地用瑞典語念出這個字，然後滿意地點頭說：「是啊！這張圖剛好表現出瑞典人重視的特點：人，

但是不要太多。妳看圖上有一個葡萄酒杯，看到了嗎？在右下方……意思是酒杯裡不要倒得太滿，就像下雪也不要下太多……」

我這時才意識到已經有一群青年圍著鋪在地板上的布，這時候都表示同意地點點頭。到曬衣架前方時，看到架上已經有人晾著衣服，在把顏料未乾的布掛上前，我已經學到在瑞典最重要的一個字——「Lagom」，意思是不要太多，也不要太少，剛剛好就對了。

這種凡事合宜適度的態度，就像一條紅線貫穿整個瑞典社會，從這一點還滿難想像他們是維京人的後代。就好比他們在經過一整天的掠奪行動後，到了晚上就會聚集在火堆旁，安穩和樂地拿著牛角杯喝酒一樣，同時為了避免這些粗野的壯漢不會因為喝醉，而引發互相殘殺的事件，他們還得用同一個牛角杯輪流喝酒。

瑞典語中「Lagom」是從「Laget om」衍生出來的，而「Laget om」是團隊的意思，依照字面意義是「為群體而喝！」，以前維京人一邊從牛角杯裡喝一口酒，一邊這樣喊著，然後總是會記得要為團體裡的其他人留下一口。就是有所節制、取用合度就好，隨時隨地為他人設想考慮，無論對方是團體裡的領導人物，或只是一介小卒。

有階級差別待遇的勢利眼心態，對任何團體的和平共處都有害無益。「Lagom」意謂著凡事不要太匆忙，但也不是過度緩慢；沒有過多階級概念，可是每個人都知道，最終是由誰做決定的。或許這裡多一點女性溫柔、那裡多一點陽剛之氣，但都是有分寸地行事。也許這一次是父親推著嬰兒車，下一次就輪到母親。雖然我對瑞典的第一印象有點不同：比起由母親推著嬰兒車，在這裡似乎看到父親推著嬰兒車的機率更高一些。在這裡，殘暴的母親角色好像只有在動物頻道裡才看得到。

「瑞典人有很強烈的兩性平等意識。希望每個人都過得好，也希望大家都能跟上彼此的步伐。而『Lagom』這個字正好就把瑞典人的這個基本需求表達出來。在這個社會裡，不應該有人擁有太多，也不應該有人過度誇耀自己。這樣一來，內心就會達到某種程度的平衡，而對瑞典人來說，這樣的平衡非常重要。」卜恩茨顯然很有感觸地說。

這種人人平等，以及沒有誰比其他人來得好的觀念，我在多數世界上最幸福的國家都遇到了。此外，伴隨這些觀念同時出現的，還有對人的包容、對彼此的尊重與謙恭有禮。請你回想一下：丹麥的基爾賈德，他總是能夠挪出時間，解答員工提出的問題；也回想一下冰島體貼的幼兒看護制度，讓大學生在就學的同時也能生養下一代；還有挪威將財富保存給後代的方式，所展現的社會凝聚力；又或是像盧森堡、澳洲和加拿大這些國家中，不同文化之間的共榮共存。上述這些以人為本的觀念與做法，無論在何地或是以何種方式呈現，都有共同的核心思想：我們都是存在個別差異的個體，但是有共同的價值觀，而這些價值觀是獨立於權勢、聲名或金錢以外的。

卜恩茨對此也讚許道：「如果有人的言行舉止像是俄羅斯土豪，瑞典人也不會給予特殊待遇。所以在瑞典，不會有人的行為表現特別突出，因為那樣就不符合以人為本的原則了。」所以在瑞典，人道精神勝於一切。不只是瑞典人，就連年輕一代的挪威人也認同這樣的人道精神。

不知道讀者是否還記得挪威的新聞特派員葳孔特？她的女兒米蜜剛滿二十歲，長得就像畫裡走出來的美人，我在奧斯陸港區也訪問了她。米蜜說：「如果問我挪威人為什麼會感到幸福？其實我也不知道，或許是因為視彼此為平等的個體，相互之間也平等相待。我們並沒有太大的社會差異，也沒有嚴謹的階級區分。每個人都在差不多相同的基礎上，有同樣的機會可以成就自己想要的生活。」

如此開明又充滿人道精神的觀念，也出現在地球另一端的澳洲。或許有人會質疑：這個國家約有兩千三百萬人，這麼多人如何和其他人共同生存在同一片土地上？事實上就像布朗珂對我說的那樣：澳洲人原則上不會讓別人侵犯到自己。

「我認為，在這個包容性較高的社會裡，每個人都可以感受到足夠的自由，依照自己想要的方式生活。所以，在這裡可能有人穿著衣服在街上跑，但是同樣的穿著或許在德國就會引人側目。可是，在這裡不會有人去理會別人穿什麼。沒問題的，大可穿著自己喜歡的衣服上街。」我看著雪梨灣上耀眼的土耳其藍海水與白沙灘，思考著想要「做自己」的人需要什麼條件？是與社會的連結感？自由、責任，還是需要周圍的社會給予高度包容與接納？

「澳洲是非常主張人人平等的社會。這裡重視的是，人休閒時做什麼？又在哪裡？是在俱樂部或私人協會？和哪些人？是鄰居或朋友？而不看重個人的身分地位。」布朗珂說了上述話語，打斷我的思緒。「這裡的平等觀念，應該與我在瑞典認識的人人平等想法有所不同。」即使迎著風，我還是忍不住從攝影機後對她喊出我的質疑。因為我在雪梨路上就看到不少瑪沙拉蒂（Maserati）的跑車！

「哎！那些都是特種行業的皮條客！」布朗珂笑著說道。原來是我太大意了，居然投宿在雪梨的國王十字區（King Cross），那裡是有名的紅燈區！接著布朗珂轉為嚴肅地說：「在這裡，假如我開一部瑪沙拉蒂上路，駕駛在我旁邊的馬自達（Mazda）車主，也不會覺得自卑或是認為自己不如我。澳洲人不會誇耀自己，展現自己有什麼比別人好的。」這不就像是北歐的「洋特法則」：「不要認為你比別人好。」這樣的精神竟然也在另一塊大陸上重現！於是，鏡頭後方的我似乎理解到，人道精神應當是舉世皆然的價值觀。

人與人之間，不存在分明的界線

我的腦海裡浮現歌德的一句名言：「我在這裡感到很自在[34]。」這樣不是很美好嗎？我想著，如果我在德國也不用糾結於階級差異的勢利心結，該有多麼自在！這裡一位要稱博士、那裡一位稱呼要冠上教授……尤其當我每次從階級意識淡薄的荷蘭又回到德國時，總要花費一番工夫重新

34 譯注：出自歌德劇作《浮士德》（*Faust*）第一部。

適應，但還是讓我覺得不自在。

不久前，我去看了一間公寓，初見時房屋仲介公司專員用甜美的笑容和我打招呼：「馮．登．布姆女士，早安，妳好！」

「是『凡』．登．布姆。」我婉言糾正了她。

「啊！是喔！那麼『馮』．登．布姆女士，這裡是廚房……浴室沒有窗戶比較可惜……對了！這裡有一扇隔門，『馮』．登．布姆女士。」

「鮑露絲（Paulus）女士，是『凡』．登．布姆，這是荷蘭的姓氏，意思和德語中的『麥珂．馮．鮑姆』差不多！」我也回應著，先稱呼她，而後再進行說明。

「啊！是這樣啊……真是有趣！」仲介專員看來有一點失望，但似乎是我的解釋太過平凡，無法引起她的注意，她還是繼續說：「那……好吧！『馮』．登．布姆女士，原屋主瓦爾特（Walter）博士想把這些窗簾也一起賣了。」

我無奈地眨眨眼，有一種被打敗的感覺：好吧！我就難得當一次貴族[35]好了。身分、地位無論是以何種形式出現，都會造成人與人之間的距離和約束。因為身分、地位讓人不用看到對方，就把人進行分類，即使那個人已經站在你的面前。

接下來出場的是，赫爾辛基的舞者兼作家法伊諾，他說：「對在芬蘭長大的我來說，幸福的來源和這個社會充滿對人的信任有很大的關係。我們在人際網絡較自由的環境下成長，從小的學校教育裡就消弭階級意識。我認為，接受如此教養的成果，可以延續到之後進入職場，甚至是其他的生活層面上。在芬蘭，人與人之間並不存在明顯的區別，無論不同年紀、不同職業，或是不同社會地位。即使在人際關係層面，芬蘭人也一切從簡。我覺得，這應該就會影響到後來和人的應對。簡言之，人與人之間並不存在明顯的界線。」

我們都是赤裸裸地來到這個世界，不是嗎？就這個層面上，應該沒有人會說自己比芬蘭人還清楚這種感受，因為在芬蘭境內有超過兩百萬座蒸氣浴場！對於要經常袒胸露體出現在別人面前的人來說，確實也無從遮掩，把自己藏身在什麼後面。甚至有傳言說，芬蘭人的重要協議都是在蒸氣浴場裡決定的，既沒有衣冠楚楚的衣著，也沒有白紙黑字的紀錄。同理可證，在世界上最幸福的國家裡，人們不會因為穿金戴銀就被捧上天。或許在德國會以汽車做為身分地位的象徵，但是在芬蘭並不適用。

住在丹麥的曼娣說：「這裡的人也可以駕駛著破舊的老爺車，同時受到尊重。我們並不會用財產定義人，而是單純地把人當作『人』對待。這樣很輕鬆。因為對彼此的這份尊重，所以不會形成人與人互相排擠的社會。」

---

35 譯注：作者的荷蘭姓為「凡·登·布姆」（van den Boom），與德語姓氏中表示貴族血統淵源的「馮」（von）發音接近而引起誤會。

瑞典專家卜恩茨也說：「所謂階級制度，到了這裡是一片平坦。那些習慣發號施令、指揮別人做事的人，大概會在瑞典踢到鐵板吧！可以說，這裡應該沒有這樣的人。一般的做法是，想讓大家一起做事，就站在人群面前，開口說：『我們現在要這樣做。』」當卜恩茨說出這些話時，我不確定是不是從他的表情裡，看到一點幸災樂禍的神情，但他說的是真的，一旦沒有階級意識，任何人都不能躲在其他人後面。

停止為自己設限，別用外表評判他人

我在前面提過一個關於丹麥人的印象：丹麥人經常會問為什麼該這麼做。根據德國科技人保險公司（Techniker Krankenkasse, TK）於二〇一三年的調查顯示，丹麥人這樣的習慣，可能對於領導的人會是一種挑戰，但本質上卻是有益於團體的做法。因為如果執行作業的人對於執行的工作內容一無所知，對工作流程也沒有參與討論的空間，他們在面對工作時就必須先花費心力在安排作業流程的順序上，如此一來，就會帶給工作人員額外的壓力。

然而，荷蘭人既不知道如何善用取得的工作執照，對於主修科目的經濟效益也不感興趣。他們單純認為，只要一個人的品格沒問題，其他工作相關的內容都可以經由訓練學習而來。例如，雖然我的主業是藝術治療師，但是在過去的工作經驗裡也賣過好幾噸鋼鐵、為任職公司招募所需的人才，還有協助企業之間的溝通。要成為想要扮演的那個角色還需要一些條件：極度的自信，也就是在沒有背景的基礎下，仍然能夠與他人站在同樣高度上溝通的自信，同時這樣的自信更是獨立於頭銜、出身與經濟實力之外。

至於應該如何看待金錢呢？每個人都應該持有差不多相同的數額嗎？如果是挪威人、丹麥人和瑞典人，無疑都會一致給予肯定的答案：是的。對這些國家的人來說，擁有差不多的財富是對同胞表示忠誠的方式：把自己大部分的收入都投入共同的鍋子裡，用以支出共同使用的項目，以這樣的方式來讓每個人擁有差不多的可支配金額。至少為挪威外交部工作的帆船運動員哈芬就表示贊同，「目前，我正協助製作以『為共同成長而分享』為題的政策白皮書草案。為了在社會中達到平等，分享的概念就很重要，而這也是造就今日北歐印象的重要價值觀。」

姑且不論金錢是否只在一定程度範圍內才能使人幸福：如果收入差距像在挪威或瑞典那麼少，真的可以使人幸福嗎？或是像瑞士一樣，只要沒有人提出異議，就可以讓收入差距擴大？或是收入差距如何都沒關係，比如冰島、加拿大或盧森堡？貧富差距一直是傷腦筋的議題，而這個議題在我的旅途中也未能找到解決方案。但可以確定的是，只要人活得有尊嚴，財富上的不平等就幾乎不成問題。

波普對著我的鏡頭扮了鬼臉。他擔任駐加拿大特派員，並對德國與加拿大的文化差異進行分析研究，已有超過三十年的時間。他說：「在德國，主要會以兩方面評價一個人：一方面是職業，尤其是聽起來很熱門的職業；另一方面，則是對於這個人的家庭與交友狀況，還有生命歷程中建立的人際網絡。我認為，這樣的評價方式確實很適合德國，因為整個德國社會就是依循這樣的模式運作的。同樣的思維，如果套用在加拿大就非常不適用。因為你是否有博士頭銜或教授頭銜、有兩部保時捷（Porsche）或是沒有私家車，甚至車庫裡只有一輛老舊又生鏽的腳踏車，加拿大人根本不在乎。在加拿大會以其他方面來評價一個人。」例如，你的冰上曲棍球打得如何？

當我在蒙特婁市中心看到一座十五公尺高的冰上曲棍球吉祥物矗立在眼前時，不禁為了自己的錯誤決定而感到生氣：因為我已經安排那天下午就要飛到加拿大偏遠的溫尼伯（Winnipeg）。而那座冰上曲棍球吉祥物就矗立在球場滑冰道的後方，和一旁的大型投影布幕齊高，因為當晚就是冰上曲棍球季的開場賽，每個人都高度專注做著準備工作，沒有人有時間接受訪問。

對這裡的人來說，一年一度的冰上曲棍球季是比聖誕節或復活節更重要的大事。加拿大人根本就是為冰上曲棍球而活。除了冰上曲棍球之外，加拿大也熱衷各種小型的體能競賽項目，像是「比賽誰在戶外的低溫能待最久」。波普咧嘴笑說：「在零下五十五度的空氣中喝著葡萄酒，簡直就是一種藝術！因為在那樣的溫度下，連酒精飲料都會慢慢結凍。」我很難理解，在很多豪華汽車中都配備遙控暖氣系統的今天，還有誰會對這些活動感興趣？

讓—賽巴斯提昂滿足地望向他最愛的蒙特婁市街，點頭說：「這裡不會有人用外表去評斷一個人，而是會以這個人做了什麼，還有為人如何來評價，而我覺得這樣的評斷方式能帶給每個人很大的自由空間。」也許我們都該停止為自己畫界線。

把「您」改成「你」，讓每個人都同等重要

本書之後的內容還會介紹到「人人皆得享有的權利」，而依據這項每個人都享有的權利，至少大自然就是其中之一。你會想在那裡打發時間呢？森林裡、田野小路或是湖邊，還是在某個前院的花園裡？儘管去吧！就在你想要停留的地方，感到自在一點。用來做為界線的圍籬愈少，每個個體能享有的空間就愈多，這樣的概念也適用於以頭銜、階級意識與階級傲慢築起的圍籬。這麼做確實適合這個純樸的社會，即使在其他的社會結構裡或許會視為損失。在這樣的社會中，聽不到顯貴的「教授先生」、「尊貴的女士」……也沒有「國王陛下」或「皇后陛下」這樣的稱呼。

丹麥工程事務所的基爾賈德說：「和我們皇室的往來非常稀鬆平常，因為國王只是一份工作。對我來說，我們的皇室就像是丹麥的行銷部門。」對基爾賈德來說，國王就是在必要時站上紅毯，盡到他在那個位置上的義務而已。就像同樣習慣低調的荷蘭人所說的：「正常舉止就好，那樣就夠瘋狂了！」

在雪梨的布朗珂也可以證明幾千公里外的人也是這麼做的，「這樣輕鬆自在與人交往，和在德國有很大的不同，因此這裡才令人感到自在。如果我去訪問澳洲總理，他會叫我伊絲樂，我也會

直呼他的名字凱文（Kevin）或吉姆（Jim）。澳洲人面對國家的政治人物時，都會直呼其名，非常平等，也很輕鬆自在。」我也可以想像，那應該是讓雙方都覺得放鬆的感覺。

這樣一來，為雙方都省下「您」與「你」，或「教授」和「博士」之間繁瑣的用詞拿捏過程，談話就可以直接進入正題。但是，如果有人不習慣或不願意那麼做，也會很快就被迫那麼做，至少在瑞典就是如此。

瑞典在一九六〇年代曾經歷號稱「『你』稱謂改革」的行動。這項改革是由當時的國家健康與社會局局長主導，他在一九六七年的就職演說中闡明，就任後對所有局裡的公務員都會直接以「你」代稱。（我個人喜歡明確的說法。）這樣的做法也確實合乎瑞典人的平等觀念。熱愛瑞典的卜恩茨認為，這樣能讓大家都鬆一口氣。「直接以『你』代稱並不代表馬上就可以和這個人有很深的交情，但是至少省去領導派頭的排場，可以先去除一部分的隔閡，然後很快進入正題。」

所有的人都同等重要，記得嗎？無論是哪裡的人。

對選擇定居澳洲，目前住在雪梨的布朗珂來說，她完全無法掩飾對這個地方的熱情，她用著沉穩迷人的嗓音說：「澳洲是多元文化社會，聚集來自世界各地的人，每個人都有不同的文化背景，因此發展出對彼此的包容。人總要接受住在隔壁的鄰居有不同的生活習慣。而這種以包容心態與彼此交往的方式，讓每個人的生活都變得更輕鬆。此外，也能減少摩擦。」我無意在本書中一一羅列各國當前難以解決的社會政策議題，但是根據《社會凝聚力雷達》的調查，德國就缺乏對多元文化的接納能力。

每個想要在澳洲立足的人，都會在入籍誓言中被要求做到包容，「每個想成為澳洲人的移民都必須發誓，要尊重澳洲社會和其他不同文化的風俗習慣。」布朗珂說。唯有如此，一個多種族的移民國家才能繼續運作。不只在澳洲，就連加入丹麥的新成員，也會知道丹麥歡迎每個人，只要他珍視互相尊重的社會價值觀。

丹麥政府當局的難民、移民及融合部曾出版一本一百七十二頁篇幅的書籍講述這個議題，書名為《成為丹麥的國民——新成員在丹麥社會應該知道的事》（*Mitbürger in Dänemark – Was Neubürger über die dänische Gesellschaft wissen sollten*）。那本書的開頭就說：「歡迎加入丹麥成為我們的一員。」序言還以親切的口吻寫道：「丹麥是自由、有責任感、能夠發揮個人才能的民主社會。」

反觀《德國生活指南》（*Guide to Living in Germany*）只有三十頁，全書只圍繞著一句口號：「在德國就這麼做。」小冊子的開頭第一句就說：「住：在高品質租賃房舍中，德國提供多樣性的選擇。」難道德國對於自身的社會價值觀就沒有什麼好說的嗎？

其他國家的人認為擁有可以帶來幸福的事物上才稱為富足。「我是羅伯特，在蒙特婁擔任律師。我認為加拿大人幸福的原因，是因為這裡的人有不同的文化背景。因此我們從中學習到，如何共同生活，會給予彼此高度尊重。」

另一位在蒙特婁知名飯店擔任門房的艾利山大（Alexandre）也說：「加拿大人都很幸福，因為我們生活在充滿和平氛圍的國家。人與人的相處以互相尊重為原則，對彼此也都很寬容。」

因為不同，反而帶來幸福

我在雨中的盧森堡遇到德國來的諾拉（Nora）和亞藍（Alain）。諾拉長得很高大、淺棕色短髮，臉上有著愉悅的笑容；亞藍是海地人，高而削瘦、膚色微棕，也有著迷人的笑容。在盧森堡，人與人之間的相處氣氛，讓諾拉覺得很自在，「盧森堡就是一個混合體，可以在這裡遇到很多開明的人。」亞藍補充說：「你會在這裡遇到來自不同國家的人，這些人都會打開你的眼界，讓你從不同的角度看世界。在這裡，不是只有德國人和德國人聚在一起，或非洲人只待在非洲人的圈子裡。完全不是！大家在這裡都有所接觸、交談，為彼此帶來很多的樂趣。對我來說，這樣很幸福。」這是怎麼一回事？我感到驚訝不已，原來多元文化也會帶來幸福感？這樣的情形可能發生在德國嗎？請你稍後一下，之後還要談到美洲地區。

加拿大蒙特婁的讓—賽巴斯堤昂甚至說：「我們就是一個多元文化的國家。這個國家不只是我們的，更是所有人的。」噢！不是說德國就屬於德國人的？有些主張聲稱，某個國家屬於先到的那個族群，或是說某個國家屬於該國多數的族群，對於像盧森堡、瑞士、加拿大或澳洲這樣的移民國家來說，這種說法是很難想像的。再怎麼說，畢竟所謂德國人有些也同時是外國人。

在蘇黎世開設一家潮牌店的黛芙林・庫爾特慕樂（Deverin Kürtmüller）提到：「在瑞士也有不少德國人是因為工作來到這裡。當他們剛來時，地方上最初的反應是：『呵！他們來搶工作的！』」但是我認為，在很多領域，比如照護或醫藥……如果沒有德國人，我們還真不知道該怎麼辦？此外，德國人也為我們的職場注入新活力、提升工作品質，這樣很好啊！」

就是說啊！沒有彼此的話，我們該怎麼辦？根據經濟合作暨發展組織統計，德國在二〇一二年接受的長期移民數量是全球第二位，僅次於美國。當年度約有四十萬人想要長期定居德國。是什麼原因讓德國人不能將這樣的數字視為令人開心的好事呢？我知道，有時候很困難，尤其是有時候從一個人的臉就可以知道對方來自不同的文化圈。如果將在瑞士的外國人占總人口的比例套用到德國來計算，就相當於在德國境內約有兩千萬來自不同文化的人。但是，事實上在德國的外國人數量遠遠低於上述的估算值[36]。

瓊絲頓是讓—賽巴斯堤昂的鄰居，所以我在訪問讓—賽巴斯堤昂後，也與她進行訪談。由於她與外交官結婚，所以過去幾年曾在世界上不同的國家生活。現在她又回到加拿大，但是對於國外的生活卻毫不留戀，因為「蒙特婁就有來自各地的人，無論是西印度、中東，還是南美洲。因此，

36 *Die Besserkönner: Was die Schweiz so besonders macht,* Wolfgang Koydl, Zürich 2014.

在蒙特婁的街道上散步就好像在不同國家旅行：當你在小義大利區散步，不同的生活型態就呈現在走過的街上，耳裡聽到的也都是義大利語的交談聲。再往北走就是葡萄牙區，聽到的就是葡萄牙語，那裡的商店也販賣各種葡萄牙特產。我覺得這樣太棒了！由於對彼此的信任帶來相互理解。我認為，正是這些差異性豐富了我們的文化。」

瓊絲頓很確定地點頭，繼續說：「有時候難免有少數加拿大人憂心自己的文化會不會因此流失，但是我卻覺得，我們實際上得到的比失去的還多。好吧！也許我們確實失去了什麼，但我從來不會認為那些失去的文化是被偷走的，我們只是將那些又託付給其他人而已。」這樣想來，蒙特婁裡有葡萄牙區、小義大利、法語區，還有英語區，我在這個城市裡走一圈，真的好像環遊世界一遍呢！

「每個人都有各自的長處。」我在芬蘭學校外看見這樣的標語，我感悟到正是因此我們才應該在生命中與彼此相遇。每個人都可以在另一個人身上，找到自己欠缺的特質，因此我們應該善待彼此、平等地看待彼此。

我邊走邊想，突然意識到蒙特婁市街已經變暗了，看來我應該收工了。正當剛剛浮現結束一天任務的念頭時，不經意看到歐琍維雅和她的丈夫，帶著五歲和兩歲的兩個孩子出來散步。我想起在加拿大還沒有訪問過一家人，因此想要說服他們接受我的採訪。想法似乎有點大膽，但是一點也不困難，他們爽快地答應了。

「問我什麼讓我感到幸福嗎？」歐琍維雅又問了一次做為確認。「就是現在，這裡啊！我們只是出來走走，然後遇到詢問我們關於幸福的採訪！真是太棒了，不是嗎？這樣的體驗可不是到處都有的呢！但是，最讓我感到最幸福的莫過於我的家庭，他們讓我有機會照顧他們，讓我有機會把他們需要的帶給他們。還有帶小孩、教他們做好人、教他們要對人包容，還要尊重別人……這些都讓我每一天能有幸福的完結。」

6

用優雅的互動凝聚共識——瑞士

幸福關鍵字　圓滑

瑞士人總是試著一開始就以別人容易接受的姿態進入議題。大家會花費很多時間進行討論，過程也許不見得優雅，可是一旦有了決議，所有人都會支持，因為大家都覺得自己參與決策過程。我認為，整體而言，這樣的過程會比較顧慮到人的層面。

你曾穿橡膠靴去聽歌劇嗎？而且我的橡膠靴還是迷彩綠的花色！那雙橡膠靴長度及膝，那天還悶得直冒腳汗！後來甚至整雙靴子都被汗水溼透，每走一步都會聽到裡面發出濡溼的聲響……早上還下著大雨，現在卻來到二十五度！我已經在外面跑了一整天，這一天所有的採訪行程都在蘇黎世湖畔，周圍的悶溼燠熱就像待在蒸氣箱一樣。現在終於可以收工回家了！於是，我信步沿著湖邊走著，帶著放鬆心情享受美好的落日餘暉，也終於有時間可以看看附近的環境。

走到歌劇院前，我好奇地看了看今天的節目表，維爾第（Giuseppe Verdi）的《茶花女》（*La Traviata*），還是由安娜．涅翠波柯（Anna Netrebko）飾演女主角薇奧蕾塔（Violetta）！這樣的組合真讓我無法抗拒！一問之下，竟然還有票！可是一看時間……完全不夠讓我搭電車回去換衣服再趕回這裡。當開演前一個小時開放入場時，我只能尷尬地穿過一群盛裝打扮的人走進座位。「天啊！千萬不要有人往下看……好心的貴婦們，妳們別看我的腳啊！」一路上我就是這樣在心裡祈求般的吶喊。可是，不只是腳上的橡膠靴，就連身上的穿著也十分引人注意，像是剛爬出地洞一樣，上半身是領子有著一圈動物絨毛的灰色針織外套，下半身則是刷白的灰色牛仔褲。

幸好沒有人用貶抑的眼光盯著我看，反而是坐在隔壁的年長女士在中場休息時，帶著興奮的神情與我攀談：「是嗎？妳第一次來瑞士啊！」而且她出乎意料地只問了這一句，就沒有再聊下去了。但是，整個過程似乎又很平常，沒有人讓我覺得不該穿著這樣出現在這裡，那些看到我的人，他們的眼神反而讓我覺得自己就和盛裝出席沒有兩樣。直到中場休息結束的通知鑼聲響起，我又再度入場，輕鬆愉快地聆聽下半場演出。一路上，我感謝當晚在蘇黎世歌劇院的聽眾。

不久後，我搭上十一路輕軌電車，穿過蘇黎世夜晚的街道，回到投宿的民宿。進入房間後，我又把當天的採訪看過一遍，想要從中尋找答案來解釋歌劇院聽眾的行為。其中，馬寇．倉克（Marco Zanker）是我第一個想到的受訪者。畫面裡出現的他穿著黑色皮衣，在中午時分，用雙肘靠在桌上，他大約三十歲，看起來結實又帥氣，很有男人味。我還是用老問題開場：「為什麼瑞士人這麼幸福？」我期待從他那裡聽到明確的說法。「每個人的看法都有點不一樣吧！」他回答的第一句話卻顯得有點遲疑：「但是我想這裡的人都以互相尊重的心態對待彼此。我們畢竟還是很開明的社會，或許有些人會覺得瑞士人都很冷漠，常拒人於千里之外，但我們認為那才是對人有禮貌的距離。我們希望別人也覺得很自在，希望所有人都有機會，成為他想要成為的那種人。」

「希望所有人都有機會，成為他想要成為的那種人。」對瑞士人來說，這樣的想法真的很重要。幾百年來，瑞士並非鬆散的政府結構，這個國家一直都是由阿爾卑斯山區的住民自決組成，也並非因為這些住民說著相同的語言或有相同的職業，而是他們出於自願、希望有這個國家存在。無論是篤信天主教的泰辛州（Tessin）[37]裡的木匠，或是伯恩州（Bern）內信仰新教派的金融業者，

37 譯注：德語為Tessin，義大利語為Ticino，因此有時也可見到中譯為「提契諾州」，為瑞士國土最南的行政區，此區近八八%居民使用義大利語，因定義大利語為此區官方語言。此外，因應多林木的天然環境，泰辛州長久以來有賴林木維生的傳統，所以文中作者以泰辛州的「木匠」為例，與後面提到政治金融中心的伯恩金融業者做為對比。

都共同宣誓要終身成為令人驕傲的瑞士人。

這個國家政府的權力，並沒有大到足以下達永久適用全國境內的規定。境內的二十六個州在金融、法律、經濟、教育及其他職權範圍內，都有極高的自主權，並且為了避免某一州出現與其他行政區南轅北轍的規定，因此造就瑞士人的溝通協調能力。

「這種達到和諧運作的需求，或者說是權力平衡的需求，是瑞士特有的。當然，這也有缺點，就是所有事情的處理速度都會慢一點。」馬丁・契斯陵（Martin Kießling）如此說道。契斯陵是年約四十五歲的建築師，他在蘇黎世的一個公園裡接受訪問，鏡頭前的他還一邊自在地往葡萄酒杯裡倒酒。沒有這種對和諧氣氛的需求，這裡的人大概已經無可救藥地鬧翻了，而瑞士應該也就不復存在。

午休時間快要結束時，我在一家店裡遇到庫爾特慕樂，她長得又高又瘦，六十歲出頭，留著簡單俐落的短髮。談到關於瑞士人和德國人的差異，她的看法是：「德國人的風格就是有人站到前面，然後指揮說：『這樣做是正確的，所以我們都要這樣做。』接著，所有人就往同樣的方向前進。但是，瑞士人就不會這樣做。當德語區的瑞士人說：『往左』時，住在西部法語區的人就會說：『往右吧！』接著又有南部義大利語區的瑞士人會說：『哦，好吧！我們就走中間路線吧！這樣應該會最簡單。』」天啊！這樣聽來真是辛苦，我心想。

沒想到還有更嚴重的情況，所有來自不同區域的人，在必要時還可以發起公民投票表決：涉及範圍較小的，例如：可以在所屬的州境內發起議案，決定是否在鎮上小學前的馬路上畫斑馬線，乃至大到國家層級的議題，例如：「終結對富豪的納稅優惠」、「將外匯儲備中的黃金留存在瑞士境內[38]」，或甚至是為了失業保險費率調高而提出公投訴求，而且這些公投申請都會被接受，還舉行了投票！我想，真的會有人深入鑽研這些議題嗎？這些議題顯然不全是為了個人利益，而是為了整體瑞士人的利益著想？換成是我，大概已經被這些議題搞瘋了！

住在瑞士琉森的物理治療師海蒂反而安慰我說：「妳看投票率那麼低，其實就顯示多數人不想在所有政策性議題上參與決議。但是，至少當我們想要有所改變時還是有機會的。有時候可能只是想到這樣做或許可以帶來幸福，無論如何只要想到了，瑞士人至少就有改變的機會，只是不一定每個人都想改變而已。」

自主參與公共議題的機會

我在稍後的內容中還會介紹魯諾・弗來（Bruno Frey）教授，而上述這種說法也得到他的證實，「擁有這樣的自主權對幸福生活非常重要。因為這樣一來，人才會覺得自己被認真對待、被當成

38 http://de.wikipedia.org/wiki/Liste_der_eidgenossischen_Volksabstimmungen.

一回事。」

聽完教授的說法，我仍然無法完全信服，於是又向亞嵯德請教。亞嵯德年約三十五歲，待人親切，戴著深咖啡色的眼鏡和帽子。他出生在瑞士，父母都是土耳其人，算是瑞士的第二代移民，目前在蘇黎世從事法務相關工作，他提到：「我認為有參與公眾議題非常重要，唯有如此，人才不會覺得無能為力。我在很多的德國同事，或是我的德國籍女友身上也看到這一點。在德國，政府的權力距離人民好遠，人民就只能聽任擺布。因此，在瑞士能參與政策決議，即便只是一小部分，我們也覺得很幸運，並不是所有事務都直接跳過我們就被決定了。因此，參與感有助於幸福體驗。」這一番說法，真不愧是來自全球快樂資料庫排名第四的瑞士呢！

是的，參與決議之後，直到最終決議的結果出爐前，往往需要一段時間，而這也導致瑞士人對事情的反應都會慢一點、處理事情時要反覆思考，就連想要在縫隙中找到一點訪問的機會都不容易。例如：我有一次站在一群瑞士人前面，故作輕鬆地用頑皮口吻詢問：「嘿！你感到幸福的原因是什麼呢？」多數的瑞士人會先用手在胸前畫十字聖號，閉上眼睛，然後祈禱當他再度張開眼睛時，我已經沒有站在他的面前了。

「噢，說到德國人……」庫爾特慕樂猶豫著，「在瑞士，如果到了一個新的地方，我們無論如何都會先主動打招呼，但是在德國，一般人都習慣進入某個地方後就先表明來意，說明要或不要什麼。所以，就有一句俗語這麼說的：『德國人問時間，瑞士人會和他說明錶要怎麼看。』」

弗來愉快地笑道：「瑞士人不會盲從偉大的志向，還會迴避所有的極端。或許因此幸福這個字眼會讓瑞士人出於保守而退縮，他們通常會說：『我過得不差』或『我感到滿意』。」照他這麼說，就是我詢問瑞士人幸不幸福太過直接、太過絕對，也太極端了。弗來告訴我有這種可能：「其實我對瑞士人區分得這麼清楚，感到頗為訝異。因為妳的問題背後其實隱含著：『你對現在的生活滿意嗎？』但顯然瑞士人是性格謹慎的一群人，他們不會直言：『對啊！我現在超級幸福的！』」確實，瑞士人的表現都很謙遜內斂，在瑞士的街頭巷尾看不到有人挺著充滿驕傲的胸膛走路。

好吧！我也要改變作戰計畫了，決定要像對瑞典人那樣，用極度緩慢又輾轉迂迴的步伐接近瑞士人。因為瑞士人以製造的手錶創造準時，所以再怎麼說，瑞士人一直都是時間的征服者。換句話說，瑞士人雖然做事的步調比較慢，但是時間仍然在掌握中。根據庫爾特慕樂表示，這還有好處，她說：「瑞士人針對一件事可以考慮十次才行動，總之，要很久、很慢才能做出決定。正因如此，如果瑞士人說好或不好，就是最終的答案，不會再有變化了。」所以，這裡並不需要應答如流的急智型人物。因為對瑞士人來說，第一個念頭不一定是最好的想法。

庫爾特慕樂接著說：「所以德國人對瑞士人來說，行動太快，也太有活力了，往往會讓我們必須猶豫地想一下：『噢！天啊！這裡發生了什麼事？』德國人會花很多精力在辯論上，又比如足球，德國人簡直可以為足球競賽拚命，但是瑞士人就做不到，即使是為小麥啤酒，我們也不會賭上自己的性命。」

或許當瑞士人在寬闊的高原上、澄澈的星空下時，會浮現出讓世界變得更好、立定偉大的志向，以及伸手摘下天上的星星……諸如此類的想法，但在多數時候，瑞士人還是比較喜歡待在山谷裡面對現實、耐心地處理細碎瑣事，或是觀察枝微末節、思考是否還有疏漏、動手實作、對成品進行改良，或嘗試新的創作。如果不然，根據世界銀行（World Bank）的資料顯示，這個貧瘠的阿爾卑斯山共和國如何脫胎換骨，登上全球最富有國家中的第五名呢？

之後我在琉森遇到的長者鮑墨就曾說過：「瑞士人比較低調又實事求是，這裡沒有幻想家，瑞士人可以說都是講求實際的人。」亞崁德對這樣的說法也表示認同，他說：「講求實際讓人感到很自在、很輕鬆。」既沒有過多的情緒，也缺少奔放的熱情，瑞士人形容自己怪異、毫無血性，但是他們卻沒有給我這樣的感受。

在我與庫爾特慕樂訪談期間，偉奈（Werner）和莫娜（Mona）也來到店裡。偉奈是縫紉機銷售員，莫娜是老年照護員，這對夫婦的年紀約莫六十歲，身手依然很矯健。偉奈笑著說：「問我典型的瑞士人嗎？那種小鼻子、小眼睛的中產階級模樣，大概就是瑞士人給其他人的刻板印象。」我從攝影機後方，給他一個掛著大問號的表情。

「我所說的中產階級或是市儈，反正就是一種沒有情趣的人：凡事拘泥於規則，也怕做錯事。」他一邊說著，一邊做了一個俏皮的表情，他的妻子在旁邊卻笑不可抑。他用手肘頂了頂莫娜，問她：「妳還記得昨晚那兩個老人嗎？」我總覺得眼前這傢伙像是在測試我。他又說：「我覺得很多瑞士人都不是太正經。瑞士人不會把自己看得太過重要，而且我們喜歡笑，尤其是拿自己開玩笑。」庫爾特慕樂帶著歉意地說明。「還真的是這樣！」莫娜說完後，又大笑道：「這裡不需要多做什麼，就能得到一個微笑。」

圓滑的社會

這裡的人就是有禮貌，不需要特別原因。這讓人感到幸福。

——雅各，工地實習生，來自丹麥阿爾堡

十月底的蘇黎世，下午一點零五分。我已經遲到了，還是在這個眾所周知講求準時的國家！我趕到蘇黎世經濟管理和藝術研究中心（Center for Research in Economics, Management and the Arts; CREMA）門前，不敢按太久的門鈴，然後又爬了三層樓，氣喘吁吁地站在弗來教授的辦公室門前。

這位就是前面提過的弗來教授，他的全稱應該是「布魯諾．S．弗來教授、博士、博士、多個博士及榮譽博士頭銜」，這麼一長串的頭銜就連我這個對威權免疫的荷蘭人，都不免因為過於敬畏而發抖。但是，迎面走來的這位有一長串頭銜的人，卻怎麼看都是和氣又平易近人的經濟學者。

在弗來的帶領下，我來到他裝潢簡單又不失現代感的頂樓辦公室。此外，弗來除了是蘇黎世經濟管理和藝術研究中心的共同創辦人以外，也是位於德國腓烈德利希港（Friedrichshafen）的齊柏林大學（Zeppelin Universität）教授。他看起來充滿活力，愉快的眼神中又透露出好奇，偶爾在兩撇銀灰色的翹鬍子之間還會見到調皮的癟嘴表情。他有多大的年紀呢？我感到好奇，弗來卻不願意告訴我答案。

「我的生活過得很好。」當我問他是否幸福時，我得到這個回答。「無論在工作上或私人生活中，我都很幸福，真的！這樣真的很好！而且我覺得如果人在看事情時，能先看到正面的那部分，就算發生了不好的事情，對人也會比較好。例如，有人在滑雪時把腿摔斷了，他會說：『我沒有一次把兩條腿都摔斷，好幸運啊！』」弗來又做出俏皮的癟嘴表情。

幸福是，只摔斷一條腿的幸運！聽起來有點駭人得不合常理，但事實就是如此。弗來穿著深色條絨長褲，搭配棕色格紋襯衫和黑鞋，整體的穿著搭配讓他顯得非常保守，甚至還有點無趣，完全符合我對瑞士教授的想像。啊！還有那雙襪子！我在訪談快要結束時才看到那雙襪子，完全吸引我的注意，讓我不得不把鏡頭停留在那雙襪子上：一圈又一圈的環狀紋路，分別是黑色、橘色、黃色、綠色和藍色！「是啊！」他抿嘴一笑，說：「穿上這種襪子也能讓人感到幸福喔！」但他說完後，還是連忙站到桌子後方。

想像一種情境：你因為某種原因而怒氣沖沖，想要馬上得到解答。如果是世界上最幸福國家裡的人會怎麼面對呢？

毒舌的人戲稱，瑞士人會在說明自己的立場前就先妥協了；芬蘭人會馬上帶你到蒸氣浴房裡，然後直到與你全身都光溜溜，手上拿著一杯啤酒，一起坐在池子邊發呆時，他才想起來要繼續和你討論剛才的事；在澳洲的話，你可能會因為怒氣而走得太快，錯過澳洲人試著拍拍你肩膀的示好動作，但你還是會聽到被甩在身後的澳洲人說：『放輕鬆，開心一點！』；如果你漲紅著臉站在加拿大人的面前，他們會事不關己，帶著驚訝的表情看著你，詢問到底是什麼事讓你這麼生氣。遇到這些場面，你不得不自問，到底是來到多麼瘋狂又無厘頭的世界？你在這時候才會緩緩意識到：那是充滿人間溫暖，而沒有過多精力可以浪費在發生摩擦的世界。

歡迎進入挪威、冰島、瑞典、加拿大、哥倫比亞、瑞士……歡迎來到這個所有人都試著用尊重、理性的方式與彼此相處的世界；同時，在這個世界裡的人都會努力避免矛盾和衝突，萬一發生衝突了，這裡的人也會試著尋求共識，並且以眾人的利益為前提來解決；那是把人與人之間的衝突視為愚蠢行為的世界。

「我認為，加拿大人感到幸福的部分原因，與加拿大人特別不喜歡和人爭論的文化特性有關，一如德國人對加拿大人的印象。但是，加拿大人卻認為德國人都會讓宴會冷場，甚至掃興，因為德國人喜歡辯論，一不小心擦槍走火時就演變成爭執，而打亂原本歡樂的氣氛。不同的是，加拿大人的討論或許流於表面，但是他們就喜歡這樣。」

衝突確實讓加拿大人感到厭惡，而且在宴會結束後，就像荷蘭俗諺所說的：「大家還是必須一起穿過同一扇門才能走出去。」為了能一起前進，加拿大人寧可收斂自己的言行。

採取與加拿大人類似做法的還有瑞典人，前面章節曾介紹的卜恩茨也為此背書，「瑞典人會避免在周遭引起太多的注意，如果把一個社會當作受到平衡勢力支配的整體，他們習慣把自己當成其中一小部分。」而且這樣敏感的平衡可以讓自大狂、自戀狂，或是肆無忌憚表現自我的行為怪異人士，很快覺得站不住腳。

住在丹麥的日爾曼學系教授葛苞兒，就在這方面看到丹麥與德國的差異，「在丹麥，和諧的意義非常重要。如果有人想把批評說出口，丹麥人通常會對即將發生的衝突場面感到不知所措，但如果是德國人，往往早就已經在桌上打了一拳。」

穿著黑色皮衣的瑞士人倉克，並不是很認同地用力眨了一下眼睛。他認為，這與害怕衝突、偏執的只想要和諧氣氛無關，「瑞士人常被批評只想一味討好別人，這是有可能的，但瑞士人之所以會收斂一點，就是為了留給別人足夠的空間與餘地。」

瑞士人會為別人收斂自己的言行。我從攝影機後看著倉克，腦海中出現很多想法，因為到目前為止，我還沒有注意到瑞士人這種刻意保持距離的行為，但是倉克這一番說法卻引起我的興趣。

也許這時候讀者聯想到的形象，可能是長期逃避衝突的人、膽小鬼、逢迎拍合的人、做事畏首畏尾的人，或是諸如此類的負面形象。你或許比較喜歡接近可以和你對罵，也會同樣大吼回應的人，而且你認為這樣比較好，覺得這樣就證明，沒有衝突的世界是不可能存在的，甚至覺得沒有衝突的世界不應該存在，因為這樣一來一往的爭吵可以會讓你有解放的暢快感，然後認定我只是想從旅行中拙劣地拼湊出烏托邦的形象。

坦承面對彼此的衝突

在德國，只要沒有清楚的說法、沒有明確的立場與可靠的觀點基礎，通常就會被視為破綻。但是，難道人性的偉大無法驗證個人觀點，進而修正既有的偏見嗎？對受到上天眷顧的最幸福國家的人來說，只要不總是那麼「直線條」就可以了。庫爾特慕樂對德國人的行為模式，曾經以改寫的一句標語做為說明：「該是這樣就這樣，而不是其他的樣子。」

對受到上天眷顧的最幸福國家的人來說，只要不是這麼堅持己見就可以了。因為如果太多人同時堅持自己的立場，就會存在太多無法解決的衝突，既有的群體結構就會面臨分崩離析的危機。然而，就我們從前面的章節所知，那些最幸福國家裡的人都情願維持既有的社會結構，因此這些人就會努力尋求共識，並以坦承和理性為原則，共同面對彼此之間的衝突。

「我希望自己能夠理性地對待他人，也期待其他人能理性地對待我。」工程事務所的基爾賈德這麼說完，又嚴肅地看著我說：「如果不是這樣，那麼對我來說，所有的事情都沒有意義。」

對赫爾辛基的舞者兼作家法伊諾來說，一旦無法以理性彼此對待也同樣失去意義。法伊諾的個子很高，臉形瘦長、一頭金髮剪得很短，還把瀏海整齊側分，那是我在芬蘭常見的髮型。年紀大約三十出頭，個性是很典型的芬蘭人，就是很和善、客氣又很內斂。法伊諾目前住在德國柏林，為芬蘭一家報社撰稿，他說：「我總覺得形容芬蘭人時，說芬蘭人喜歡大自然，或說芬蘭人很沉默、非常需要個人空間，真的是刻板印象。直到現在我住在柏林，才重新從自己身上找回這份感受。而我認為，這是芬蘭人在各種情況下都能保持冷靜，並且通往幸福的關鍵。」

聽到這裡，別急著反駁，先數到二十三，然後回想什麼才是你人生中真正重要的事，還有同一件事可以用什麼不同的方式說出口，才不會傷害別人。為了做到這一點，很多國家的人都會花費大量的精力去努力。「在德國，遇到討論的場面，通常都會用嚴厲的詞彙針鋒相對，所以會常聽到像『那樣完全錯誤』或類似的說法。但是在瑞士，我們會說：『我比較難以認同』或『我並不是那麼同意』，對瑞士人來說，那就表示真的不贊成了。」弗來和藹地看著我。

「那該有—多—無—聊—啊！」我不由自主地這樣想著，又馬上想到：「有—多—輕—鬆—啊！」我想，對有些人來說，幸福感大概就是以這樣無趣的頻率出現：太少稜稜角角、太少挫折，也太少德國式的憂天杞人。

我在歌特堡公園裡遇到的瑞典人菲瑞斯克也這麼認為，他說：「瑞典人並沒有深沉的靈魂，所以才能成為世界上第二個最幸福的國家。我們的社會沒有黑暗面，也沒有貧窮；我們沒有經歷過戰爭，也沒有遇過大型的天然災害，幾乎未曾遭遇困難，好像在瑞典的一切都好極了！我們當然可以因此就把自己評估為幸福的人，但是其實還缺少一些什麼，好像在我們身上就少那麼一點詩意，我想妳可以從藝術、文學和劇場創作中看出這方面的缺乏，我感覺瑞典人比較沒有深度。」

即使有一個瑞典人這麼說，但如果想到瑞典還是有很多受歡迎的推理小說作品……或許會有人低聲說，那些不過只是當初為了擺脫文學界一窩蜂粗鄙地模仿林格倫的寫作風格，而想出捧紅幾個作家的行銷策略[39]，結果一不小心卻無心插柳地成功了。

那段訪談之後，我還享受了一下陽光，也在公園裡看幾個人正在玩傳統的瑞典棋藝，那是一種丟擲木造棋子的傳統遊戲。嗯，是啊！如果要說到文化藝術層面的深度，瑞典人確實還有很多可以向德國人學習的，也幾乎可以確定從德國文化中，他們能學到很多重要的觀念和靈感。

只是，我們還是必須要抉擇，到底要做隨時像要面臨世界末日而充滿憂慮的批判型思想家，或是成為膚淺卻可以左右逢源的享樂型花花公子？身為半個荷蘭人的我兩種感受都有，也覺得這樣是可以接受的。我認為，兩者之間拿捏的藝術應該只在於如何取得平衡……

用理性化解衝突，用互動軟化堅持

無論靈魂的深度能有多深，有時我甚至認為芬蘭人比德國人還有深度；或者像是澳洲人面對世事，總是能夠那麼雲淡風輕，重點是那些最幸福國家裡的人都不喜歡引起衝突。有什麼技巧嗎？最幸福國家的人也只是彼此之間以禮相待，又很收斂自己的言行。

他們降低內心自我的重要性，或許只是因為不想要讓自己陷入紛擾中；或許也像是同行的兩艘帆船，緩緩滑過對方的船身，而不是提高速度讓兩艘船演變成競逐的場面。也許只要友善地打招呼，就能降低彼此之間的緊張情勢，還不是因為體積較小的船禮讓規模較大的船，而是兩艘船同時禮讓對方。因為雙方都必須考慮到：萬一互撞時，誰也脫不了關係。更重要的是，讓彼此產生連結，而不是劃清界線，只為自己著想。

那麼其中最小的共同分母是什麼呢？在這些幸福國家中，最小的共同分母都是盡量為各方找到共同的解決方案。因此，兩艘船的人員就會把彼此船隻上的固定纜繩拋向對方的船上，然後開始在閒話家常的氣氛中討論，而不是在德國式火爆氣氛下爭辯。

弗來進一步說明：「瑞士人做決策的過程和德國人有所不同，就是在瑞士團體中有一種不做表決的傾向。我們不做表決，而是與彼此討論，直到討論出大家都能接受的共識，而身為有能力的領導者通常都能最先洞察出大家都接受的共識，接著在經過一段時間討論後，他只要站出來，然後提出這個共識做為建議方案，通常就會獲得與會代表一致通過的掌聲。」

---

39 *Gebrauchsanweisung für Schweden*, Antje Rávic Strubel, München 2008, Seite 155.

這種共識原則的好處是，每一種個別的想法都會被聽到，也都會獲得重視，但是那並非多數決原則，因為最終決議必須得到每個人的同意，而且任何人都能夠以個人意見暫時中止整個決策流程。但是，抱持不同意見的人也必須衡量理由是否充分，或是應該收回反對意見，然後接受其他決議，並且願意共同承擔後果。

庫爾特慕樂是我在蘇黎世一家商店內遇到言談風趣的女性，笑說：「我想，如果是在德國，瑞士人的運作方式是完全行不通的，因為德國人總是那麼直接而明確，但我們是在沒有比較明確的共識浮出檯面前，大家都可能只是含糊曖昧地談論，搞不好這個過程會需要三到四天的時間。」所以，在瑞士的一個想法或意見都會是很好的對話題材，而尋求共識的過程就像是中古時代歐洲的騎士，一起尋找耶穌基督在最後的晚餐後留下的聖杯一樣，大家都樂在其中。

天啊！對德國人來說，這樣多沒效率啊！很難理解這麼迂迴的做法會有什麼好處？我想，在各國的財報中肯定找不到這麼做會有帶來什麼好處的跡象，即使是在瑞士、挪威、丹麥或加拿大，這些在世界上數一數二的富有國家都是如此。因為這裡的好處，指的並不是經濟上的獲益，而是指倫理上的言行。

丹麥的基爾賈德有過許多與德國企業共事的經驗，他說：「許多人面對上司都有恐懼感，我覺得那不是正確的態度，人與人之間不應該那樣相互對待。」那些在最幸福國家裡的人，他們所認定的理想人格幾乎都符合北歐的洋特法則，也就是每個人都很重要，而且每個人都有同樣的權利和潛力，不斷自由發展自我，他們所處的團體或社會也能提供充分開放的環境與互信感。

在這些幸福國家裡，會從兒童時期就開始灌輸這樣的教養觀念。住在丹麥的曼娣就曾在女兒的入學階段深刻體驗，她提到：「在丹麥，從幼兒園到進入小學的過渡時期，政府都會安排好。進入小學前，未來的導師就會先到幼兒園和孩子有初步接觸，同時孩子也會被安排到學校的教室進行參觀、熟悉環境。此外，已經入學一年的孩子也會在學校的安排下，回到原來的幼兒園看看。無論是讓幼兒園的孩子預先到小學參觀，或是讓已經進入小學的孩子回到幼兒園重溫曾經熟悉的環境，孩子在整個過程中都被溫柔對待著。所以，在丹麥的人格發展規劃是很全面性的。」曼娣認為，丹麥是對人很周到的社會。

有時候會因為人與人之間的良好互動，而使得一些原本堅持的立場軟化，或是有些堅持會因此變得不再具有急迫性。因此，丹麥人、加拿大人、瑞士人和挪威人會用大量時間來維護人與人之間的良好互動，做為彼此溝通的基礎。我非常認同這樣的做法，因為我也深刻體會過這種感受：在荷蘭的會議中，即使是與事件無關的人，他的意見也會被認真聽取。理由是每個人都有各自的想法，而且有時候在那些想法中，不乏具有能為事件帶來全新觀點的概念，貢獻那些全新概念的往往是新來的實習生，較少是企業領導人。

會議中不會馬上出現明確的決議，而是會先在桌上擺放一盤荷蘭特色的起司三明治、咖啡和脫脂牛奶，讓大家為之後的討論補充體力。在這樣短暫休息的時間裡，與會者就有機會對話，在緩和的氣氛中溝通彼此的看法。

我也請丹麥的基爾賈德說明丹麥人會如何處理這些程序，他說：「我從來不覺得丹麥人在會議上耗費太多的時間。身為主管的我可以在會議中提出建議，但是同事的意見不見得比我差。如果會議裡有人對其中的內容有任何不了解的地方，我們通常會在稍後特別留時間，針對這一部分加強討論，即便有這樣的情況發生，也能因為我們多花費一點時間加強局部內容的討論，而降低可能付出的代價，並且讓之後的工作更有效率。但是，無論如何，保留時間對事情進行解說討論是非常必要的。」

樂在工作，創造成功企業

總之，每個人都該知道付出努力的目的，還有行動的意義。「如果員工對工作能發揮影響力，工作這件事之於員工就會變得有樂趣，自然效率也會變好。而且我相信，一旦他們出錯的機率降低，最終產品的品質也會較好。」基爾賈德清楚又冷靜地說：「通常進入我們辦公室洽公的外部人員，都會對辦公室的氣氛做出覺得不可思議又讚賞的表情。」

基爾賈德在說話時洋溢著活力的光彩，顯然正為此感到驕傲，「我眼前經常會出現一幅影像，影像中有一個人正在採礦場擷取一塊巨大礦石，對我來說，執行這樣工作的人不該只是得到上級的指示而已，下達指令的同時也該讓他清楚明白這麼做的意義。如果他知道正在擷取的這塊巨大礦石將被用來建造城裡的主教教堂，對他來說，整個工作就會有截然不同的意義，會讓他做得更起勁，這是我的看法。」

基爾賈德的觀點，符合德國知名求職網站「墊腳石」（StepStone Deutschland GmbH）[40]一份名為「幸福員工能造就成功企業嗎？」的問卷調查結果。問卷中，墊腳石針對歐洲境內七個國家，超過一萬四千八百位企業主及受僱員工進行訪問，調查員工幸福感與企業成功之間的關係。那份問卷的調查結果顯示，丹麥在這方面的關聯性表現最佳，而且絕大多數受訪者都認為職場上的幸福感受，除了來自於工作內容以外，還有受到尊重、良好的企業氛圍，並且得到公開與公平的對待。

在那份調查中，甚至有高達九七%的企業主認為，樂在工作的員工對企業有顯著的好處，就是員工的工作熱忱會明顯提升。如此一來，勞資關係就有了良好的循環：職場上每個人彼此之間都會有息息相關的連結感，相互以實際行動做為回報。然而，在這項調查中，德國勞務供給者的幸福感卻是受調查國家中的最後一名。

擔任駐瑞典外電特派員的卜恩茨描述說：「在瑞典，每個個體都可以得到照顧，因為這裡的人

---

40 *Glückliche Mitarbeiter – Glückliche Unternehmen?* StepStone-Studie über Glück am Arbeitsplatz 2012/2013 – Ergebnisse und Empfehlungen, StepStone Deutschland GmbH.

認為人並沒有那麼笨，都知道要怎麼樣才能提高工作意願，也都知道要如何提高工作效率，而員工正是提高企業效能的最佳資本。」

他一邊說，一邊點頭，對自己的觀點表示贊同，趁著說話的空檔又啜飲一口咖啡，我也趁機倒了一杯咖啡，他繼續說：「在瑞典經常會出現革命性的概念或構想，比如取消流水線方式的作業程序，就曾在富豪汽車（Volvo）內部引起為期頗長的討論，但是實際施行一段時間後又宣告放棄。這就是瑞典，不斷出現新想法、平等的階級概念，還有所有人都能參與討論。所有事情不用經歷爭論的過程，就能找到和平解決的方式。」卜恩茨對這段看法下了這樣的結論。

必須承認，這樣的討論過程有時難免會找不到施力點。「非常典型的瑞典風格就是不斷討論、反覆討論，然後一次又一次不斷得到新的結論。他們的想法是，所有的聲音都該被聽到，所有的提議甚至都會留下紀錄。」卜恩茨咧嘴說道，然後看向杯子中因為不斷搖晃而形成小漩渦的咖啡。或許會有人不懷好意地解讀，這樣的開會結果只會讓與會的瑞典人被迫達成協議，不然大家都會在會議中睡著了。我曾捫心自問，不知道瑞典的談話性節目會是什麼樣的內容？或許應該問在瑞典會有談話性節目嗎？我猜想，如果把這種討論方式搬到在德國，一定沒有收視率。

有一個參與知名晚間談話性節目的編輯朋友在提到這個問題時，是這麼對我說的：「麥珂，我覺得妳這一趟旅行的用意很好，但是幸福這個議題不夠具有爭議性，所以我們還是很難安排在節目裡。」莫非這就是德國爭論文化的極致詮釋？當幸福國家的人們都努力想要成為各自社會中的小分母時，難道只有驚天動地的大聲才能引德國人的注意嗎？

把「人」的感受放在處理議題的核心

其實瑞士人以前在這方面也不是特別在行，據幸福研究專家弗來說：「這是因為瑞士人總是試著一開始就以別人容易接受的姿態進入議題。而且我認為，包含德國在內的其他國家的人，在尋求共識的做法上都提出各自最大限度的要求條件，但是他們也都知道，最後可能還是無法成功。然後……嗯，是的……也許大家會找到某個共識，但是多數其實並沒有。接著來到表決階段，最後沒有被採納的那一方就會覺得不滿。然而在瑞士，大家會花費很多時間進行討論，過程也許不見得優雅，可是一旦有了決議，所有人都會支持，因為大家都覺得自己參與決策過程。我認為，整體而言，這樣的過程會比較顧慮到人的層面。依我來看，大家也會因此服從最終決議。」

不會吧！我在心裡想著：這樣的過程多費力啊！與其如此小心翼翼地與周遭的人往來運作，不如直接著眼在事件上，不是會變得容易許多嗎？然而，我慢慢理解，為了圓滑的社會而努力並非膽小怕事的行為，而是顯示人性偉大的行動，這種行動當然無法被堅持己見、特立獨行的人所理解。

以下舉出一個常見的情況：當兩個人迎面走向對方時，都試著從對方的肢體語言中讀出誰該讓誰先行，結果兩個人都往同一邊走，可想而知，兩個人都必須停下來。噢，不！還必須向後各退一步……然後相視而笑。雙方都對彼此做出友善的表情，互相請對方先行，直到其中一方決定跨出向前的一步，另一方才慶幸終於有人先走過去了，甚至因此獲得從僵持中被解救出來的歡愉感。

如此沉穩內斂的人，正是因為有沉穩而謙遜的領導才能做為背後支持的力量，方能在事態緊急時成為商議對策的對象，他們在平時只要留意團體的氣氛和方向都在正確的軌道上即可。他們甚至知道清潔人員的難處，也知道對方小孩的名字，還能夠與生產線的員工說同一種語言。他們之所以會這樣做，並不是刻意在下屬面前表現出平易近人的姿態，而是因為發自內心信服，並且願意與眾人一起打造共有的團體，身為團體中的一個小齒輪。

這樣的小齒輪也可以是身為主管的人，而這樣的主管可能會為員工倒咖啡，或更換咖啡機內的濾紙。此外，還會有誰呢？難道這樣的主管沒有其他更重要的事嗎？沒有，他沒有更重要的事，因為他知道就是這些善意能為團體帶來愉快的氣氛。

「無論問題多小，基爾賈德都會和我們討論，然後即時以不複雜的方式著手解決。就算中間可能因為去一下洗手間而中斷，但他讓我們感受到大家是在同一個位階，並不會擺出主管的架式。有時候我反而覺得，是他把我們擺上高台，敬重我們。」曼娣提到關於她的丹麥主管時，滿是愉悅與振奮的神情。

在奧胡斯開設英國餐廳的麥可希望身邊每個人都過得很好，他說：「我每天都在中午十二點左右親自打開餐廳的門，希望能親自和每個員工打招呼，然後為他們準備餐點，這讓我覺得幸福。

前幾天去超市時，剛好看見食物調理機特價，我就訂了二十四台與員工分享，因為我想，這樣一來，員工每天早上也能在家裡喝到美味又健康的果汁了。」

最幸福國家的人如此尊重身邊的人，真是令人感到驚訝，而這種對人的尊重在不同國家都以不同的形式呈現。所以，剛到瑞典時，並沒有人幫我把又大又重的行李箱搬上巴士，是出於對我獨立性格的尊重。例如，我在澳洲曾遇過熱心的人沒有多問，就順著我的姿勢撈起我的行李箱往巴士上放，這樣的行為可能就會讓瑞典人覺得被冒犯。在澳洲，對人的尊重就是伸手幫助身邊的人；而在瑞典，對人的尊重是表現在留給別人需要的空間。

卜恩茨以瑞典人的角度思考後，對此也點頭證實，「的確，瑞典是不會強調『我』這個概念的國家，這樣即使對後面加入這個社會的人來說，也讓人感覺比較自在。」在瑞典，如果你推的購物車撞到前方的人的後腳跟，不會有瑞典人轉身對你說：「哎呀！你注意一點！」瑞典人或許也會轉身，但之後他們的反應卻是：「哦，不好意思，我擋到你的路了，因為我在找東西……」我想，在那種情況下，並沒有人會真的需要去做更多解釋，這樣與人互動是多麼輕鬆自在啊！

在加拿大也是同樣的情況，如果超市裡有很多人等著結帳，突然新開一個收銀櫃檯，也不會發生一群人同時湧入新開櫃檯的情況，而是會自然地讓距離最近的人走過去新開的櫃檯結帳。其實只要在日常生活中多一點禮貌、多一點禮讓，這些並不難。

「和其他人相處，就像是參加一場節慶活動。我們都在試著讓他人笑，就是享受有他人的陪伴而已。」

——傑夫（Jeff），會計師，澳洲墨爾本

「人都該試著去理解他人，並且看到他人好的一面，而不只是批評。」

——亞歷山卓・桑傑士（Alexandro Sanchez），書報攤商販，哥斯大黎加聖荷西

「丹麥人對很多事情都心存感恩。在一個家庭中，感謝有人為全家做了一餐，我們會說：『謝謝你為我們準備豐盛的餐食。』如果和一群朋友度過一個愉快的夜晚，在下次見面時就會說：『謝謝上次的聚會。』這些都是與他人共享的感恩之心。」

——曼雅（Manja），工程師，丹麥阿爾堡

「想像你希望如何被對待，就那樣對待別人。如果你對別人好，也會得到友善的回應。」

——賀曼頌，冰島最大報的員工，冰島雷克雅維克

熱切招呼，融化冰封的氛圍

有時候稍微注意一下周邊批評的語言。如果說到關於不完整的造句，德國人大概會是這方面的世界冠軍吧！比如「美好的一天！」、「請結帳！」、「服務生，三杯啤酒！」不可思議的是，這樣咆哮的說話方式經常充斥在整家餐廳裡。但是，荷蘭人對這種情形就很難忍受，還會認為那是典型的德國人說話方式。

在住家附近的超市中，我最喜歡的收銀員就有不一樣的做法。「你好，可以請你把金融卡遞給我嗎？」、「謝謝你。」、「你有集點嗎？」、「沒有啊！真是太可惜了，那麼我就不能幫你集點了？（笑）」、「祝你有非常美好的一天！」真是太可怕了，不是嗎？這些互動都需要時間呢！而且更多的是我的時間，因為有時候就算她的收銀櫃檯和其他收銀櫃檯相比已經大排長龍，我還是會選擇站在等候被她結帳的隊伍中，因為知道自己可以期待得到親切的寒暄問候。

然而，如果到了哥倫比亞，這麼溫暖親切的寒暄就不只會出現在收銀櫃檯前。我在那裡遇到哈維耶・寇立亞（Javier Coria），並在他經營的餐廳「上高坊八十一號」（Upper Side 81st）用餐。

寇立亞，三十一歲，西班牙人，來自馬德里，他已經在波哥大鬧區經營這家餐館三年了。他對於哥倫比亞文化簡直鍾愛到迷戀的地步，他說：「這裡的人總有好心情，也都精力充沛，還能散播這樣的能量給周圍的人。他們試著不去傷害別人，對於要說出口的話會思慮再三，總是思考著最好的表達方式。他們不說：『喂！給我帳單。』而是會說：『可以請你把帳單送來嗎？』總之，這裡的人就是很有禮貌、很客氣，能夠替人著想，而我認為這就是他們為什麼會感到幸福的原因。」

但是，剛到哥倫比亞時，寇立亞也遇到一些問題，據他描述：「哥倫比亞人就是無法說出『不』這個字，他們會讓很多事情都保持開放未決的狀態，而不是挑明說。好比你問西班牙人：『我們星期五見面討論這一次的工作吧？』西班牙人會直接回答『好』或『不好』，但是哥倫比亞人卻會說：『大概可以吧！日期近了再約一下。』剛開始時這樣的回答經常讓我覺得無所適從。」

蘇黎世的建築師契斯陵，在陽光下愉悅而享受地對著手上的一杯白葡萄酒眨了眨眼，他的妻子正追著滿場跑的兩歲小孩。經過一陣思考後，契斯陵開口說：「嗯……該怎麼樣才能讓德國人感到更幸福呢？也許他們可以再內斂一點，不要總是想把自己放在中心，也不要只想用手肘推擠別人，不要太像軍人……」他說完後似乎覺得不好意思地對我眨了眨眼。其實我不是很確定，到底他是為了自己說出帶有批評意味的話語而感到不安，還是因為看到我腳下一雙迷彩綠橡膠長靴而做出的反應。

7

像海一樣藍，像雪一樣白——芬蘭

幸福關鍵字　享受大自然

芬蘭人會在零下二十五度的低溫中散步、做冰雪浴、玩冰上曲棍球、滑雪競走，或是在健身步道上活動，可能就是因為這樣，芬蘭人的身體狀況普遍都非常健康。夏天時，大家都很開心能看到太陽，然後能在度假小屋附近的湖邊或海邊閒晃一整天，這就是屬於芬蘭人的幸福感。

我收起攝影機，準備今天就此收工！真的感覺要被芬蘭人打敗了！該怎麼採訪一群都不開口說話的人呢？我無助而沮喪地站在赫爾辛基市中心的康比（Kamppi）廣場上，第一次在心裡冒出大問號，疑惑著：這個國家真的是全世界最幸福排名前幾名的國家之一嗎？

來此之前，我當然也知道很多北歐鄰國人拿芬蘭人做文章的笑話，原以為知道這些就足以讓我做好心理準備。那些笑話像是：「有一對芬蘭夫婦某天一起看一部好萊塢影片，電影最後男女主角終於在一起互訴情衷，皆大歡喜的收場。電影剛剛結束，浪漫的氣氛還不遠，妻子就問丈夫：『喂，你能不能再對我告白一次啊？』丈夫回答：『哦，我的告白早在二十年前就說過了，如果發生任何變化的話，我會及時通知妳。』」

當下，我在八月中旬踏上這個對於所有事物只專注在本質上的國家。如果俗諺說「雄辯是銀」，那麼「沉默」的就一定是芬蘭[41]。兩個在劇院咖啡館打工的大學生——亞絲翠（Astrid）和妮佳（Nika），向我解釋這樣的現象，「芬蘭人是真的不知道該怎麼表達感受，可是我覺得這樣的情況慢慢會有所改變，只是芬蘭人不會跑到街上，到處和人說自己有多麼幸福。但是，如果有人主動問起，我想我們還是會回答的。如果熟一點的人大概就會知道，我們其實是很歡樂又很風趣的一群人。」

我全盤接受這樣的說法，因為想不出世界上除了芬蘭以外，還有哪一個國家會有一些特別運動競賽項目，例如：手機擲遠比賽、沼澤足球賽、背妻子賽跑和對罵比賽[42]。妮佳附和道：「我們比較重視私領域，不喜歡太直接表達，所以通常不會在街上閒聊，那樣太引人注目，也太奇怪了。」

感謝她們給我的資訊，關於最後提到不在路上和人閒聊、攀談這一點，我也注意到了。還好我並不是唯一一個被拒絕的人。帶著一點幸災樂禍的心情，我觀察芬蘭電視台的工作人員如何在路上找人接受訪問，結果他們也是無功而返。不久後，我就遇到在午休時間外出的歐立（Oli），他是銀行從業人員，而且願意接受我的訪問，但是他說的內容卻令我感到訝異，「我都告訴自己，幸福比不快樂來得好，就這樣。我覺得幸福，是因為我決定不要讓自己有過多的擔心。」

所以，還是有辦法讓芬蘭人開口說話嘛！「情況會愈來愈好的。」說這句話的是蕾蓓卡・黎貝蔓（Rebecca Libermann），她從一九八三年開始就為不同的電視、廣播及新聞社擔任特派記者，可以說得上是真正的芬蘭專家。透亮的皮膚、深色的髮色，戴著一副黑框眼鏡，配上豐滿的紅唇，個性又十分風趣。

---

41 譯注：本句諺語原來應該是「雄辯是銀，沉默是金。」（Reden ist Silber, Schweigen ist Gold.），作者詼諧改寫，用來強調芬蘭人的沉靜。

42 譯注：芬蘭特有的比賽項目。競賽規則是由兩個對坐的人說罵對方的話，然後由裁判團決定用字遣詞有創意的一方獲勝。

「以前常會有長達五分鐘的中斷時間，就是對話和等待之間，直到也許有另一個想法出現。」黎貝蔓向我說明：「然後好不容易才出現下一句話，通常是：『嗯，我同意妳的說法。』」她說完後就大笑著。對我來說，那是一個全新的體驗，因為通常我的思考速度會比說話的速度還快。對我來說，芬蘭人的惜字如金到現在都還是一個謎，我在想如果不是芬蘭人的思考速度很慢，就是他們的記憶力很好，因為通常過了五分鐘，我早就忘了原先想說的話。但是，當芬蘭人無話可說時，就會真的閉嘴，不再說話。

我有一個芬蘭朋友卡里（Karri），他遊歷過世界上許多不同地方，因此是能言善道的非典型芬蘭人，最近剛剛開設新公司的他和我描述一個情境：「有沒有人對妳說過，芬蘭人可以在非常興高采烈，甚至是興奮到忘我的地步時，仍然面無表情？」「沒有，沒有人跟我說過。」我回答後，卡里接著說：「一般認為，芬蘭人的特殊反應和這裡溫度過低有關。據說在零下二十度的低溫，人的視力就無法完全看清對方臉上的表情反應，同時肢體語言也會受到限制。」

我遇到正在階梯上看書的舞者法伊諾，他對這個部分想了好久後，才回答：「即使對芬蘭人來說，要說我們總是有所保留，或是因為過於害羞靦腆，這樣的論斷還是下得有點太快了。但是，也有可能與我們尊重他人的私領域有關，人人都可以在芬蘭真正享受屬於自己的空間與時間。」在芬蘭，無論是語言、空間或時間上都不會太靠近他人。

如果說到芬蘭人的話太少這一點，似乎很多人都有話要說，卜恩茨也說：「這樣的說法有些正確。如果每次說話前，都仔細考慮什麼是真正想說的、什麼是真正一定要說的，整體而言，就會讓你說出口的話減少許多。所以，這類不了解芬蘭人的瞎扯，大可安心忽略，不必過於認真。如果是芬蘭人自己大概就會說：『沒關係，反正我又沒有什麼損失，而且這樣談話才能很快進入正題啊！』」你也可以試試看，說話前先想一下，然後只說出必要的部分，也許芬蘭式的寧靜就會進駐到你的心靈。

勇於嘗試，全力以赴

我搭巴士前往芬蘭西南海岸的土庫（Turku），那裡曾被定為歐洲文化首都。沿途四個小時車程，一路上整輛巴士內靜默無語，只看到車窗外一棟又一棟紅色木造小屋不斷從眼前飛過。那些紅色小屋都如詩如畫地坐落在蓊鬱的美好綠色之間，不免讓我想到印象派畫家的色塊，還有看起來蓬鬆的雲朵，顏色從淺灰紫到雪白都有，一朵朵高掛在湛藍天空上。所有東西到了這個國家都好像劃清界線，就連雲朵在天空上彷彿也有各自獨立的空間。

在土庫，醫師兼學者的沙卡力・索明能（Sakari Suominen）到投宿的飯店接我，初見他時，他露出靦腆的微笑。他當時正在土庫大學（Universität von Turku）的公共衛生學系進行研究，也是位於瑞典歌特堡的北歐公共衛生學院（Nordic School of Public Health）的兼任教授。索明能的髮色和睫毛都是棕紅色，又曬了一身古銅的健康膚色，穿著藍白條紋水手服樣式的針織上衣。今天稍早他和女友駕駛帆船出海遊玩，然後直接從港口來接我。

索明能的德語說得很流利，他挑選土庫城中一家河上的船形餐廳做為訪談的地點。當我對他提到芬蘭人不喜歡說話的印象時，他也只是微微一笑，然後理解地點頭說：「相較於其他北歐國家的人，芬蘭人都是一群非常沉靜的傢伙。但是，如果妳認識芬蘭人，就會知道他們都是可以信任的，而且時間一久，芬蘭人可以成為妳很親近又可靠的朋友。」

「你認為德國人可以從芬蘭人身上學到什麼？」我詢問索明能。他以出乎我意料之外的速度回答我：「率真和誠懇。芬蘭人說的就是心裡所想的，也許芬蘭人說話有時並不是那麼有禮貌，但他們絕對不是故意的。芬蘭人率直的表達方式，應該值得其他國家學習。如果針對各個細節有疑問的部分，都能開誠布公地整合到處理問題的過程中，而不是被掩蓋，問題就會有較大的機會得到解決。」所以，在這裡就要和裙帶關係說再見囉！我私下有點幸災樂禍地想著。

芬蘭通常在十一月初才降下初雪，但是要到隔年五月，堆積在地上的冰雪才會消失。耶誕時節會有將近十九個小時的漫長黑夜。我在赫爾辛基議會廣場（Senatplatz）上著名的白色主教教堂前遇到倫恩（Lone），她是一個秀氣的金髮女性，育有兩子。

倫恩曾經在其他國家住過幾年，但是現在很高興又回到芬蘭定居，她說：「不少人認為，芬蘭到了冬天應該很鬱悶，因為夜晚的時間太長，其他不是黑夜的時間也鮮少見到陽光。但是，如果妳有孩子就更能享受這個冰雪世界：這裡可以滑雪，還有很多其他冬天雪地才能進行的活動。總之，每個人都必須自行決定自己的幸福。」聽她這麼一說，慢慢扭轉我對芬蘭人的印象了，他們其實並不是那麼冷漠或難以親近，有時候甚至完全相反，我覺得他們只是比較敏感而已。

銀行從業人員歐立對我的想法堅定地點頭說：「芬蘭人完全信任所處的社會，這個社會也很照顧生活在其中的人，我們的經濟結構並未因此冷卻，這或許也是我們感到幸福的原因之一。就我個人而言，芬蘭是適合居住的好國家。」

只說出必要話語的芬蘭式寧靜

那時候我所在的芬蘭正下著雨，天空的顏色灰上加灰，而我在一個小時後就要趕上前往機場的巴士。遊客服務中心的兩位服務人員撐著黃色大傘，還有一樣顯眼的黃色雨衣，上面還印了一個大大的字母「i」，讓我無法對他們視而不見。大男孩名叫艾圖，大女孩則是汐莉（Siiri），兩人都是二十五歲的大學生。

艾圖認同我對芬蘭人的印象，他說：「在芬蘭生活的人有很多機會去探索自己的興趣，或是實現自己的夢想，但是如果做不到，甚至失敗也沒關係，政府會接著照顧妳。」汐莉也同意地說：

「我認為這個環境給了我們很多的機會，是芬蘭人最大的幸福。」

其實芬蘭曾有很動人的歷史，但卻從來沒有想要征服全世界的野心。在歷史上，芬蘭人總是不斷努力地在瑞典和俄羅斯這兩個政權之間求生（第二次世界大戰期間又夾在德國與俄羅斯之間）。據索明能說：「歷史上，我們的國家曾經歷一段艱困時期，也許因此我們才更會想證明，人在真實的生命歷程中可以得到什麼，光說不做是沒用的。」汐莉也說：「芬蘭人很勇敢，不怕嘗試新的事物，而且知道自己想要什麼，然後就會為了想要的目標全力以赴。」

芬蘭的人均專利數量，在世界各國中僅次於日本、德國與美國，尤其高科技領域的專利數量更是遙遙領先各國。即便如此，芬蘭目前正經歷經濟危機，所幸有賴於許多小型的新創企業，還有集中投入像基因產業這類新型技術的發展，芬蘭人藉此努力維持經濟上的正常運作。

讀者已經認識這些新創企業主之一的卡里，他在赫爾辛基的康比廣場上經營租借腳踏車給外來觀光客的生意，並且提供城市導覽服務，他說：「芬蘭人就是倔強不屈服、有決心與毅力，芬蘭語稱這種態度為『sisu』。我們的祖先本來是住在沼澤區的人，現在已經躋身全球高科技發展國家之列。這樣的成就已經足以令人感到幸福，而這樣的幸福感是靠著許多的堅持和毅力才達到今日的成就。」

芬蘭人會在零下二十五度的低溫中散步、做冰雪浴、玩冰上曲棍球、滑雪競走，或是在健身步道上活動，可能就是因為這樣，芬蘭人的身體狀況普遍都非常健康。此外，芬蘭人也很能善用大自然，在大自然中從事運動健身或休閒娛樂活動。「我們和大自然的關係啊……大自然真的會為我們帶來幸福呢！」黎貝蔓說：「夏天時，大家都很開心能看到太陽，還有屬於自己的度假小屋可以去，然後能在度假小屋附近的湖邊或海邊閒晃一整天，這就是屬於芬蘭人的幸福感。」

這就是芬蘭，一如芬蘭人稱呼代表國家的顏色為：「像海一樣藍，像雪一樣白。」

補充元氣，然後輕盈上路

艾圖：「為什麼我會這麼喜歡芬蘭？肯定是因為芬蘭的夏天！雖然很短，但是非常美好。」
汐莉：「是啊！陽光和夏日真的是最美好的。」
艾圖：「或許夜晚會因為陽光而無法入眠。」
汐莉：「但是我也喜歡芬蘭極端的那一部分：冬天的時候雖然長夜漫漫，可是會下雪。我覺得如果一年只有夏天，期間沒有下一點雪，也會滿無聊的。」

——旅客服務中心導覽員，芬蘭赫爾辛基

我和我在冰島的精靈助理畢達絲多緹兒，正在前往雷克雅維克市區的途中。那是一個充滿陽光的星期五中午，公共場所只要有露台的地方都擠滿享受陽光的人，有些角落已經可以看到典型芬蘭週末狂飲的跡象，比如有三位穿著齊整西裝，邀請我們一起喝啤酒的男士。

他們不想上鏡頭。當其中兩位起身離開去拿取續杯的啤酒時，還留在原地的尤翰（Johan）靠過來，像在密謀似的對我說：「妳想知道冰島人幸福的原因？」他像是知道很多祕密一般，將視線看向廣場，接著說：「妳知道嗎？我們知道一些地方是觀光客不知道的。」停頓一下後又說：「很簡單，妳只要騎摩托車兩個小時，隨便到哪裡都好，一定會看到大自然，然後妳就停下來往上爬，接著隨意找一個地方躺下來，小睡片刻也可以，什麼時間也都沒問題，反正天色一直都是亮的。所以，妳也無法知道時間到底有多晚，到了那個時候，時間根本就不重要了。」

「之後妳再繼續往前騎，要騎一個小時以上，感受風從耳邊呼嘯而過的感覺，腦袋放空，什麼也別想，只要傾聽大自然的聲響就好。然後，隨興遇到岔路就騎進去，騎過岩石、越過溪河、騎過瀑布和不斷湧出的泉水。」尤翰又停頓一下，打嗝之後才說：「妳騎車騎到筋疲力盡時，就到一條河邊停下來，脫光衣服，反正除了妳以外也不會有其他人在，接著就跳進河裡，妳可以盡情享受水裡的溫度和水流的脈動。這裡的河水都是溫暖的，妳知道嗎……所以肌肉可以得到放鬆、腦袋可以得到自由。在世界上還有哪裡可以找到這樣的地方？」

我不知道這是不是又是冰島專屬的傳奇故事？但是之後畢達絲多緹兒向我保證，那絕對不是只存在童話中的情景，冰島人就是這麼善用還沒有被破壞的大自然，而且顯然這片大自然幸好還沒有遭到破壞，因為冰島人並未試著征服它。噢！應該說是「馴化」它。就我從飛機上向外看到的景觀，每個最幸福國家從天空往下看時都是那麼不同，如哥倫比亞與哥斯大黎加的大片碧綠色、冰島貧瘠的火山熔岩地形，以及挪威被白雪覆蓋的連綿山脈。每每在班機降落前，都可以感受到大自然的神奇力量。唯獨德國沒有帶來這樣的震撼，從德國天空往下看，迎接我的盡是一塊塊分布排列整齊的農地。

熱愛瑞典的卜恩茨一提到瑞典的大自然，話語也變得詩意，他說：「曾經有一家北歐航空公司的宣傳畫面，就很符合我對瑞典的印象：這個畫面分割成兩部分：一部分是灰色的十一月氛圍，畫面中有一座加油站和一輛停在加油站旁的汽車；另一個畫面中則是有一個人坐在延伸到水面上的木棧道，從那裡望向水面。畫面兩邊分別寫著：『在德國加油』與『在瑞典加油』。光是這樣幾乎就用最精簡的方式呈現出兩國的差異了。」聽他這麼說，我還在想著，或許連同民族性的差異也一併表現出來了。

大部分最幸福國家的人都與大自然有很多連結。我曾經在一個陽光普照的早晨，於蒙特婁街上巧遇兩個孩子的母親莉莉（Lilly），她就告訴我：「加拿大的大自然已經成為文化和歷史的一部分，讓我們有腳踏實地的感受。」定居在德國科隆的丹麥人比爾貝克也表示贊同這樣的說法：「在海岸邊隨處坐下，然後往海面上看去，不用管天氣如何，都能為心靈帶來一份寧靜，能讓我找回純真的自我，腦子裡也不會有雜亂的思緒到處流竄。對我來說，這就像是另一種形式的冥想。另外，也聽過有一種論點表示，住在海岸邊的人通常會比較幸福。」如果這樣算起來，丹麥人住的地方幾乎都不會距離海邊超過六十公里。

「所以，輕易讓天氣左右情緒的人就輸了。」當我和卜恩茨坐在他家的露台時，他笑著這麼說，接著又對當時我們身邊無聲的毛毛細雨，意有所指地說：「這裡不是義大利南部的度假勝地卡布里島（Capri），這裡有很多事情就是以截然不同的方式運作。在這裡，風的味道聞起來都有雨的溼氣，也因此這裡的動物似乎都比較溫順，而這個國家裡的人也有自覺，知道自己只是來這個大自然作客而已。」

另外，也有觀點認為，德國人的情緒較不易受天氣影響，比如二〇一二年版《德國幸福地圖》就曾在總結裡寫到：德國人或許可能會因為雨天而一時心情較差，但是整體而言，面對天氣變化的情緒仍是比較持平穩定的，受到影響的層面較少，所以德國人就少了對天氣的抱怨。那麼下雨怎麼辦？就穿上雨衣吧！下雨不應該是抱怨的理由，又不是膽小鬼！貴婦在雨天就會把高跟鞋收在鞋櫃裡，連化妝也可以省略了，反正都會被雨淋花。當妳面對鏡子看著脂粉未施的自己，此時的妳就像是沒有被破壞的大自然。像我自從搭乘渡輪從丹麥前往瑞典的途中，臉上的妝被途中的浪花清洗殆盡後，就常對鏡中的自己說：「正好，沒有那些脂粉顏色也是可以的嘛！」

「我們在生活中必須面對各式各樣不同的天氣狀況。」說這句話的是雷克雅維克的幸福研究專家谷特孟絲多緹兒，她還說：「比如冰天雪地時，剛好就有冠冕堂皇的理由跳進戶外的溫泉裡，好好享受放鬆的感覺，這對身心健康都很好。」而且根據德國媒體特派員波普的說法，和夏天相比，加拿大人甚至更喜歡冬季，他說：「加拿大人會說夏天也不錯，但冬季是讓人情感更為緊密的季節。加拿大人覺得在冬天可以感受到更多的幸福，因為在那個時節裡，家人之間更有時間相處，還可以盡情玩冰上曲棍球。」

「對喜歡低溫的人來說，這樣的冬季幸福感確實很有意義。他們可以盡情享受、盡情釋放內心純真的愉悅，也可以沿著波羅的海散步，或是在結凍的土地上喝一杯瑞典式香料熱煮葡萄酒，享受回歸大自然的感受，那就是他們感到幸福的時候！」卜恩莰陶醉地說道。

重返大自然的美好

克努特：「麥珂，妳應該走進來看看，然後拍些照片。外面呈現的都是我們的生活。」

瑛格．莉瑟：「她沒有必要這麼做吧！」

克努特：「是沒有必要，但她不是想知道我們為什麼都那麼快樂嗎？我們自己種蔬菜，無論是馬鈴薯、胡蘿蔔、沙拉葉菜類……也自己捕魚，無論是五十公斤、一百公斤或一百五十公斤……全部都從外面捕撈而來的，大部分是鱈魚和鱒魚。到了秋天，就會去打獵。這就是我們在大自然裡的生活，這裡的一切都太美好，無法再更好了！」

瑛格．莉瑟：「我對這裡的生活也覺得很滿意。我們可以在戶外找到內心的寧靜，也可以像動物一樣生活，可以和大自然融為一體，可以做想做的事，也可以睡到自然醒。」

克努特：「啊！已經很晚了！」

瑛格．莉瑟：「只要在這裡，我就有重生的感覺……如果幸福的分數有零到十分，問我會把自己放在哪裡……我會說……嗯，我不知道是不是有人可以感到百分之百的幸福，但是我肯定很接近十分。」

克努特：「那麼我就是十二分！」

——克努特與瑛格．莉瑟，銀髮退休族，挪威克瓦勒島

挪威的帆船運動員哈芬愉快地點頭贊同，說：「我們挪威人真的都是熱愛戶外生活的人。我非常確定很多挪威人不願意離開挪威的原因，就是因為他們只要離開後，肯定會想念在這裡山區的滑雪健行活動，這裡也有很多可以和平共存的大自然。」

而這裡的人除了必須要與大自然和平共存，也都願意這麼做，因為這些大自然為人們找回原本屬於他們的時間與內心的寧靜。瑞典人甚至還在國歌中表達出，大自然對他們有多麼重要，那根本就是對大自然的歌頌：「向你致敬，最親愛的土地；微笑地向你的陽光、天空、青青草地致敬！」當大自然讓人徜徉其中、向世人展現它的美好時，世人也會察覺到自己的存在有多麼渺小，知道自己只是這個巨大整體中的一小部分。

於是，我慚愧地想到自己太少走到戶外、太少走進大自然了，而且不禁有一種錯過什麼的感覺，比如挪威寒冷冬季裡的黑暗；炎熱夏天和積雪厚達幾公尺的冬季，形成強烈反差的加拿大；以及位處地震頻繁、經常噴發的火山群中，卻永無止盡、冰天凍地的冰島；或是令人難以忍受的酷熱，

同時又很乾燥的澳洲。我錯過的還有加拿大會去敲別人後門的熊隻、在雪梨會跳出水面的鯨魚、芬蘭陽光照得明亮的夜晚，或是冰島的閃電。我突然覺得自己距離大自然好遠，即使在住家門外，只距離上千公尺就是波昂市的森林公園。

如果那就算是一座森林，其實這座森林一直都不是我出外走走的選項之一：往左是距離較長而平坦的步道，往右則是距離短但較陡的步道，我寧願膽子放大點往中間的步道走去：聽聽林木碰撞時的聲響、讓樹枝從臉上拂過。有時候，我會和女兒在路邊築起約五十公尺長的小土壩，然後想像著我們好像做了什麼違法的事。那座森林裡被規劃成一般休憩區、烤肉區、充滿挑戰的「冒險小路」，還有一系列教育路牌與禁制路標……

沒有「禁止進入」，只有「盡情享受」

德國還沒有被破壞的大自然在哪裡？再怎麼說德國境內都還有一千一百一十多萬公頃（相當十一萬一千平方公里）的森林面積，幾乎是國土面積的三分之一，而且平均每公頃森林面積可以分給七個德國人使用。根據德國森林保護協會（Schutzgemeinschaft Deutschland Wald）的數據表示，鄰近森林資源豐富的瑞士，則是平均每公頃可分給六個瑞士人，其他如瑞典則是〇・三人與芬蘭的〇・二人。但是，冰島雖然沒有可觀的森林數量，卻仍有很多大自然景觀。

在此必須特別提到，在挪威擔任新聞特派員的葳孔特，我是在她養了豬隻和馬匹的農舍前廣場上訪問她的。當時她一邊撫摸著飼養的貓，一邊說：「挪威的大自然對我們的幸福感至關重要，或許也是因為我們在這裡享受大自然，不會像在德國那樣受到太多的規範約束。」我感興趣的是，葳孔特所說的規範約束是什麼意思？是被規劃出來的森林步道，還是禁止進入的私有土地，或是其他封鎖的區域？「就如同在瑞典、芬蘭或其他國家一樣，在挪威，我們有『人人皆得享有的權利』，所以在大自然中可以去任何想去的地方。」

因此，在這個國家裡，不會出現告示牌上寫著「禁止進入」、「禁止釣魚」、「禁止躺臥」、「請使用洗手間」、「前方森林步道封鎖」。此外，也不會有劃分得整整齊齊的健行步道，頂多只是擺上幾顆鵝卵石做為路徑標示。如果用另一種方式來形容，就會像是：請盡情體驗當一次羅賓漢（Robin Hood）的感受，然後征服這些森林吧！至於當地人是否會毫無顧忌地走過別人家裡的私人花園，對多數到北歐作客的人來說，就是一個難解的祕密。

到北歐作客時，你可以進入湖裡玩水，或是在湖邊釣魚，也可以在森林裡散步或搭帳棚，甚至伸手就可以摸到能吃的東西，即使那是私人財產也可以隨手摘來吃，只要記得不要太靠近住家，對住戶的居住環境保持適當距離，還有記得隨手帶走垃圾。對北歐人來說，他們總是預想別人會善用身為人的理性，因此對人在大自然中的行為並不會設下很多的罰則或規定。不知道讀者是否還記得前面曾提過關於社會群體、自由和責任感的議題？

「德國人應該多接近大自然。」葳孔特一邊說著，一邊又往保溫杯裡倒了一些咖啡，然後接著說：「在年輕時，我經常想要離開挪威，於是到法國生活幾年。但是有一天，我突然意識到在挪威享有的那份清新有多麼難得，無論是新鮮的空氣或乾淨的水，就像在山裡隨手都可以捧起腳邊的水來喝。從那個時候起，我就明白自己離不開這個國家了。」

對大自然有著如此美好的體驗，我在雪梨的海邊遇到，遠在澳洲的駐地特派員布朗玶也有同樣的感受，她說：「最美好的事莫過於和我女兒騎在馬上時，看到海面上有抹香鯨跳起，然後我們一起看向海。那是一種難以形容的美好體驗，而在這裡就可以體驗到，一次又一次！這些來自於大自然的體驗，就是能讓我感到幸福的原因。」

同樣能從大自然中感受幸福的還有加拿大人，就像我在煙灰瀰漫的停車場偶遇，並且接受訪問的喬治．麥斯特（George Master）就證實說：「我覺得加拿大人是真的很幸福，而且是非常幸福，因為我們與大自然有緊密的連結。生活的土地上也正好有豐富的天然資源，比如妳現在人在布蘭登，但是只要一個小時就可以完全置身於荒野之中。在這裡的大自然裡，每個人有很多機會去做自己想做的活動。又比如我就住在距離這裡十五分鐘車程的湖邊，我常看到刺蝟、熊，偶爾也會聽見豺狼的叫聲。我總覺得，和大自然的連結可以把人帶往幸福的方向、讓人距離幸福更近一點。」

我在加拿大、澳洲、芬蘭和瑞典這些國家，都經歷過車子行駛在看不到盡頭的路上，就算已經開了一個多鐘頭，還是見不到路過的人，也沒見過路邊有住家，那是多麼清靜又美好的孤獨感受。我在旅途中常想到，德國的人口很多，隨處都可以看見住家。因此，對於居住在人口密集地區的我們來說，要得到一份寧靜和享受大自然的體驗，就要多花費一番功夫。

我在瑞典遇到三十一歲的大學生倪爾斯（Nils），當時他正推著嬰兒車，和兒子在歌特堡市街上散步。倪爾斯也這麼認為，他說：「德國人應該讓大自然有更多休養生息的機會，他們不該建造太多房子和修築太多的道路。」什麼？他說什麼！不讓公民自由通行？不過，我在這段時間以來，也覺得自己更享受在大自然中暢行無阻的感覺了！

我在瑞士認識的柏林人史黛菲也愉快地表示：「嗯！我想瑞士人之所以會那麼幸福，和大自然有關。到處可見的山群，就像是療癒心靈的萬靈藥。瑞士是一個小國家，也沒有那麼多的人，不會住得太過密集。和德國相比，住在瑞士的人就擁有更多的空間和自由。」

這就是解決方案嗎？重返大自然？聽起來是那麼平凡又像是陳腔濫調般的空泛。即使比起那些最幸福國家中的大自然，在德國的大自然被規劃得完美一點、被開發得多了一些？當然。德國人又怎麼會輕易放棄在任何地方發揮完美主義？好吧！只要能多往戶外走走，感受氣候變化就夠了，包含天氣不好的時候。請你跑過泥濘地，然後感受雨滴，或是有時把你想要入住的「全包式」五星級飯店，像挪威人那樣改成「全不包」的無星小屋，嘗試過幾天沒水沒電的生活，可能也是不錯的想法？

幾個星期來，我在家裡的衣帽間掛了兩件黃色的羽絨外套，尺寸分別是三十六與一百四十。門前也有兩雙黃色和綠色的橡膠靴。看來我們已經為了要在正確的季節走進真正的大自然，準備好適合的裝備。

8

完美，無須百分之百——加拿大

幸福關鍵字　隨興所至

歡迎來到加拿大，解放你的心靈吧！跟隨你的熱情、夢想和天分，好好把握人生，然後你就會成功，就能生活得充實富足。你將意會到，所謂成功就是做最好的自己，不必在意那麼做是否會對銀行帳戶的數字增長有所助益。

十月一日星期日，上午九點。我踏出在蒙特婁老城區投宿的旅店，那家旅店雖然便宜，但是還算不錯。我把攝影機、麥克風支架扛在一邊的肩上，麥克風的收音線則掛在另一邊。有一點陽光，氣溫是舒適的二十三度，還有溫暖的風拂過鼻尖。難得遇上好天氣，可是卻覺得有些遺憾，因為……以為這個時節的氣溫大約在十三度上下的我，腳上還穿著在澳洲買到絨毛墊裡的保暖靴，但蒙特婁似乎是以它在這個時節最熱情的溫度歡迎我，讓我覺得自己的雙腳像是在鍋裡被蒸煮一樣。

然而，畢竟是十月了，空氣中還是有著些許秋天的氣息，迎面而來的風偶爾有些冷冽，樹上的葉子也豐富地換上各種不同的橘紅色系。街上很寂靜，畢竟是星期天的早晨，看來不是可以遇到人採訪的好時機。但我還是信心滿滿，轉進蒙特婁老城區裡的一個優雅住宅區。有趣的是，這個住宅區裡多數的房子，都是用灰色石灰岩鋪砌的，而且都裝飾華麗，從前院到第一個樓層之間的階梯都是採用鍛鐵材質做的雕花欄柱。

其中一家的階梯上坐了一位年紀約四十五歲的男性，穿著低腰的寬鬆工作褲和洗了有點褪色的藍色T恤，身旁還有一隻金毛的狗正盡情享受晨間陽光。「打擾了，你好。我叫麥珂。」我低聲地向階梯上喊道：「我來自德國，想來這裡了解加拿大人感到幸福的原因。」

十分鐘後，我已經拿著超大的綠色牛奶咖啡杯，站在剛才遇到男人家中的頂樓露台上。他就是讓——賽巴斯堤昂，獨立經營行銷顧問事務所。在我組裝攝影設備時，我們一邊聊了關於他對德國人的看法，我在他的眼中看到崇敬的眼神，他說：「德國人推崇紀律，這沒有問題，而且還能在其中找到幸福的理由，所以更沒有關係。只要講求紀律能讓你們感到幸福，就嚴守紀律。從這一點上，我們確實從德國人身上學到很多。看看德國人製造的汽車和藝術發展，就是很注重細節。」

讓—賽巴斯堤昂滿是熱情地講述：「但有時候還是想要對你們說：『放輕鬆！』有時候沒有全力以赴也沒關係。但是，我這麼說的意思也不是要德國人就此怠惰，而是希望你們能更人性化一點。」說到這裡，他露出充滿歉意的笑容，接著說：「這也算不上建議啦！只是我的一點想法。畢竟我是誰，又怎麼能輕易給德國人建議呢？」

上述是一個加拿大人的說法，已經完全足夠了，讓我們看到完全不同的生活觀。在一家規模不大的自助洗衣店裡，我遇到坐在裡面的理查．史東（Richard Stone），當時他正在看報紙，他後來告訴我，他在每個星期日都會送衣物來清洗，然後在等待的空檔看報紙，今天也不例外。

史東住在蒙特婁已經四十一年了，職業是水電工，他說：「我們在加拿大會感到幸福，是因為懂得找娛樂消遣，讓自己過得開心。不會把太多的重心放在工作或金錢上，而是重視那些能讓生活愉快的事物，比如美食、好酒、騎腳踏車兜風。我們不會花太多心思去想，要怎麼樣才能擁有更多物質上的東西，因為如果你擁有很多，也會需要更多的空間去擺放，這樣一來，就會陷入有牽掛的不良循環。」史東輕鬆地聳肩說。

於是，我問史東覺得自己幸福嗎？他說：「我當然幸福，因為這個世界就是美好的所在！」

史東說完，意會地對我笑一笑。他穿著黑色寬鬆的T恤，臉上有著棕灰色、俐落的兩撇鬍子。我幾乎可以想像，等一下他在走出洗衣店前會突然拿出一頂西部牛仔帽，還擺到胸前致意道別，然後出門騎馬揚長而去的畫面，如果真是那樣，我一點也不覺得奇怪。

我想知道是不是加拿大人總是能那麼輕鬆地面對生活，於是隔天早上我將目的地設定在蒙特婁的商店街。不久就在聖凱特琳路（Rue Sainte-Catherine）上遇到寇瓦尼（Kodwhani），他是有色人種的加拿大人，穿著深色西裝，臉上掛著大大的笑容，燦爛的笑容就好像可以從這一邊的耳朵延伸到另一邊耳朵般的醒目。寇瓦尼告訴我：「今天的天氣真好！這裡的人也都很好。基本上，在這裡的一切都好極了，所以自然就會感到幸福。」

生活不需要太複雜，就能向幸福靠近

對於把生活視為各種瑣事的濃縮，加拿大人似乎很擅長。不要把目標訂得遙不可及，不要讓生活太過複雜，就只是善意地向幸福靠近。對於住在加拿大多年的德國人波普來說，這樣的加拿大人雖然有時候也會挑起他的神經，但也認為加拿大人就是少了德國人的吵架技巧。

「以前我曾經參與包含加拿大、阿拉斯加或世界上其他地方，無數的影片和廣播節目製作，而現在我限縮只為一家電台的網路論壇，還有在自己的部落格寫東西，在其他時間就順應天意，當一個好人囉！」在他答應接受採訪後，他先在通聯中寫了這些話，而現在的他就像文字敘述的那樣，一派輕鬆地坐在我的面前。

這是一個生於一九四九年的男性，摻雜一點灰的髮色，戴著一副圓框的牛角眼鏡，有著豐厚的嘴唇，非常平易近人，除了個子很高以外，還十分健談，完全就是外人想像的媒體特派員形象。他說：「在德國，什麼都可能被當作吵架的題材，而且愈嚴重、愈有爭議性的，當晚節目中的話題就愈熱絡、有趣，我覺得那真的是太棒了！」波普鐃有興致地說：「但是加拿大人就很厭惡衝突，而且我認為加拿大人覺得幸福的部分原因與此有關，因為他們確實都不擅長和人吵架。相較於德國，這裡真是平靜又和樂許多的世界。」

和諧的氛圍與顧慮別人的感受，以及和善的氣氛，還有避免衝突都有所關聯。雖然波普覺得這樣很可惜，但是卻覺得這樣很輕鬆，因為這樣一來，周圍就不再只是大聲疾呼個人意見，但實際上只是想要表現自己的人。加拿大人對人總是很和氣，以禮自持，也不爭先恐後，如果不小心搶了別人的路，還會主動道歉。

由於宗教和文化的差異，為了彼此溝通時能減少衝突，就產生溫和往來的必要性。因為加拿大最初的民族性由來自不同的國家，如英國與法國的移民融合而成，並且從一九七〇年代起，也加入不少來自中東及其他亞洲國家的移民。基本上，初來乍到這片土地上的人對這個國家都是陌生的，就像其他先來的人一樣，因此加拿大人對於來到這片土地的人，都會張開雙臂表示歡迎。

「第一批先驅雙手空空地來，然後把這個國土面積有德國四十倍大的國家打造成全球最富有的國家之一，之後這裡的人就有了可以克服所有困難的信心。好吧！就算我今天也許過得不是很好，甚至沒有工作，帳戶也沒有一毛錢，都沒關係，一切都會再好轉，這就是奮鬥者的本性。然後看看現在的加拿大，就會覺得他們的決定是對的，因為如今的他們都過得很好。」波普說。

安心掌握自己的生命，做自己想做的事

隔天，我搭機前往曼尼托巴省（Manitoba）的溫尼伯，再從溫尼伯出發前往在蒙特婁西北方兩千多公里外的布蘭登，因為第三章中提過的幸福專家米卡羅斯就住在那裡。早上六點，我就拎著簡單的三明治和咖啡，開著借來的車，踏上預計需要三個小時的路程前往布蘭登。從溫尼伯通往布蘭登的道路十分筆直，我只要在同一條路上一直開。左邊是一片原野，右邊也是一片荒原，一路上沒有遇到加油站，也鮮少看到其他的房舍。

不久後，我在一家餐廳遇到葳綺（Vicky），她是一個年近五旬的舞者，有著一頭紅髮、白皙的皮膚和水藍色的眼珠。當天她正在那家餐廳排演，她告訴我：「真的！加拿大就是有足夠的地方可以讓人感到放鬆。因為地方夠大，讓我們在生命中遇到不如意時，都有地方可以去，能夠暫時脫離當下的環境，去尋找冷靜和反應。」加拿大的面積接近一千萬平方公里，幾乎和整個歐洲

一樣大，但是人口卻只有三千五百萬人，而歐洲的人口卻有七億四千兩百萬人，加拿大是全球人口密度最低的國家之一。

接著，在那家餐廳充滿灰塵的停車場上，我又遇到麥斯特。麥斯特任教於布蘭登大學（Brandon University），當時他正一派輕鬆地靠在休旅車敞開的後車廂邊。麥斯特穿著黑紅格紋襯衫，戴著一副太陽眼鏡，鬍子像是有三天沒刮。他的朋友奎瑞克（Crake）則靠坐在後車廂上，他是全職藝術家，目前住在珍珠島（Pearl Island）這座只有二十戶人家的小島。

我向他們請教加拿大人幸福的理由，兩個人之中比較安靜的奎瑞克思考許久後才回答：「我認為加拿大人幸福的原因是，可以找到自己活動的空間。他們覺得可以掌握自己的生命，這樣就足以感到安心，而且可以做他們想做的事，也可以決定什麼時候要和什麼人打交道。」與人的連結及個人自主是幸福循環的不滅定理，看來這個幸福循環隨處可見。

「妳餓了嗎？」波普打斷我的思緒，詢問我。噢！我是餓了，而且我還滿常餓肚子的，因為在這趟旅行中，我常因為聽到有趣的故事而忘了吃飯。「我帶妳到『沙嗲兄弟的店』（Sathay Brothers）去吃亞洲泰式街頭料理吧！」那是他的老朋友亞歷斯（Alex）和兄弟一起開的餐館，到了現場看起來更像是酒吧，座位是棕色長椅，天花板罩著一大片白色帆布……料理看起來並不是太精緻，不過其實也不是那麼有必要。我不得不提醒自己：麥珂，這是在加拿大耶！

當我們排隊點餐時，波普低聲對我說：「他的人生經歷是很典型的加拿大人呢！大學企管系畢業，畢業後過了兩年的白領生活就覺得受夠了，覺得自己還是比較擅長煮食，所以就開了這家街邊的小餐館，生意很好，隨時都擠滿人潮，味道真的很不錯！」味道是不錯，而且很辣！辣得我必須再加點一杯水來喝。

之後波普就把他在網路上的部落格寄給我看，上面寫了很多人的故事，而那些人都隨心所欲地過日子，做著他們想做的事。其中，有一位李希特（Richter）申請提早退休，然後在冬天替人除雪；或是成功的軟體開發商現在專職除草和游泳池維護；還有以前是大學講師，現在簡直就是萬事通，而且顯然在做杏仁泥蛋糕上贏得的掌聲比他的博士頭銜還多！

歡迎來到加拿大，解放你的心靈吧！跟隨你的熱情、夢想和天分，好好把握人生，然後你就會成功，就能生活得充實富足。你將意會到，所謂成功就是做最好的自己，不必在意那麼做是否會對銀行帳戶上的數字增長有所助益。

「這就是典型的加拿大人。」在停車場遇到的麥斯特這麼說：「加拿大人就是會花時間去實現自己的理想。妳來到加拿大，然後現在停在布蘭登，逢人問說：『喂！可以和你談談關於幸福嗎？』妳覺得那些人會怎麼回答呢？大概是『當然可以，樂意之至！』然後，如果我有什麼想對德國人說的，應該就是不要凡事都講求紀律，人生還有很多其他的事可以做！隨興一點！」

完美，不需要百分之百

幸福，不用每件事都要做到百分之百的完美。夠好就可以了。

——羅柏，醫生，澳洲雪梨

布蘭登。時間算得剛剛好，心情有點激動，我轉進第十三街的四百六十三號，因為我等一下要見面的並不是輕量級的人物。米卡羅斯是北不列顛哥倫比亞大學（University of Northern British Columbia, UNBC）政治系的退休教授，曾出版二十四本書，發表過一百篇以上的學術論文，也是六份學術期刊的共同創辦人，還是聯合國教科文組織（UNESCO）自然、社會與人文科學理事會的加拿大代表團主席，以及其他多個國際間聲譽頗高的協會理事長。他主編的《生活品質及身心健康研究百科》（*Enzyklopädiezur Erforschung der Lebensqualität und des Wohlbefindens*）在不久前才剛發行，這套百科全書總共有十二大冊，堆疊起來的高度都快要到我的腰了。

米卡羅斯那麼活躍，讓我不得不懷疑：這個人到底還有沒有睡覺的時間？

走到門前，我還快速整理一下今天穿著的深藍色絨布裙、拉了拉藍色襯衫，又聞了聞頭髮，確認沒有不該有的怪味……接著就看到米卡羅斯已經帶著得體的微笑站在門內，讓我不由自主地感覺到他的體貼，我還發現這又是一個穿著格紋襯衫的幸福教授。中等身高、偏瘦、坐七望八的年紀、長臉、金屬框眼鏡、混雜著灰白色頭髮俐落地往後梳。

「嗨！我是米卡羅斯。」這一聲招呼沉穩又中氣十足，完全出乎我的意料。然而，生活就是這麼簡單。房子很大，入口處甚至還有兩根大柱子。米卡羅斯對此幾乎是帶著抱歉的口吻說：「我太太黛博拉（Deborah）是布蘭登大學的校長，這是大學分配的校長官舍。嗯……妳喝咖啡嗎？」「嗯！好啊！謝謝。」在米卡羅斯去幫我拿咖啡的同時，有一個個子不高而纖細，又帶了一點氣勢的女性探頭看向我所在的客廳，簡單打招呼後很快離開了。「剛才那是我的太太。」米卡羅斯又笑著補充說：「她是女權分子。」而且據他之後告訴我，黛博拉還是他一生的摯愛。

米卡羅斯允許我在客廳攝影記錄。客廳的白色落地格子窗前擺了一套看起來很舒適的皮沙發，我請米卡羅斯坐在沙發上，為了掌鏡，我只能採取滑雪出發的姿勢半蹲在鏡頭後方，這讓多禮的主人感到不自在，所以直到為我找來舒適的小凳子，他才能安心接受訪問。

米卡羅斯並不是那麼喜歡這個概念被稱為「幸福研究」，他說：「幸福研究只對單一個體有益，但是對全人類而言，要生活得好其實還存在對正義的需求。」

那與人在生活中是否幸福，或是否過得好有什麼關係呢？為了解答這個問題，米卡羅斯幾年來深入研究人類對生命的期望，更精確地說，是研究我們所擁有的與想要的之間的差距，或是研究我們擁有與所想的，或是實際得到之間的差距，甚至是我們五年前所想和當前所擁有的差距。

「整體而言，有兩個較大的差異：其一是人所擁有的和想要的。對人們來說，能否得到想要的東西，在任何時候都很重要……」米卡羅斯微笑地補充說：「而第二個關鍵差異則是，人們拿自己擁有的和別人做比較，通常是和他所在的群體內部做比較，比如鄰居。」

說到這裡，我們的對話被地毯工人的招呼聲中斷，原來米卡羅斯和黛博拉還有一棟房子，最近他們想要轉售那棟房子，所以正在進行整修工程。短暫討論後，臨時決定我就和他們去工地看看。在前往工地的路上，米卡羅斯在車上繼續說：「但是我認為，問題應該更為複雜。」因此，米卡羅斯也將社會支持程度納入研究範圍。你有關心你的人嗎？在你遇到困難時，有人會站在你這一邊，給你支持的力量嗎？「這非常重要，」米卡羅斯嚴肅地說：「而這種支持也包含所處的群體。如果你在好的群體裡生活，要成為好人就會容易許多。」說完，他露出調皮的笑容。

就算摘不了星星，也要踮著腳努力

米卡羅斯說的這段話，讓我直到獨自在布蘭登的一家餐廳裡喝咖啡時，還在不斷回想著，然後也想到在澳洲街頭一家咖啡館遇到的凱特（Kate），以及和她的對話內容。當時一頭白髮，身穿牛仔褲配白色T恤的凱特，正和她的丈夫坐在綠色沙發上，享受著雪梨的陽光。凱特的丈夫做著伸懶腰的動作時，她平靜地說：「我現在擁有的就是我想要的，我很健康、有舒適的房子住、有一個好丈夫，也有足夠的錢過生活，所以我覺得自己真的稱得上幸福，也沒有什麼好要求的。」就之後我從米卡羅斯那裡聽到的，如果說要擁有幸福的人生，顯然凱特都做對了：她有很好的社交圈、對所擁有的感到滿意，而且不與他人做比較。

不做過多的要求，多好！多輕鬆！這表示可以輕鬆躺著，然後什麼都不做嗎？這個問題的答案，我是從在雪梨一座公園裡遇到的寶琳娜（Pauline）那裡聽到的。寶琳娜現年七十三歲，臉部輪廓十分柔和，有一頭銀灰色頭髮。她帶著深思的眼神說：「我喜歡澳洲的生活方式，這裡的生活不會太認真計較。我的意思是說，我們也有認真的時候，也很注重工作道德，但是也喜歡輕鬆的生活。」也就是對寶琳娜來說，生活的良好基礎就是知足與從簡。

「什麼能讓妳覺得幸福？」我問了露依莎（Louise）。我在雪梨的邦地白沙灘（Bomdi-Beach）遇到她，當時同行的還有她的丈夫和兩歲大的兒子。露依莎說：「我很幸福，因為我覺得自己很幸運，生命中該有的都有了，無論是健康、美食、支持我的社交網絡，還有很棒的家庭，先生很好，兒子也很棒，這些就是能讓我幸福的東西，我也因此每天都覺得很感恩。要數算主賜予的恩典啊！因為無論發生什麼事，現在生命中擁有的基礎就足以支持我通往幸福了。」我不確定這麼說是否正確？擁有生命中的基礎，就足以達到幸福人生？嗯，我還有其他願望，而且還不少……

帶著這個想法的我，在幾個星期後遇到熙薇（Silvie），她大約五十歲吧！在盧森堡當銷售員。

那天突然下起大雨，於是我就近鑽到義消停駐的帳棚下躲雨，熙薇也是同樣的情形，我們就在那裡相遇。熙薇說：「對我來說，在森林裡散步或者到處旅行都能讓我感到幸福，像是上個星期我就去了一趟柏林。只要小小的事物就能讓我感到幸福，不需要花費很多金錢。所以，我覺得只要德國人不要老想著要去做摘星星這類人類做不到的事，就能更幸福了。」

但是，如果人只有那麼一次想要摘星星呢？如果這只是一個簡單的想法，這個想法該如何與自由、個人自主，以及偉大的願望結合在一起呢？很簡單，只要你能感覺到腳還踏在地面上，只要你的腳沒有離地，都還可以懷抱著摘星星的夢想。最終，我們能做的就是要為了能看到事情單純的那一面，並且理解它時感到滿足。我們還是腳踏實地，然後同時把手伸向天空努力著。

「但是我仍舊認為，簡樸而要求較少的生活，無論在身體或心靈層面都會對人比較好。」我想，愛因斯坦（Albert Einstein）也這麼認為吧！讓自己為最簡單的事物感到滿足，並不是最終目的，而是起點，而且是在生活各層面的堅實基礎。對露依莎來說也是如此，她說：「過去幾個月來，我一直接受訓練，目標是在四十八個小時內跑完一百公里，為了良善的目的。」雖然露依莎當時戴著大大的太陽眼鏡，但是我仍然可以感覺到她的微笑。「三天前，我成功參加那個活動。為自己訂下一個目標，然後努力完成，那種感覺真的很棒！」

未達目標，世界也不會因此崩垮

如果知道自己現在已經做得很好了，大可毫無壓力地邁向未來。「要專注在所擁有的，而不要看著沒有的。」我在挪威北部特羅姆梭濱海沙灘上遇到的琳達，一邊輕撫著女兒的金髮，一邊這麼對我說。海鷗在天上盤旋鳴叫，而空氣很清爽，背後還有連綿的山群……這樣就夠了，這樣就足以令人感到幸福。於是，我讓自己休息一下，待在那裡享受那片壯麗的景色。

如果你向心靈深處探索和檢視，就會知道如果一次沒有達到目標，世界並不會因此崩垮。鄰居的房子比你家還大，你也不在乎。對於職場上爭相往上爬的同事，你也只是客氣地讓到一旁，方便他們過去。

在盧森堡擔任公務員的威爾納（Werner）以他的方式解讀道：「那是很多人的問題，在德國也是，人們總是看著別人有的，然後覺得別人擁有的都比自己有的來得好，而忘了衡量本身的狀況。我在自己的生活裡感到很幸福，我知道有很多人過得比我不好。」如果我擁有的少一點，又會有什麼嚴重的後果呢？為什麼我要忌妒別人？其實我已經有了需要的一切，不是嗎？我有房子可以遮風避雨、有全世界最好的女兒，也有一直支持我的父母，還有很多真的很好的朋友。

想要對簡單生活保持認知的人，還需要有強大的心臟。不只是因為周圍的人可能會有不同的想法，而且形象巨大的事物本來就會比不起眼的微小事物更容易引人注意。另外，還有到處可見的廣告宣傳，都無時無刻戴著善意的面具，提醒我們還缺少什麼。

在挪威穿著橡膠長靴的幸福專家維達索說到這個部分時，有點動氣地說：「廣告宣傳總是傳遞一種訊息，告訴我們現在這樣不夠好。所以，人們總是無法覺得滿足，因為沒有最新款的智慧型手機，或是沒有最新一季的名牌服飾。那些廣告宣傳不斷提醒路過的人：想要幸福，就要去買那些東西，而這些訊息正好不是我們需要的。」那些廣告告訴路過的人，只有當人們購買那些東西時，才能成為真正的主角。所以，人們就會更努力地讓自己有能力購買那些並不需要的東西。

請你用另一種角度來看，「需求愈少，人就可以愈自由。」這是康德（Immanuel Kant）寫過的句子。所以，人的物質欲望愈少，就會有愈多的自主權來實現自我。驅動人類前進的，不應該是擁有更多物質上的東西，而是不斷地自我提升。至於所有額外得到的，都要把它當作值得感謝的禮物，沒有的話也不必刻意強求。然後你就會知道，可以將期望值再降低一些，請你練習謙遜。蒙特婁高級飯店擔任門房的艾利山大是這麼詮釋的：「過簡單的生活！然後去愛！只要生活得簡單一點，所有的事情就會圍著它轉。如果生活太複雜，人就會不快樂、不幸福。不要期望太多，就不會有太大的失望。」

記得自己擁有的一切

「什麼是幸福？就是專注在生活中簡單的小事情上。」

——艾爾楠多．特利安那（Hernando Triana），建築系教授，哥倫比亞波哥大

「很多人的生活很匆忙，但我總是讓自己的生活簡單一點，這樣就會讓我感覺幸福。」

——凱特，為身障兒童工作，澳洲雪梨

「生活簡單過就好，我認為這是最重要的。人們經常想得太複雜了，煩惱就由此而生。」

——葳拉（Verra），銷售員，加拿大蒙特婁

「生活不必太複雜，只要隨著心裡所想地過生活，做自己有興趣的事就好。」

——丹尼（Daniel），非營利組織工作人員，丹麥奥胡斯

我們經常忘了已經擁有的，因此錯過很多的小確幸，有時只是因為對生活中的微小事物不感興趣，因為我們有偉大的願望、重要的目標、了不起的夢想，甚至覺得枝微末節的小事只是干擾而已，

於是躁進處世。對最幸福國家的人來說，這樣的做法不僅沒有意義，還很危險。因為一旦腳離地，不只會站不穩，還會失去做為基礎的根基。所以，最幸福國家的人不斷尋求簡樸的生活方式，比如芬蘭人鑿冰洞釣魚，或是像瑞典人一樣腳踩釘鞋踏雪步行幾公里，或是像澳洲人常說的「帶你自己的酒瓶來」，參加街坊鄰居的聚會時，會帶上自備的酒水與大家分享，或是像瑞士人一樣調整自己的速度，以免錯過值得注意的好風景。每個人都有自我節制的方式，以便讓自己隨時知道，事實上有很多東西在生活中並沒有那麼必要。

這麼一來，就能解釋為什麼在聖荷西市中心一個交通頻繁的十字路口上，販賣水果的安東尼奧（Antonio）也會覺得幸福了。他對我的問題笑了笑，然後伸手把頭上戴著印有「義大利」字樣的棒球帽扶正。他說，能為生活中的小事感到高興，簡單過日子是他讓自己感到幸福的方式。提到德國人，他表示：「願我的德國兄弟們能做他們想做的事，也能吃到他們喜歡吃的東西。如果有豆子燉飯可以吃，就該感到滿足；如果燉飯裡的豆子少了，更要覺得幸福。千萬不要脫口說出：『我今天過得不好。』而是要說：『感謝嶄新的一天！』無論如何，總是有一些好事能豐富我們的生活。」

露依莎望向雪梨的海灣許久後，才開口說：「為什麼澳洲人這麼幸福？這麼說來或許有一點陳腔濫調，但是說真的，我覺得是因為澳洲人都重視生活中的小事，比如說出太陽的日子，剛好放自己一天假，就像今天一樣，或是有好友作伴，或是享用美味的一餐，還有家人。我不清楚這是不是和世界上其他地方不同，但我認為這應該不是澳洲文化獨有的特色……」

確實聽起來並不特別，至少對遠在一萬五千六百多公里外，住在斯德哥爾摩的愛倫（Ellen）來說，可以確定露依莎所說的並不是澳洲特有的文化現象。愛倫是開朗、年輕的金髮女郎，那天她穿著黑色皮外套。在被問到幸福的理由時，愛倫舉起手、掰著手指數著，先把那件皮外套算在內，接著邊數邊說：「我的家庭和樂、有屋子可以住、不愁吃、有好工作，也有參加教育訓練的機會……」她又舉起另一隻手數著：「還有朋友、我長得不錯……但是也很有趣，妳知道嗎？我好像真的沒有可以抱怨的事，我真是一個幸福的人。」

加拿大的幸福專家和部落客波普對此也加以說明：「整體而言，應該說很多人對生活的要求和加拿大人不一樣。而我認為加拿大人已經找到對幸福的定義。比如說在街上找一個沒有固定工作的人閒聊，妳會發現這個人雖然工作不固定，但還是充滿幸福的能量，因為這些人可能在家庭中或是朋友圈裡，甚至是自己的興趣中或運動裡找到幸福的理由。這些理由都足以平衡生命中的不如意。幸福是什麼？對我來說，如果能在週六晚上和幾個朋友相聚，也許只是隨意吃一點什麼、喝一點小酒……」

德國人的幸福感會不會有可能就敗在對事情太過追求完美？因為生活好是不夠的，他們要的是完美的生活！如果我們看他們認為的理想形象，這個說法似乎成立，因為讓他們感到得意的事情不外乎：成功的子孫有了自己的房子、最新款的汽車、照顧得很好的草皮。所以，這些人在進入五十歲前，如果突然對人生的意義感到疑惑，也不用覺得太意外。一個人的理想形象如果夠完美，就不應該造成束縛，形成束縛的原因往往是這個人的理想形象有某些部分被破壞了，就好像因為一個小小的斑點，卻讓整幅畫開始展現生機。

蒙特婁的讓—賽巴斯提昂因為面向陽光站著，而瞇著眼睛說：「我不確定我們是否需要很多的幸福，而且幸福的分量有大有小，無論大小也都要在它們降臨時有辦法掌握才行。但是，只要每天都能發現一些幸福，生活就很美好了，就是這樣！」從一個小斑點開始，只要完成這幅畫就是你人生中獨一無二的創作。

即使是生命中不完美的部分也有美感存在。我在雪梨遇到英國醫生羅柏和他的好友唐恩（Don），羅柏就認為：「幸福並不意謂著有很多的朋友或擁有很多東西，但我認為還是要擁有夠用的，比如有夠用的錢，讓你可以去做想做的事，或是有一份可以讓你成長的工作，還有與人的情感交流、有朋友……而這些我都有了，我已經有了圓滿的生活。」當我還在思考他說的話，再抬頭看時，嘻嘻哈哈的兩人已經消失在眼前。是啊！只要擁有夠用的，就足以構築圓滿的人生。

站在面向陽光的地方

為了看到生活中簡單的本質，就必須先辨別哪些是生命中多餘的事物。以我為例，在離開哥斯大黎加的十平方公尺屋舍，回到家鄉時，迎接我的是裝潢得很好的五房老公寓住處，而且是在城裡最好的地段，讓我不得不有點慚愧地碎念道：「麥珂，妳不覺得這麼住有點太過分了嗎？」於是，我做了一番整理，將不少東西送人，或是搬到地下室儲藏室收好，等待夏天跳蚤市場開始後再拿去賣，然後把第五個房間出租。採取這些行動的過程中，我一點也不覺得後悔，也沒有任何懷念與不捨，只是覺得自己獲得勝利，因為我有了更大的空間活動、心靈上也更自由，還因此與人有了更多的連結。

諸如此類，每個人都可以找到自己的方式，重新評估生活。如果眼前總是有很大的欲望擋住視線，又如何能發現生命中微小事物裡的單純本質呢？說到這裡，就讓我想到在盧森堡遇見，同在銀行任職的路克（Luc）和伊莎貝兒（Isabelle）這對夫婦，他們會主動將較大的物質欲望排除在生活之外。當時路克搔了搔後腦勺，說：「我的方式就是讓自己擺脫那些物質的誘惑，這樣一來，生命中就會有更多發展藝術創作的餘裕，也有更多時間與人相處，進行情感交流，我們也給孩子們機會去體驗這些。」他說完後就把伊莎貝兒拉向自己，用充滿愛意的眼神看著她。

在阿爾堡的基爾賈德也認同說：「我想要什麼？又想要多少？我的回答是：現在我所擁有的已經足夠，不需要更多了。人們當然可以要求更多，但是這樣不斷地索求，真的會比較幸福嗎？我不相信。人們應該要為自己的人生找到目標。但同樣重要的還有要隨時傾聽內心的聲音，常問自己：我過得好嗎？」

你過得好嗎？今天你已經思考過，為了幸福生活，真正需要的是什麼嗎？

你既不需要刻意「簡化」生活、清理書桌，或整理財務狀況，更不需要刻意梳理與他人的關係。如果你在意生活中基本的小事，生命自然會為你浮現出相符的條理，因為你對生命中重視事情的優先順序也已經同步調整順位。一時之間，一定會有一些事情突然變得不再那麼重要，還會有其他人進入你的生活，比如我將多出的房間分租後和我同住的人。你會有不同的生活重心、談論的話題也會與以前不同，或是更常在人群中沉默不語。

曾經動手做過雕塑的人都知道，一件作品可以稱為完成，通常不是在它還能再增添什麼，而是再也沒有可以被去除的部分時。當米開朗基羅（Michelangelo Buonarroti）被問到，他在什麼時候知道雕塑已經完成時，就曾說過：「當我雕到那座雕塑的皮膚時。」因此，對所有生活藍圖的核心問題只剩下：如何將簡單的生活最大化？又要如何將複雜的部分最小化？你已經感受到生命中最本質的部分嗎？

一旦你釐清其實生活並不需要太多時，就不會想方設法買進各種東西，反而會送出更多覺得多餘的東西，然後更能以一聲謝謝回絕自己不想要或不需要的事物，生命中的重要事項也會重新排序。蒙特婁的寇瓦尼再度展現他有如牙膏廣告般的笑容說：「生命可以愈來愈好。如果要過得愉快，其中一項就是要重視已經擁有的東西，幸福就是這麼簡單！」

擁有愈多，就會變成想要愈多

「妳問我為什麼德國人覺得自己不幸福？你們有水耶！而且是乾淨的水！還有食物、蔬菜，也有牛奶和醫療藥品，就醫可以不用花錢。為什麼還會覺得不幸福呢？只要你們很健康，就應該感到幸福。德國是一個了不起、很棒的國家、是一個環境清潔的國家，還有世界上最好的機械設備、最好的汽車，反正只要是德國製造就有品質保證。你們擁有一切！看看周圍就會發現你們的生活太好了，試著幸福地感受生活吧！祝福德國人得到真正的幸福。」說話的是在蒙特婁開設多家餐廳的哈桑，他是來自敘利亞的移民。聽他這麼一說，敘利亞食物對我來說也就沒有那麼難以下嚥了，因為他那麼欣賞德國的事物，身為德國代表的我被他請了那天的晚餐。

生活如同巨大的鮮奶油蛋糕，生活其中的我們就像坐在那個蛋糕的中間，無論危機從四面八方而來，我們都能穩坐其中。我們的生活不能再更舒適了，有咖啡機、電視機，還有自來水，沒有人會因為飢餓而死亡，瘟疫也絕跡了。我們完全沉浸在富裕的生活中，為什麼卻還是會覺得自己不幸福呢？

因為舒適的物質生活與充足的金錢都不能帶來真正的幸福。

「我不認為挪威能成為最幸福國家的原因之一，是因為這個國家很富有。但是，我卻相信挪威人從前就很能領受幸福感，生活中有著各種能讓我們感到幸福的小事。」特羅姆梭帆船上的金髮哈芬說完後，咧嘴微笑著，圍坐在他身邊的其他船員則是沉默地點頭。此外，幸福研究領域也對這樣的現象有充分研究證據顯示：更好的物質享受並不一定能帶來更高的生活滿意度。「或許妳一年內可以有十萬美元，甚至是二十萬美元的收入，但是如果妳只想要更多、需要更多，我想通常妳的收入愈多，就會想要更多東西。因此，我們都該試著為已經擁有的感到滿足。」說這些話的是，墨爾本一座酒莊裡的名廚馬修．麥卡尼（Mathew Macartney）。

貧窮的人可以和擁有無比財富的富人感受到同等幸福，這項說法一直是引人注意的議題，主要是因為人類的大腦有學習能力。或許有人會因為新購入的車輛而感到無比快樂，這時候大腦就會在心理上的停車空間挪出更多的位置，等待有更多新穎的車輛來填滿這些在心理上變多的停車位。因為這時候大腦學到的是，那些車輛很特別，讓我們覺得幸福，這時候就會在大腦裡產生新的標準、進入新階段的狀態。

但是，為什麼我們要為一些本來就理所當然的事感到高興？所以，新買的車一旦成為理所當然的存在，就不再能取悅我們了；新買的車即使星期天才剛剛清洗，卻怎麼看都不再那麼閃亮，因為心裡想要另一部新車，而且即使再有一部新車，顯然吸引力也維持不久。在幸福研究中，稱這種情形為「享樂跑步機現象」（hedonistische Tretmühlen），因為要填補感覺良好與理所當然之間的空隙，我們就會不斷付出努力，於是擁有更多就會變成想要更多。如此一來，本章前述的幸福專家米卡羅斯曾提及，關於我們實際擁有與想要之間的差異就會一直存在。

解決方法很簡單，就是專注在另一項可以讓自己感到幸福的事物上，比如在日常行事中找到樂趣，因此對於墨爾本的名廚麥卡尼來說，能看到客人回訪是比金錢收益更重要的事。「每每聽到客人說很喜歡我做的料理，有些甚至還含淚表示，這時候的我就會覺得他們因為我的料理而感到幸福，是對我最大的讚美，那也是友情的核心價值。有時候人會忘記與朋友的情感是如何建立的，其實不就是讓其他人開心、讓別人感到快樂嗎？能夠在每天結束時，回想過去一天又為別人與自己創造的那些美好回憶，真是最美好的事了。」聽他這麼說，我的淚珠都在眼眶中打轉了，因為當下麥卡尼就用他的話為我創造非常美好的回憶。

在蒙特婁有著乳白色住家大門的讓—賽巴斯堤昂，贊同地點頭說：「只要心靈裡有一小方幸福，相信就能把生活過得很好。」

如果金錢能夠和幸福感有關，應該就是使用它的方式。因此，丹麥的幸福研究專家畢昂司寇夫就說：「如果擁有很多錢，把這些錢用在增加生命體驗上是比較聰明的做法，無論是旅行、聽音樂會，或是做其他喜歡的事。不管是去維也納欣賞歌劇，或是在居住的城鎮中看足球賽，這些體驗都能帶來較長久的幸福感。」我還記得在他說完這些話後不久，我們的遮陽傘就被風吹起，飛往運河的方向。

「我認為幸福應該要發自內心，無奈我們生存的世界太過以物質做為衡量標準。」盧森堡遇到的路克略帶猶豫地說：「因此讓自己從中解脫就變得很重要，而且要常問自己：生命中真正有意義的是什麼？那絕對不會是買了新電腦或新手錶，應該是我可以享受生活，可以是早上起床時感受到陽光的溫暖，也可以是和孩子們一起進入森林找尋野菇的尋寶活動……」

嗯……所以為了體驗幸福，我們現在都應該變窮嗎？難道這就是答案？我不認為我們應該要像古希臘哲人迪奧奇尼斯（Diogenes）[43]一樣住在桶子裡，然後訓練自己屏除一切享受。就算是我也喜歡漂亮的東西，但那也要以金錢做為代價才能擁有。你只要依照想要的方式過好生活，然後不要遺忘那些生命中簡單的小事，同時能夠隨時確認不需要的事物就好了。笑著面對自己想要占有什麼的幼稚欲望，並且經常練習自己的戒斷能力。我想，這就是福音。傳說迪奧奇尼斯曾跪在一座石像前祈求，讓他戒除欲念，這樣的做法和今日的挪威人所做的並沒有什麼不同。時到今日，有些挪威人仍會住在沒水沒電的房舍裡，或是像瑞典人只要坐在岸邊棧道上看著湖面就能覺得幸福。

「我們總是誤以為自己需要比實際需求多更多才能感到幸福，但是其實幸福不就在我們的身邊嗎？比如我們的孩子。」歷經冰島金融風暴後，就在船上掌廚的耶爾林頌語重心長地對我說，接著就有一抹笑容在臉上掠過，他說：「幸福無處不在，你只需要與它產生連結。」

---

43 譯注：又稱席諾普的迪奧奇尼斯（Diogenes von Sinope），活躍於西元前四世紀左右，真實生卒年不可考，為古希臘哲學犬儒學派（Kynismus）代表人物之一。犬儒學派主張人不應該被世俗的事物，如宗教、禮教規範等所約束，倡導返歸自然的簡樸生活。迪奧奇尼斯並未留下任何著作，而是以自身行動實踐犬儒學派的哲學概念，因此後世流傳許多關於他的生平軼事。

有時候錯過，並不是一件壞事

我蹲在草長及膝的原野上，而葳孔特則是在自家農舍上接受訪問。地點是在挪威奧斯陸市郊外幾公里的地方，我花費一上午的時間跟著她穿過牧草地去看了馬群後，終於可以進入正題了。「有時候，」她的開場有點遲疑，「我覺得德國人好像被制約了，他們總是要當最好的，其實有時候錯過一些什麼也不見得是壞事……」她一邊摩娑著家裡的貓咪耳後，一邊說著。

「噢！看！」她突然大聲叫道，像是突然醒來一般。「那些花真是漂亮！」她說完，就把幾朵紫色小花放在手上。我的視線也離開攝影機，往她所指的方向看去，「啊！是石楠花，德國也有呢！」葳孔特笑道：「聽到了嗎？剛剛的對話真是典型的例子。當我說：『看！好漂亮啊！』時，妳的回答是：『是啊！我知道那是什麼。』妳並沒有花時間讓自己為此感到高興，當我和德國人在一起時就常遇到這樣的情況，他們沒有時間為了生活本身和生活中遇到的小事感到開心。」

加拿大的波普也有相同的看法，他說：「我的興趣是變魔術。我發現在加拿大表演時，這裡的人就是開心地專心看表演，但是在德國，我就會馬上被問：『你怎麼辦到的？』、『水怎麼進到那裡，然後現在又不見的？』」波普認為，就是這種對事情抱持批判眼光的態度，阻擋德國人通往幸福之路。幾百年前，歌德也發現：「德國人的性格是讓所有事情變難，讓和他們有關的事變難。」

這個部分也在德國市調機構「萊茵金市場分析中心」（Rheingold Salon）的一份調查報告[44]中得

到證實。報告中顯示，有四六%的德國人因為日常生活壓力而減少生活享受。有八一%的受訪者表示，如果提前努力，之後的生活可以輕鬆一些。丹麥的幸福研究專家畢昂司寇夫笑道：「德國人真是太有趣了，總覺得要先把責任完成了，才能做其他的事。」但是，最幸福國家的人卻不能理解這樣的邏輯，他們在節慶時會把握機會盡情慶祝，因為認為享樂是生活的調味料。

針對這個話題，波哥大個性活潑的女律師安娜．馬莉亞說話像是機關槍一樣，打開話匣子說：「首先，每週五下班後就出門找樂子，盡情飲酒、盡情跳舞。」蒙特婁的寇瓦尼也抱持相同意見，他說：「生活中有很多的樂趣：我們工作很努力，但是工作告一段落後，就會找理由出門狂歡。總之，該玩樂的時候就該盡情玩樂！」

哥斯大黎加的幸福專家洛哈斯也表示贊同地說：「畢竟人生只有一次，不是二十次，也沒有二十次讓你過，就只有一次！所以，享受一點生命的樂趣並不為過。」好吧！我終於理解了，畢竟在萊茵金市場分析中心所做的調查裡，還是有高達九一%的德國人認為，是生命中享樂的部分讓生命變得值得。

---

44 *Die Unfähigkeit zu genießen – Die Deutschen und der Genuss*, Rheingold Salon, 2012.

至於我在蘇黎世遇到的建築師施岱方（Stefan）則是沉著地說：「也許有一個小建議，不要太倔強，偶爾放任自己享受一下人生、接受生命中美好的部分……」真是太棒了，他最後說的句子一直在我的腦海中迴盪著……

9

投入每一個「現在」——澳洲

幸福關鍵字　專注當下

幸福意謂著你花時間去做的事，而這些活動對身心健康是有益的。單純待在當下的那一刻、專注投入當下那一刻，為當下的那一刻真實地感到高興，然後用眼、耳、鼻、舌、身（觸）五種感官知覺，做好當下正在做的事。簡單來說，就是現在……

八月二十五日。經過十個小時的長途飛行，因為轉機，在上海也逗留幾個小時後，我繼續登上前往下一個目的地的班機。我一樣選擇靠窗的位置，可以舒服地俯瞰這個城市在夜晚亮起的數百萬個光點。這一次的目的地是澳洲，同機的人幾乎都是看起來輕鬆愉快，又喜歡找人互動的澳洲人。機艙裡的眾人都愉悅地等待飛機慢慢起飛，但是我們等了好久，非常久，才被夾雜著中文腔的英文，又混雜著機器干擾而聽不清楚的廣播告知，這架飛機有一個引擎壞了。「噢！總比飛到天上才發現引擎壞了來得好。」我對鄰座的人說。所有的人只好再度走下飛機，一群人就站在停機坪上。

在中國號稱兩千三百萬人口的都會裡，偌大的機場中並沒有進一步的指示，大家都不敢亂跑。接著，就看著很多中國人在周圍匆忙地跑來跑去，但是事實上那些人也不清楚，往雪梨的班機要換到哪一個登機門登機。在人群中慢慢形成一個澳洲命運團，這群人決定要以自己的力量找出更改航班的飛機，而我也是其中的一員。

「你是哪裡來的？」我隨意問了一個鬍子像是幾天沒刮了，穿著皮外套，戴著一頂遊騎兵帽的男人。

「澳洲，但原生是愛爾蘭人。」這位男士的女友「也是」澳洲人，但看起來更像是土耳其人。

「我是希臘人的第二代。妳好，我叫黛安娜（Dianan）。」原來是這樣啊！我在心裡想著。

「你呢？」我照順序又問了旁邊的人。

「我是一個『女王囚』！」被問到的金髮男子笑著回答，他的臉上有著雀斑，年紀應該是三十五歲左右。

「你說什麼？」我驚訝地問道。

「是我女王陛下的囚俘，」他用緩慢而明確的語氣說明，「還有我是從英國來的。」

「不過就是來亂的吧！」第四個人大聲笑說，同時伸出一隻手示意要與我握手。

「嗨！我是蓋奧格（Georg），我的祖父母來自德國。」

在那之後還有來自中國的第三代移民、一個塞爾維亞移民，還有一個正在申請澳洲移民的丹麥人。一時之間，我不禁自問：到底怎麼樣才算是真正的澳洲人呢？

都沒有關係！就如同澳洲人驕傲地稱自己的國家為「幸運之國」（Lucky Country）一樣，他們認為有了澳洲護照的人就是幸運，因為那等於是拿到進入全世界最棒國度的入場券。歡迎光臨幸福的幸運之國！在這裡的人無疑都過著舒適的生活！

抵達澳洲的隔天，我和新聞駐地特派員布朗珂約在夢幻的邦地白沙灘見面，離雪梨市區大約有半個小時車程。真是太令人驚喜了！那裡的海水是優美的土耳其藍色，沙灘上又盡是耀眼的白沙，還不時有舒服的微風吹拂。我讓布朗珂找尋希望受訪的地點，她就帶我到一個順著海邊圍起的天然泳池旁，而且那裡只允許女性使用。「這裡有時會有阿拉伯女性穿著罩袍式泳衣來戲水。」布朗珂說。在這裡很正常，而她們的男性親友也很包容。「這一點讓澳洲人都很引以為傲，他們也繼續努力著，希望讓這樣的包容能夠持續。」

布朗珂是德國記者，派駐澳洲已有十五年之久。她看起來很放鬆地把兩隻手臂都靠在游泳池的護欄上，接著溫柔沉穩地說：「我總覺得澳洲人的生活觀是，就算我過得不好，再怎麼樣還是生活在一個真的很美好、富足的國家，而且這個國家還給我很多發展創造的機會，所以我還是很幸運的。澳洲人都覺得自己很幸運，就只是因為他們生活在這個國家。」

寇明斯，暱稱包柏（Bob），有一天下午我在雪梨市中心一家高級飯店的商務樓層採訪他。當時他在準備前往日本出差的途中，得知我的來意後，特別擠出時間接受我的訪問，真讓我受寵若驚。包柏不僅是墨爾本狄肯大學（Deakin University）的心理學教授，也是《幸福研究期刊》（*Journal of Happiness Studies*）的發行人，還參與許多生活品質議題相關的研究測試專案、指標制定及報告。

「嗯。」鏡頭前這個灰髮男人溫和而沉著，微笑說：「從很多層面來看，澳洲真的是很幸運。這個國家大部分是由來自世界各地的移民組成，而我認為會選擇移民的人與難民基本上都有努力進取的共通本性。在這些人的生命歷程中，他們學到也知道應該讓自己離開不好的環境，因此造成這個國家的人都很講求個人主義。」包柏非常輕鬆地看向鏡頭。「這不會是你第一次接受訪問吧？」我問。這個問句引起包柏大笑道：「哦，不是，我記得去年至少就有超過一百次。」

接受你本來的樣子

到澳洲來的每個人，都會自然而然地變成別人的「夥伴」，每個人都會獲得同樣的尊重。只有一種例外情況：就是那種自以為比別人好，而不尊重別人的人，無論他是因為什麼動機而看不起別人，出身也好，宗教也罷，或是財富因素。但是，可以說每個到這個國家的人，都是赤手空拳來的，既沒有誰比誰更好，也沒有誰比誰更差，每個人都像是一張還沒有寫上字跡的白紙。

當然，這也可能和澳洲的歷史有關。這個國家最初除了原住民以外，自一八六八年起，大約有十六萬名分別來自愛爾蘭、威爾斯及英格蘭的罪犯被流放到這裡。這些罪犯可能只是因為偷了一片麵包充飢，就被判處死刑，所以當時對於能夠到這裡的每個罪犯來說，抵達這裡就是重獲新生。至今，全球各地已經有數百萬人加入澳洲這個大家庭。這也造就今日澳洲境內有超過一百四十種不同民族，總人口約有兩千三百五十多萬，人口密度約是每平方公里三人。

「所以，這裡並不會像德國一樣，有了自己的房子、船隻，就覺得自己真是太厲害了？」我追問布朗珂。

「或許有人會這麼想，但是就算有也不會說出口。比如可能會有人在餐廳公開說：『我很厲害喔！看看我！』服務生也只會回應：『是啊！只有你自己這麼想吧！』然後就馬上走開了。我覺得這樣很好，這樣讓雙方都很輕鬆，不至於處於緊張對峙的情勢中。」

在這個國家裡，患難的同志情誼凌駕於身分地位之上。「這是一個團結的社會，例如，發生森林大火，或是其他在這個國家可能發生的重大天然災害，人民都願意互相幫助。」畢竟澳洲是地球上五大洲中最乾燥的大陸，可以想見這裡幾乎每天都能見到勤勞的太陽。就像今天早上也是陽光普照的日子，我大約十點走出雪梨的飯店，準備投向唐恩與羅柏的懷抱。

唐恩，四十六歲，白天照護幾個身心障礙兒童，晚上就變身為音樂播放主持人，是道道地地的澳洲人，身材高挑、修長，牙齒看起來也特別大顆，然後很風趣。至於羅柏則是從英國來的醫生，八年前因為進修假來到澳洲，然後就留下來了，他的身高中等，有一張圓臉，看起來很和善，眼神總像是在微笑。還有羅柏是夜貓子，他告訴我比較喜歡在夜裡工作。

羅柏很熱情地說：「你原本是怎麼樣的人，澳洲就是那個會接受你原來樣子的國家。即使原本不屬於這裡的人，只要來到這裡，這個國家都會給予很多的機會去實現夢想。在這裡，我可以根據自己的生活作息安排工作時間，這在英國幾乎是不可能的。在澳洲，你可以重新開始、可以冒險，然後在原先預料之外的地方找到安身立命之處。」羅柏說完，看向他的朋友，然後撥了一下頭髮。

「這裡真的很美好，生活方式也無可挑剔。這裡的人也都很和氣，不受拘束。」先前曾受訪的包柏也抱持著同樣的看法，他說：「澳洲人的生活哲學就是：追隨你的夢想，做你想做的事。依照我觀察，澳洲人也都這麼做。我們就是追隨一個澳洲夢想，而這個澳洲夢想就是：追隨你的內心。」

約漢·維爾登(John Werden)是現年六十五歲的律師，偶然的機遇讓我得以在他的辦公室訪問他。維爾登同樣熱愛他的國家可以讓每個人追求夢想這一點，他說：「我們還在形塑自己，我們還可以被創造，這樣的想法讓我們可以更不受拘束，因此也擁有更多的自由。在這裡，並不像歐洲有那麼多區分社會階層的規矩。」但是，「一旦任何法令上路，澳洲人就會非常遵守。」布朗珂說：「特別是在澳洲不需要禁止標示，也沒有安排更多執法人員的必要，社會的秩序就只是因為人民的共識，認為這些法令規定很有意義，好吧！我們就會遵守。至於那些沒有共識的規定，通常不久後就會被廢除，因為沒有人會遵守。」就是這麼簡單，布朗珂說完後就哈哈大笑。

「一般說來，澳洲人都是很單純的。」說話的是傑夫，他是會計師，大約三十歲，「做運動，或是在小餐館和朋友聚會、喝上一杯同歡，還有可以容身的房子，這些都讓我感到很幸福，更何況我還有不錯的工作，每天也都有好吃的東西。澳洲的肉類產品真的很美味，我說這個會不會很奇怪？」簡單、不複雜，實實在在地過日子，再加上一點幽默，對澳洲人來說，這就是幸福了。「澳洲人很會拿自己開玩笑，就是有辦法不對事情太認真。」布朗珂說完，做了一個調皮的表情。

我卻想著，難道澳洲人每天只會愉快地過日子，還是也有認真工作的時候呢？根據經濟合作暨發展組織公布的「美好生活指數」(Better Life Index, BLI)的統計數字，澳洲人每年的平均工時還比德國人多出四百個小時[45]。

我在沙灘上遇到漂亮的露依莎，她來自愛爾蘭，在接受訪談的期間，由丈夫崔弗（Trevor）照顧兩歲兒子。「我們在這裡都很努力工作，只是很多人都不是站在第一線工作。每個人都努力追求各自的人生目標，比如運動項目，澳洲是很有健康自覺的國家。」板球、橄欖球、足球、籃球、網球、高爾夫球、帆船、衝浪，這些都是澳洲人熱衷的運動項目。對他們來說，很難想像有人不做運動。或許因此曾經有調查顯示，高達八五%的澳洲人自覺身體狀況良好，而覺得自己身體健康的德國人卻只有六五%。

在澳洲篇的最後，我還想知道能讓布朗珂感到幸福的原因。「不用說，一定是體驗大自然！還有和我所愛的人在一起，比方說我的家人或朋友。想要體驗大自然的話，澳洲多的是。」布朗珂說著，眼神飄到海面上，然後突然激動地喊道：「快看！真是不可思議！」我順著她指的方向看過去，只看到兩個小黑點。「看到了嗎？鯨魚真的跳出海面呢！而且一次有兩隻！還可以看到牠們的噴水柱。在我們和鯨魚的距離之間可以看到一艘船，妳看得到嗎？在那裡！把視線看到船上方的位置！我們真是幸運啊！」

包柏愉快地看著我說：「是啊！這裡的人都很幸福，為什麼不呢？」

45 www.oecdbetterlifeindex.org/de/.

把握每一個當下

好或不好都沒關係。你無須評斷別人。你只需觀察你所在的當下、感受當下就好。

——黛紋，學術助理，澳洲，墨爾本大學（Universität Melbourn）

手機響起，而我正在進行訪問，很希望能忽視這些聲音，但這個鈴聲顯然是從安排旅程的手機應用程式發出的，要通知我行程相關的緊急事項。腎上腺素以光速的效率滲入血液中，我嚇出一身汗。噢！不！不會是要通知我，預定的班機在一個小時後就要起飛吧？而我當時還站在蒙特婁市中心的金融區，完全不可能在一個小時內趕到機場。可是，我怎麼記得班機是明天才飛呢？撇開那麼多的問號，我還是尷尬地笑著對受訪者道歉，「不好意思，我需要確認一下班機情報。」然後非常不專業地走過去，從外套口袋中撈出那支很有智慧的手機。管理行程的應用程式通知我：明天的班機預計延遲十分鐘起飛。

噢！我剛才怎麼會那麼恐慌？不是已經把計畫訂好，所有行程都在掌握中嗎？這一定是和該死的「減速」——降低生活步調的速度有關！我非常確定已經將行程管理交給這個應用程式來管理，這麼一想後，我進入一家咖啡館，為驚魂未定的自己點了一杯奶昔。在這趟旅行剛開始，還在哥斯大黎加時，洛哈斯就曾經告訴我，對最幸福國家的人來說，感受人情溫暖的時刻有多麼重要，還有我眼神中的溫柔已經因為過於快速的生活步調被磨得銳利了。於是，我讓自己投入當下的環境中，深刻感受周圍拉丁美洲式的熱情。

不僅是在拉丁美洲，過快的生活步調在北歐國家也沒有意義。就像我在北歐嘗試街頭訪問，這樣的行為就衝擊到北歐當地大自然裡的寂靜和當地的居民。那麼這段期間以來，我有什麼不同嗎？是的，我將行動步調放慢一些了。接著思考哪一種速率才適合我？然後發現是正在時間之中的我，我走入人群，感受那個國家的脈動，將思緒完全投入其中。慢慢地，時間失去意義，事前的計畫也減到最少，這樣還有誰會需要時鐘呢？

還記得蒙特婁的讓—賽巴斯堤昂嗎？當時和他進行兩個小時的訪問後，我還在他家的頂樓露台上逗留一段時間。我手上的法式牛奶咖啡早就喝完了，但是他的思緒似乎還停不下來，他和我說了一個故事：「二十五年前，我遇見一個曾經被關在集中營幾年後存活下來的人。當時他已經八十八歲了，他用法語對我說：『只有當下的存在才能引起我的興趣。』當時那個句子對我來說是那麼震撼，讓我思考著：也許我該試一試！這當然對我非常困難，因為這樣一來，妳既不會是在未來，也不是過去，而只是處於這個時候，就在這裡。但是卻很幸福，因為妳只會看到事物當下的樣貌，就是這樣。」

加拿大人似乎就是這種「活在當下」的發現者。採訪讓—賽巴斯堤昂後，才走了幾棟房子的距離，我就遇到飛利浦。當時他正和女友葳拉坐在階梯最上面一階，而階梯的後方是有著一排白色石柱的長廊，長廊的盡頭是一棟頗高的建築物。他們看起來很享受蒙特婁這樣悠閒的夜晚。

飛利浦來自美國，因為太喜歡蒙特婁，所以住在這個城市已經三年了。他從事電子音樂的作曲工作，當被問到可以提供德國人什麼建議時，他想了好久後才說：「也許德國人應該停止為未來思慮過多，只要感受當下、把握當下就好。我指的是當下的時刻，和其他人在一起的那個當下。如果我們對這樣的當下能夠保持知覺，那麼在那個當下，除了自己與當下所擁有的之外，就再無其他了。這樣一來，人就能覺得幸福。但是，如果今天非得要擔心明天才有可能會發生的事，就不能太投入去感受當下的幸福感。」

我在鏡頭後方思索著，意志中的那一刻有什麼價值？所謂「當下」的那一刻又是多久的時間？我還來不及理出頭緒，就必須往下一個目的地前進……還記得一種翻頁連環動畫嗎？就是在小本子上或書本的一角畫上簡單圖樣，當我們讓書頁順著鬆開的拇指滑下，快速翻頁時，一頁頁的小人可能就跑了起來，或是會有小羊跳過柵欄，或是氣球往上飛的連續畫面，但是如果其中有缺頁，動畫就無法連貫。

所以，要是我們錯過生命中任何單一時刻，生命大概就會呈現這樣破碎不連貫的斷續畫面，然後將自己從時間的關聯性上扯下。可以破壞這些連貫性的因素有很多：廣告看板、手機簡訊，以及自己心猿意馬的思緒。別忘了，我在前面就以提醒行程變更的應用程式為例！這些都很容易讓我們偏離原先的主題。

檢視生命裡的缺頁

我們錯過生命裡那個「當下」的時刻，就會像手還在翻動著繪製著連環動畫的小本子，一回過神來，羊已經跳過柵欄，但我們竟然錯過了。我們也可能因此錯過重要訊息，更嚴重的還可能會錯過生命中的重要時刻。所以，有時候也要回頭檢視一下生命是否少了幾頁。

就像我也常問自己，過去二十五年來生命中的細節都留存在意識裡的哪裡？我有很多都不見了。有時我在街上看到三歲女孩，就會有想起自己錯過與女兒一起長大的時間，而感到一陣心痛。我意識到過去幾年沒有經常陪伴她，因為我把生命犧牲在發展事業、賺錢和自以為重要的其他事，還有每天的簡訊與不重要的電子郵件上。這些都是我生命中的缺頁，至今每天都還在發生。

我在奧斯陸城市公園旁的咖啡館，遇到歌舞劇舞者卡蘿琳和她的同事，我也詢問卡蘿琳能否給予一些建議。她聽完後，謹慎地回答：「如果非要我給德國人建議，我想說的是活在當下，就活在當下的時間、當下的地點。」她也對我透露，能讓她感到幸福的事情是：「幾乎所有的事，吃到好吃的起司，或是過馬路剛好遇到綠燈，但我最快樂的時候，就是有人因為我跳的舞而感動。」

你試過在未來感動別人嗎？應該沒有，因為要感動人只能在當下的時間、當時所在的地點發生。

這時候不免讓我想起安靜的船廚耶爾林頌，我在冰島遇到他時，他和兩個兒子正吃著薯條點心。他和我是南轅北轍的性格，他看起來很沉穩、腳踏實地，話也不多。直到今天，我們仍常透過臉書聯繫彼此，而接下來這段故事，就是他接受我採訪那天稍晚時，從臉書寄來給我的。

「麥珂，只是一個小故事，我想藉由這個故事告訴妳，對冰島人來說重要的事是什麼。上週末，我們開車到辛格維利爾國家公園（Nationalpark Thingvellir），抵達時剛好看到夕陽，周圍雖然有風吹來，卻很安靜。我們刻意遠離遊客聚集的區域，停在湖邊，讓我們可以好好享受美好的夕照與聆聽大自然的動靜。

當我們停好車時，看到兩隻老鼠因為受到驚嚇而快速竄動。我們並不覺得害怕，刻意放輕動作，才發現原來是一公一母的老鼠，牠們正在巢穴上為即將到來的冬天做準備。當時我來不及拿起相機拍下看到的一切，但是這兩隻鼠輩卻讓我重新思考關於人生的循環。這個循環包含春、夏、秋、冬的四季週期，每個季節都有各自的美好風景。我想說的是，從這些個別的美好時刻得到更多，就會覺得愈幸福。需要的其實並不多，只要與我們所愛的人一起共度就已足夠。我們無從得知生命會在什麼時候消逝，但是只要享受那些美好時光，一點一滴串起那些美好的記憶就夠了，不是嗎？」

我在本書一開始就已經向各位讀者預告：住在這片荒瘠地上的冰島人，個個都是真性情的詩人。

放任時間帶來它自己的意義

有時候，我真的會覺得，就算我們的人在那裡，但是心卻不在那裡。因為總覺得似乎在未發生的未來存在更好的事，所以反而放下正在做的事，而為了還沒發生的事情做準備。我的思緒經常就盤旋在當下身體不在的地方，就好像一直在等待下一刻發生，一旦這個被等待的下一刻發生的當下，我們的心思又已經記掛著另一個還沒有發生的時刻。真是糟糕！我們竟然一直被還沒有發生的事情驅動著前進。

針對這樣的現象，讓—賽巴斯堤昂就試著讓自己抽離出所謂的未來，他表示：「我們必須活在每個當下，因為在每個不起眼的當下，通常就是幸福的所在。如果我們往前看還沒有發生的事，或是往後看已經發生的事，很容易就預想可能會發生不好的情況，或是看到已經發生的不幸。但是，這些未來才會發生或過去已經發生的事，對於身處的當下都沒有實質意義。因為現在的這個時候，我就在這裡和妳在一起愉快地對話著，然後天氣好極了！」是的，就是這樣！生命中最重要的時刻就是當下！噢！又錯過什麼嗎？不管，不過又是一個新的當下來臨而已。

墨西哥市的大學生瓦勒麗（Vlerie）對這方面的看法是：「生命中的每個時刻都是獨一無二的，而且不會再重來。」世界上沒有任何膠帶可以把生命中失落的頁面再重新黏回去，而常被我們捨棄的現在與當下的環境，事實上並沒有那麼糟，但是我們仍然用了大半生命去等待誘人的未來，而忘了好好感受當下的美好。

但是，拉丁美洲的人基本上就沒有這樣的問題。他們幾乎不做等待這樣的事。想像一下，你移居墨西哥，像二〇〇七年的我和丈夫與當時才一歲的女兒一樣。我們擁有的一切看起來都很美好，房子很大，甚至還有管家，然後居住房子附屬的花園也很大，大到需要園丁照顧。

然而，住宅區以外的地方到處煙霧瀰漫。每次送女兒到幼兒園時，都要經過安全閘門的檢查；路面上常因為水溝蓋不見了，而讓開車的我要繞道而行，還有必須隨時在駕駛座前的置物箱裡準備好一百墨西哥披索，以備需要時方便取出賄賂警察。也許聽起來很奇怪，但是大家在當下所處的環境都這麼做時，我也只能順勢而為。

有時候也有些人會往不同的方向前進，只是因為這樣的路途短多了，這也可以理解，比如個性開朗、被叫做「傻蛋」的墨西哥玉米餅小販尼可．佛格斯（Nico Vollgas）。

認識佛格斯完全是意外：那是一個陽光和煦又帶著一點涼意的秋天清晨，我正載著女兒前往幼兒園的途中，車子前方的散熱器罩不知怎麼的就撞上佛格斯薄荷綠色的錫鐵箱，沒想到錫鐵箱發出的聲音竟然比車子散熱器罩掉落地面的聲響還大。幸好只是錫鐵箱被撞凹了！當下佛格斯的反應敏捷，阻止我正要開車經過的鄰居，還是那個我剛搬來這個社區時幫我試打第一通電話的鄰居。然後就只有我待在原地等待，等的不是警察，在這個國家最好不要驚動警察出面，而是保險公司派來確認損失的人。對方要和這個城市中的兩千萬人一番拚搏後才能過來這裡，確實需要一點時間。

果然，等到保險公司的人抵達，已經是兩個小時又十分鐘之後的事了。

接著要等我的司機去拿缺少的文件，又過了一個小時二十分鐘；然後因為佛格斯沒有保險，所以要等公證人來，又耗費了一個小時五十五分。

光是這樣一件事故的處理過程，就耗費我生命中寶貴的六個小時！佛格斯也是，但是他既沒有花錢買時間，也不是徒然等待，他只是待在那裡。相反地，我卻計算著平白流失的兩萬一千六百秒；當我在等待過程中情緒有點激動時，佛格斯只是懶散地靠在生鏽的攤子上，他那種放鬆的模樣就好像在心裡哼著輕鬆的莎莎舞曲一樣，愉快地向附近工地工人、義警及其他開車路過的駕駛，兜售裹著莎莎醬的玉米捲餅。

佛格斯幾乎和任何人都聊得來，不久後那輛看起來有點破舊的餐車，就聚集十幾個人歡樂地吃著、笑著。連同保險公司派來處理事故的人也加入那一群人的行列，還有……令我難以置信的是，連我的司機竟然也在其中！至於來作證的公證人剛好今天腸胃不適才沒有加入，我必須告訴大家我應該也是因為同樣的原因吧！就這樣過了六個小時後，我帶著疲憊的身軀、煩躁的壞心情，還有滿滿浪費時間的怨氣回家。

那一次事故後過了兩年，我還是做了很多無望的努力，試著向墨西哥人說明我對時間的看法，或是施壓希望他們能更有效率地把事情處理完。我要求他們答應會全力以赴、準時抵達、讓人可以信賴，他們通常會點頭承諾我，但結果還是會遲到。

最後，我決定反其道而行，也開始不再約定的時間內準時抵達。這樣似乎比較好，讓他們像我一樣等待，我這麼以為。可是，最終還是發現沒有人察覺到我的報復行動，因為墨西哥人從不等待任何人，就是會善用時間，即使可能只是隨興的一陣閒聊。他們雖然從來不準時，但總是能夠在最巧的時刻到來！

而且他們顯然還不是唯一有這樣情況的。「就算是自己的婚禮，我們還是一樣會遲到。」冰島的幸福專家谷特孟絲多緹兒笑道。一點問題也沒有，參加婚禮的訪客就會自己玩起來了。

「如果約定時間是晚上六點，另一個人八點才到也沒關係，妳大可先點一些什麼來享用。這很正常，反正妳都要待那麼久了，也只是多吃一點、多喝一點而已。」蘭拉・蓋格（Lara Geiger）開心地笑道。半年多前，這個波昂女孩來到巴拿馬，在一家德國汽車商擔任行銷業務的工作。「我到現在還是認為，是德國的環境讓我總是無法感到滿足，接著我常生病，也常覺得被壓力壓得喘不過氣。明明才二十五歲，看起來卻像四十歲，臉上總是帶著重重的黑眼圈，面對生活常常覺得筋疲力盡。但是，在這裡就完全不同了。」蓋格很享受巴拿馬不受時間拘束的自由氛圍。

「是什麼讓巴拿馬人感到幸福？」我問蓋格。「他們用過生命中最後一天的心情去度過每一天，這裡的人每晚就是享受美食、美酒、盡情跳舞、沉浸在充滿樂音的氛圍中。『活在每一個日子裡』，幾乎成為他們的生命箴言，因為搞不好明天就會被車撞了也說不定……」這樣聽起來，似乎在一個相對危險的國家中生活還是有好處的。在這樣的環境裡，人活著的本身就是生命的價值，所以會更重視生命中的每一個瞬間。

還有哥倫比亞人通常也會遲到……「但是他們來的時候，一定都帶著好心情！」波哥大市區一家西班牙餐廳的老闆寇立亞說。寇立亞熱愛哥倫比亞的程度，就像他在和這個國家談戀愛一樣，他甚至形容這個地方很有魅力、很誘人。嗯，在這裡沒有什麼事情是比準時赴約還不性感的。

既然說到準時，也順帶一提。「我們也沒辦法呀！」谷特孟絲多緹兒幾乎有點驕傲地說：「如果我們希望受邀的客人準時抵達，就會在請帖上的時間後面加註『德國時間』。」沒想到除了冰島人以外，墨西哥人和巴拿馬人希望客人準時的時候，也會用同樣的字眼表達。這樣一來，就可以輕易在兩種時間的感受上來回轉換，感覺真是受用。所以，只要這些國家的人願意，還是可以準時嘛！只是他們看起來並不怎麼情願就是了。對於生活，他們有著與德國人截然不同的看法。

應該說，德國人希望自己能征服時間，但是其他國家的人則放任時間帶來它自己的意義。擔任博世（Bosch）公司南美區總經理埃爾姆特・歐畢耶可尼克（Helmuth Obilcnik）也了解這種情況，他表示：「巴拿馬人說，我們活在今天。我們當然也有我們的問題，比如說以後孩子要怎麼辦？不管怎麼說，我今天活著，明天也一樣，明天之後呢？還有一個明天啊！而不是遙遠的後天。」

之前在介紹哥斯大黎加的章節中曾提及的德國人珊卓拉，對我進一步地詳細說明：「剛開始的時候，如果和朋友約好見面，但是對方卻忘了，會讓我很介意，覺得自己在這裡生活有困難。但是，我慢慢也讓自己放鬆一點，然後會想著：也許對方剛好發生什麼更重要的事了。」臨時遇到另一個可能更重要的朋友，或是剛好遇到需要幫忙的人，都是更重要的原因。畢竟，對這些國家的人來說，與人的情感交流還是最重要的。

留給自己喘息的片刻

拉丁美洲的人是非常活在當下的一群人，他們的人生是由這些當下所組成。專門研究時間社會學的學者宣稱，這些人都是活在所謂的「經驗時間」[46]裡。

熱愛生活的墨西哥記者巫維塔翻了一下白眼後，向我提到她在德國生活的那幾年，「德國人什麼都要安排得好好的，真是嚴格！竟然連閒暇時間也要做計畫！比方你們會說：『我們今天去看電影嗎？』『好啊！』但是我們又突然遇到其他人，因此臨時想改變計畫。就會引來抱怨：『可是我們明明說好要一起去看電影的！』『沒錯，可是計畫可以改變嘛！電影院又不會跑掉。』天啊！德國人的生活真是毫無彈性！」

所以，德國人可以說是依照規定和時間生活的，因此認為準時的人才會是贏家。在德國，遲到十五分鐘還會被視為德國學院派的作風，勉強可以被接受，但是超過十五分鐘就被視為不可原諒、

46 *Eine Landkarte der Zeit: Wie Kulturen mit Zeit umgehen.* Robert Levine, Christa Broermann und Karin Schuler, München 2004.

無法得到別人的尊重。但是，這麼說來，到底哪一種文化才更能得到別人的尊重？到底是那些會把他們與人的關係順應時間調整的人？還是那些將自身時間依照身邊的人需求做調整的人？不要期待會從我這裡得到答案！因為你們會知道我是經常遲到的人，這或許是我從墨西哥人那裡學會的？

但是，如果我們認為時間和對人的尊重及禮貌有關係，為什麼當這兩項與其他層面扯上關係時，我們又會棄如敝屣地將它們踩在腳下？為某人花費一點時間，不也是對人尊重的象徵嗎？即使是之後明明已經有約。仔細傾聽他人說話的同時，不玩手機、不接電話、不發電子郵件，難道不也是對人的尊重？專注，在今日已經成為可以給別人的珍貴禮物。我情願等一個人久一點，但是那個人一旦出現後，就會全心投入我們約定一起去做的事，而不是一個人雖然準時赴約，但是人來了，心卻沒有跟上。

德國人到底是從什麼時候開始，把生活過得精準到分針的地步？這麼想的同時，我喝著手中的奶昔，還伸出手指在智慧型手機上輸入，試著在網路上找到解答。我發現這段歷史並沒有很久，確切地說應該是在一八九三年四月一日起，當時德國決定採用歐洲中部時間，之後境內的時鐘都有了統一的標準時間。這對工業發展當然很好，但是如果請教哥斯大黎加的幸福研究學者洛哈斯，他就會告訴你，那對人際關係不見得是好事。

對洛哈斯來說，自由的時間感是一個人可以擁有的最大財富。然而，時間對於總是致力追求完美的德國人來說，簡直是好極了的設計，所以他們就把時鐘上的三支指針精準地整合到價值體系裡，因此會覺得遲到的人就是沒有禮貌、不可靠，也不能信賴。相反地，準時的人就是對效率和成功的保證，於是德國人覺得無論如何必須守時。但是，其實只要這麼做，我們還有足夠的時間和人在一起，能夠享受人與人之間的情感交流，就沒有必要改變守時的習慣。

我們需要的是緩衝的時間，讓我們在結束一場約會後，不要急忙趕赴下一場約會，需要時間讓自己有喘息的機會。如果你總是疲於奔命，也只是從這個生命中的片刻，跌跌撞撞地進入下一個生命片段，從來不曾稍做停留，就好像我的旅途一樣，曾經在訪談進行時，下一場訪問的時間又已經來到了。

為了能挪出一些緩衝時間，也無須馬上像拉丁美洲人似的堅持自己要只活在當下，讓時間變成抽象概念。其實只需要把生活步調整得像丹麥人、瑞典人或瑞士人那樣稍微降速就可以了。不要將時間用最佳化的概念來執行，而是在你的待辦事項清單或行程之間，刻意保留一些喘息的時間。只要你願意讓時間等你，它們就會照你希望地停下腳步。

投入每一個「現在」

我在旅途中得知許多不同的價值觀，這些都是需要時間與專注才能得到。此外，與人的連結，以及對人的信任，往往會和時間共同成長；至於共識，就更需要時間與人溝通了。自由也不代表就是盡情用馬鞭抽打自己的馬匹，要牠一山趕過一山地迎上最新的潮流。人都需要考量行為的目的，也需要承擔責任，而這些都需要時間。即使是奠基於人人平等的平坦階級，也需要經過長時間的討論與決議過程。如此一來，執行工作的人才會有動機用心投入工作，或許因此更能爭取時間，或許。

冰島的幸福專家谷特孟絲多緹兒的臉上經常帶著笑容。陽光映照在雷克雅維克的珍珠樓（Perlan）上，那是一個體積很大，用玻璃帷幕做成的溫水儲存槽，陽光的反射讓谷特孟絲多緹兒的眼睛更像精靈一樣閃閃發亮。「如果妳想要幸福，就必須問自己：『什麼可以讓我感到幸福？』如果妳找到答案，就待在那裡，為那一刻感到高興就好了。」好吧！經過她這樣一說，我了解幸福的那一刻是什麼意思了。但是，對於沒有練習過冥想的人，或是覺得這樣的說法太過籠統的人來說，你或許也察覺到了，大概就是像我們這樣的人如何能不用到更高的靈魂層次，仍可感受當下的那一刻？

澳洲的幸福學者包柏的兩位美麗助理，已經站在墨爾本狄肯大學的辦公室大樓前等我。顯然我又遲到了，但這一次真的不是我的錯啊！澳洲這個國家真的太大了……凱薩琳．珮姬（Kathryn Page）博士，有著一頭深咖髮色，鼻形較寬，大約三十出頭的年紀，另一位則是前面已經提過的黛紋，大約四十出頭，偏紅的髮色，留著瀏海，臉形較寬，微笑地上前迎接我，然後建議我們走到對面的公園。

在公園裡，當我讓兩人在鏡頭前擺好位置後，黛紋就開始說：「幸福意謂著你花時間去做的事，我的意思是投資時間去參與活動，而這些活動對身心健康是有益的。」

「還有關注……」珮姬像是想起什麼，隨即補充道。

「對了！對事情投入關注也是我感興趣的議題！」黛紋像被提醒一般，接著笑著說。

對於她們所說的關注到底是指什麼，我像是一個不明所以的孩子般追問著。珮姬也生動地比手畫腳地說明：「就是單純待在當下的那一刻、專注投入當下那一刻，為當下的那一刻真實地感到高興，然後用眼、耳、鼻、舌、身（觸）五種感官知覺，做好當下正在做的事。簡單來說，就是現在……」

別把注意力浪費在飛竄的雜亂思緒

嗯，我也試著將注意力轉移到當下的現在，但那真的是一門藝術。我們的思緒還是很容易遊移在過去或未來，反而「當下」因為就在眼前，卻很自然地閃過。「我現在就在這裡」固然是一個很好的想法，但是幾秒鐘後，你的思緒會因為各種一閃而過的想法就把它摧毀殆盡。

但是，事實上就人類演化的角度來看，完全置身於當下的這一刻也不是那麼值得鼓勵的[47]。因

47 *Zeit: Der Stoff, aus dem das Leben ist. Eine Gebrauchsanleitung*, Stefan Klein, Frankfurt am Main 2006.

為當一個人過度沉浸在「當下」時，就會忽略周圍可能發生的危險。以此類推，如果我們的祖先在原始時代，無法注意到可能會面臨猛獸的攻擊，今日的我們也就無法閃過突然從街角迎面衝來的腳踏車騎士。

因此，比較安全的情況是，對周圍所有可能發生的狀況維持在浮動思考的狀態：比如說進廁所前不要忘記帶衛生紙、必須及時寄出的電子郵件、注意還在運作的洗碗機、要記得加油等等。

諸如此類表面的繁亂思緒，如果發生在開車時，或是其他想要集中注意力時，比如你正待在喜歡歌手的演唱會中，在這些情況下，浮動思考當然不是明智之舉，但是多數閱讀本書的為人父母者，或許在這個時候都會感到慚愧，因為你們剛才在為孩子說睡前故事時，可能還一邊想著該怎麼為明天的待辦事項排出優先順序。很遺憾地這麼說，至少我在這一點上還滿厲害的。然後可能在為孩子說睡前故事時，因為想著隔天的待辦事項而分心，等到發現孩子正疑惑地睜大眼睛看著我們時，我們也只是給他們一個微笑做為回應。

同樣的情況也可能發生在閱讀長篇大論的營運報告，或是聽一場無聊的演講時，但奇怪的是，就連驚喜連連的產品發表會還是無法避免被突然冒出的其他思緒干擾。是不是只要我們融入正在執行的事物之中，就比較不會被飛竄的雜亂思緒所影響？

黛紋有點恍神地搓著一縷髮絲。「注意力的意思是，真正深入參與正在發生的經驗，這與是否培養個人接納能力的開放態度有關。是你讓所有發生的事成為經驗的一部分，這與這件事本身是正面或負面意義毫無關係。你並不會加以好壞的評斷。只會當作自己是觀察者，觀察當下發生的事情，只是感受當下的心情。」

在鯨魚之島上，挪威的幸福研究學者維達索正瞇著眼睛，視線越過擺放在前面的杯子，看向遠處的峽灣。他正在研究當人完全投入去做一件事時，這個人所能感受到的幸福感。維達索說：「愉悅的感受在於用特定的方式、特定的順序，甚至配合身體的節奏去做一件事。做的時候，你只是讓自己在那裡，完全投入做那件事，但是並不加以批判。當你以這樣的節奏做一件事時，就會感覺很好，會有幸福的感覺。」很多人對於完全投入做一件事情而忘了時間，這樣的情境應該都不陌生。「這樣的感受可能只持續半分鐘或五分鐘，你就已經進入這樣的感受裡，然後又從裡面抽離了。可能是電話鈴響，或是其他因素的干擾，把你抽離出那種完全投入的情境中。」

好吧！說故事這件事並不是什麼轟動的大事，那麼你就努力讓它變成有趣的大事啊！把壞蛋講得窮凶惡極；講到可憐的角色時，就像受傷的獨角獸一樣嗚咽啜泣；該有車輛經過時，就會出現呼嘯而過的引擎聲。如果你想專注在某個時刻，就讓那個時刻的情境融入其中。你自己才能決定所處當下專注力集中的程度，還有賦予所處當下的意義。

每一個「當下」都有很多值得注意的地方，然而我們真正意識到的卻很少。所以，你如何在每天要講述的睡前故事中找到新意、發現值得注意的樂趣，你也能將同樣的方法應用在生活的其他地方。

我在丹麥奧胡斯某座橋上遇到的丹尼，就充滿熱情地對我訴說：「看著每天發生的事，看著太陽升起又落下，看著一天開始又結束，看著時間不斷流逝，然後每天又是新的開始。那麼我要怎麼過好今天呢？就是生活能帶給人有所啟發又有趣的地方。」

你又要怎麼讓每個「當下」的時刻都很精彩呢？

就開始對周圍的環境重新感到好奇，然後把每件事都視為奇蹟。瑞士的高中畢業生沙夏（Sascha）建議道：「生命中不要只是低著頭就往前衝，有時候要給自己一點餘裕去感受周圍。」這樣一來，「當下」這一刻的最大敵人不只是我們總是嚮往著、卻一直得不到的未來，更是我們觀察事情的獨立性，這樣一來，我們才不會被事物的本身所束縛，而不關注它們的本質，在看到美麗花朵的當下、看到他人眼神的當下、欣賞壯觀建築物的當下、專注聽著睡前故事的孩子當下的眼神。

讓—賽巴斯堤昂把玩著檸檬樹摘下的葉子，再次若有所思地俯瞰著蒙特婁的眾多屋頂，說：「妳知道嗎？在生命的最後就會知道，此生就是為了那些讓妳微笑的片刻而來。」

10

宇宙的中心——巴拿馬

幸福關鍵字　放輕鬆

「就是這樣。」這真的是一個用來表達事情當下發展，聽起來很輕鬆的說法。巴拿馬人常常會把這句話掛在嘴上。無論是約會、工作或其他所有生活中可能會造成壓力的事，我們都能輕鬆以對。我們就活在今天，很少看向未來，所以煩心事也會比較少。

「我們現在出發前往艾爾切利里歐區（El Chorillo）！」我歡呼著從後座傾身向在駕駛座上的阿里（Ari）靠去。那是巴拿馬市靠近市中心的一個治安不太好的區域，我在那裡有一個採訪約會。阿里穿的衣服怎麼看都很不搭，戴著棒球帽下的臉色看起來有些蒼白，這讓我為他感到難過。勤勞的他在我投宿的飯店前，向我推銷提供的導遊服務，直到我坐上他的白色小客車後，都還要不斷提醒他，我的行程安排並不是一般的觀光客路線。現在，我們就往目的地出發，畢竟我在幾個月前就和這裡的慈愛聖母學校（Nuestra Señora de la Merced）約好了。

帶著一點不安的心情，車輛行駛在令人感覺黯淡的艾爾切利里歐區市街上，途中不時經過幾棟看起來有點殘破的三層樓建築，配上已經有點褪色而顯得蒼白淒涼的各種薄荷綠、粉紅或紫色。這裡的街景看起來與太平洋沿岸常見在清靜的藍天白雲下，矗立高樓大廈的爽朗景象形成強烈對比。陽台上或巷弄之間到處可見晾曬著剛洗的衣物，所有的窗戶外都牢牢用鐵欄杆屏蔽著，柏油路邊停著陳舊的中階私家車，不時還有粉塵從房舍間抖落而下。這裡像是鬼城一樣寂靜，宛如這個城區裡的母親們一樣，好像被這座城市遺棄了。

慈愛聖母學校的孩子們看到我時，都顯得非常開心。校長笑著告訴我，這些孩子為了我的到來，已經連續好幾天努力排練巴拿馬傳統舞蹈。這些孩子都是這個國家的貧窮人口中最窮苦的那些人，唯有經由社會扶助計畫，他們才能過著正常一點的生活。巴拿馬有四分之一的人口仍然處於貧窮邊緣，帶著健美的深咖膚色、蓬鬆的小捲髮和潔白的牙齒，加勒比海域民族的血統在這些孩子的身上清晰可見。

我看到這些孩子，心都要融化了：小男孩穿著白色巴拿馬襯衫、剛好蓋住膝蓋的牛仔褲與巴拿馬圓頂帽，而小女孩則穿著白色大荷葉領上衣，搭配傳統的大圓裙。他們在淒涼的學校禮堂跳起舞時，我不由自主讚嘆出聲：「真是可愛！」這裡的生活品質距離「美好的生活」還很遠。

莎拉（Sara）這位學校老師的願望是：「引導我的孩子，讓他們知道自己是可以辨別差異的人。雖然我們住在這個因為暴力與毒品而汙名化的區域，但我還是告訴他們，儘管沒有比別人好的出身，但是也可以做不一樣的事。我和他們說，他們也可以是照亮這個區域黑暗角落的明燈。我最大的希望是，他們能夠理解我說的話。」莎拉也和兩個孩子住在這一區。「現在這裡很平靜，但是過去曾有非常危險的場面，最近警察大動作逮捕了很多人。」所以這一區目前是安全的？真好！

在我們結束採訪，向校方道謝，而後轉到一處角落時，突然出現一群穿著防彈背心、看來很謹慎的警力攔阻我們過街。因為身上背著三千多歐元的攝影器材，我也不想太任性地在這一區閒晃，所以向警方說明阿里的車就停在前方一百公尺處。幾個警察就陪同我們走到停車的地方。原來在我們停車位置的前面，警方發現毒品供應商的住處，正陷入膠著對峙的場面。於是，我進入車內，就偷偷打開攝影機。聽到女性歇斯底里的尖叫聲，還有大約十名警力正在攻堅。這條街的一頭被一輛監獄車輛擋住，所以我們只能緩慢前進。我一邊拍攝影片，覺得自己像是戰地記者，一邊感受著腎上腺素直衝到耳下，我覺得一點也不安全！

隔天早上，我又和阿里捲入巴拿馬混亂的交通車流中。這個城市的炎熱真令人難以忍受，而且我非常確定，如果不是被烤熟，就是因為這裡的廢氣而被毒死。我的額頭上冒出汗珠，絲質衣服都黏在身上了。這時候與保時捷巴拿馬分公司的財務副總翁貝多．卡羅（Humberto Carlo）見面似乎不是好時機。

途中，阿里似乎和我比較熟悉了，就對我說起自己的故事，「對我來說最重要的事，是讓孩子接受好的教育，那會讓我感到驕傲與幸福。我的女兒從大學法律系畢業後，現在在私立大學就讀醫學系二年級。在那裡讀書當然很貴，一個月要九百美元，而我一個月平均收入是一千五百美元，雖然勉強，但是還過得去。」

阿里的小客車來到汽車展售場前，一陣急促的震動後停在幾部拉風的跑車之間。我們抵達了。我走出車外，有被重擊一拳的感覺：外面的溫度是四十二度，空氣溼度感覺有九九％那麼沉重！我早該料到的，這個國家全年平均溫度是三十二度，靠太平洋一邊的海岸線長達一千七百公里，另一側靠大西洋的海岸線也有一千兩百九十公里。兩條海岸線之間孕育著令人屏息的豐富自然美景。這個狹長的國家位居連結北美洲與南美洲的要塞，有三百三十多萬人口，土地面積與德國下薩克森邦（Niedersachsen）和北萊茵—西法倫邦（Nordrhein-Westfalen）加起來差不多大小，但是這兩個邦的人口合計共有兩千五百多萬人。

輕柔溫暖的沙粒，但很快就會從指縫溜走

不久後，我就坐在卡羅的辦公室裡。卡羅是一個身形瘦長的男人，戴著一副新潮的眼鏡，舉止優雅。他帶著溫和的微笑，有耐心地在會議室桌邊，等我架設攝影與錄音設備。他曾在美國留學，所以說得一口流利的英語，但是眼前這個年約五十歲的人卻對國家的發展感到不滿意。

「巴拿馬就是一個國家整體的經濟發展，被社會發展拖累的例子，這個國家無法提供給人民較好的生活品質。」我忍不住問他，為什麼巴拿馬人還是這麼幸福？「以目前的生活水準，誰都不會幸福，所以他們善用每分每秒去狂歡。於是，這就形成妳看到幸福的一部分。『我要享受當下的這一刻。為了工作，我明天一早四點就要出門，之後可能要到晚上八點才能再回家。我看不到我的孩子，也無法參與其他家庭成員的家庭生活。』我相信人們會做出一些改變，但是他們也善用每分每秒去狂歡，巴拿馬剛好有很多節慶，可以讓他們瘋狂慶祝。」他笑著補充說。

卡羅表示：「這樣的想法可能有歷史關聯，而且可能和我們國家如何形成有關。過去我們被歐洲人殖民，但是那群歐洲人並不想要長久經營這裡，只想炒短線，從這裡快速獲取利益，這樣的行為模式也就流入我們的民族性裡。多數的巴拿馬人並沒有長期的人生規劃或願景，只想要快速得到結果。這樣也就意外地帶來某些幸福，因為這樣就無須擔心兩年、五年或十年後會發生什麼事。沒有這些對未來的擔心，就可以集中注意力在眼前的每一天，但缺點就是短視近利。可是，

當有人想要永續經營一個地方，也算是為了下一代著想時，就必須要有長期規劃。」

然而，與擔心未來相比，巴拿馬人還是熱衷於跳舞，無論是與朋友、家人與鄰居。只要有莎莎舞和蛋白霜甜點，就夠巴拿馬人消磨一整天。與人同在，還有對生命充滿熱情，這兩樣就是巴拿馬人對抗貧窮的最佳良藥。

和我同鄉的蓋格住在巴拿馬才幾個月，對這裡的生活就感到無比興奮，「光是每天早上進入辦公室時，看到其他人會笑著對妳打招呼，就很令人振奮。一點也不像在德國，每個人都只是低頭看著地板，想著：『又要上班了呀！』『啊！又要星期一了！』在這裡的生活品質比較好，並不是指物質上的，而是單就生活感受而言。」蓋格為卡羅工作，並且計畫在二〇一六年和巴拿馬籍的未婚夫安格（Angel）結婚，她一點也不想要再回到萊茵河畔生活了。

卡羅繼續說：「這裡的人都很親切，也許不是那麼文明，但還是很有禮貌的，他們都很開朗，而且隨時帶著笑容。」

「歡迎來到巴拿馬！」在街上販售巴拿馬圓頂帽的佩多羅（Pedro）大聲呼喊著。他看到鏡頭後，還張開雙臂熱情入鏡，到目前為止，他不是唯一一個歡迎我到他們國家的人，經過幾年的政治動盪，現在的巴拿馬人都很開心，自己的國家終於被其他國家承認了。巴拿馬正在起飛，這是我唯一想到可以用來形容這個國家經濟現況的說法。

巴拿馬市雖然在海岸邊有許多亮麗的高樓大廈，但是仍有大半區域看起來都像建築工地。「是啊！」阿里笑道：「我們過得真的很好。這裡有不少建案都在進行，而且每個人都有工作。」此外，知名的巴拿馬運河至今仍然掌握全球五％左右的貿易吞吐量，讓巴拿馬和世界有很好的連結，所以國際化發展可說是這個國家與生俱來的優勢，因此巴拿馬人都驕傲地說自己的國家是「宇宙的中心」。

對我來說，在巴拿馬的蓋格散發著光采，淺棕色的頭髮、細緻的輪廓，還綁著俐落的馬尾。自從移居巴拿馬後，她變得更平靜、更沒有壓力了。「這裡的辦事效率差不多只有德國的四〇％，但最終該做的事還是會完成，只是在這裡需要多一點時間而已。剛來的時候，我常有被打敗的感覺，比方我和同事說：『我需要這份資料，請幫我準備好。』同事可能會回答：『好，沒問題。』等到隔天，我又問：『資料準備好了嗎？』對方會聳聳肩回答：『什麼？妳不是說妳要做嗎？』聽完後就輪到我聳肩了。就是這樣，沒什麼，那就是我沒做。但是，如果我說：『明天做完——德國時間。』資料就會準備好了。」

我向蓋格講述在艾爾切利里歐區遇到警察攻堅毒販的經歷。她一點也不驚訝，反而告訴我：「如果妳在那裡發生意外，他們會把妳抬到路邊，讓妳躺在那裡，然後就沒有人會理妳了。」「什麼？」我驚訝地脫口說出。「如果妳讓別人有搶劫的機會，那些人就真的會搶劫妳，而且沒有人會幫助妳脫困。在這裡，有人被槍殺或在路上被刺殺，就像是下雨一樣平常，就是這樣。」

我聽完後就把腳埋進巴拿馬沙灘的沙子裡。我明天就要繼續往下一個國家前進。如果問我是不是喜歡這個國家？我會說，那種感覺就像我讓輕柔溫暖的沙粒緩緩流過指間一樣，沙粒很快就會從指縫中流走，但這裡的生活就是如此。

生活就是你看到的樣子

生活就像是一隻兔子，會突然跳起來。

——拉法耶爾，計程車司機，哥斯大黎加聖荷西

我在路邊一臉無奈的同時，阿里正向警察詢問道路被封鎖的情況。但是，我很想過去和他說：「反正警察不會讓我們通行的。」要他省下力氣。沒想到不久後卻看到阿里拉高封鎖線，讓我走進圍著一家名為「大蘋果」（Gran Manzana）百貨公司的封鎖線內。我的視線無法看得太遠，因為眼前是一陣灰黑色濃煙，原來是餐廳的廚房起火了，整棟建築的人員都已經被疏散了。

但是，我卻像闖進不真實的空間似的，周圍盡是消防員、警察、醫護人員，還有……真正的新聞媒體。「阿里，你是怎麼辦到的？把我帶進來這裡……」我在他的旁邊小聲問道。「就說是德國媒體啊！」阿里有點驕傲地回答我。我忍不住笑出來，然後拍拍阿里的肩膀。但是馬上想到，我和我只有麵包盒大小的攝影機，應該無法讓人對德國電視台留下好印象吧！

在這段期間，百貨公司前已經開始燃燒了，但是我在現場卻看不到一絲匆忙急促的感受，整個

情境反而讓我想到像是在進行民族慶典。「嗨！好久不見啊！」「你的小孩怎麼樣？」消防隊員聊著天，有些消防隊員站在百貨公司的頂樓，濃煙中舉著不知該噴往哪裡的小小水柱；醫護人員悠閒地靠著救護車；警察也在旁邊閒聊或觀望著，像是在看今晚還有哪些人到場。感覺就好像在心裡嘟囔著：這場火災真是給我找麻煩。

大概是出於安全考量，對面的幾棟建築裡有幾桶瓦斯桶已經被推滾著送到路上。而我還戴著傳統巴拿馬帽在這些人之間閒晃、拍了幾張照片，並且和一個媒體女記者聊天。我們在火災的百貨公司前找到一家商店買了兩瓶水、兩根香蕉，還有一包很受歡迎的馬鈴薯片。說那包馬鈴薯片很受歡迎，是因為幾個醫護人員、消防隊員和一位警察也想要與我共享。其中那個警察並沒有說話，只是把手攤開放在我的眼前，他背在肩膀上的機關槍就在我面前不到十公分的距離晃動著，面對這樣的場面，我不把馬鈴薯片遞過去也不行吧！

兩個小時後，我和阿里就離開那個感覺很不真實的火災現場。離開時火勢還在繼續延燒，只是建築物已經慢慢向中央傾倒，而剛剛抵達現場的所有權人只是靜靜看著火災現場。我小聲地對阿里說：「還好，他肯定買了不少保險。」沒想到阿里竟然回答：「才不是！這裡沒有人會買保險，反正這種事就是會發生。」

「就是這樣。」這真的是一個用來表達事情當下發展，聽起來很輕鬆的說法。巴拿馬人常常會把這句話掛在嘴上。但是，哥斯大黎加人也不遑多讓。和德國人結婚、臨時充當司機的艾度瓦多就向我證明這一點，他說：「比起德國人，我們放鬆多了，無論是約會、工作或其他所有生活中可能會造成壓力的事，都能輕鬆以對。我們就活在今天，很少看向未來，所以煩心事也會比較少。」聽起來真好！接下來，我們就來談談要怎麼樣才能放輕鬆。

不知道讀者是否還記得墨西哥市裡個性活潑的女記者巫維塔？我去拜訪她時，她給德國人的建議是：「凡事不要太認真。我對德國人的印象是，他們對自己很嚴格。如果換成是墨西哥人，無法把工作做到百分之百完美，或是沒有讀過大學……並不會那麼嚴重。墨西哥人會覺得就只是沒做到而已，但是德國人好像隨時都覺得沒有這樣、那樣的話，世界就會毀滅了。」

巫維塔這麼說，讓我忍不住浮現尷尬的表情。她說得確實沒錯，德國人眼中的世界好像隨時都會滅亡的感覺。這也讓我想起一九九〇年代，我曾經在荷蘭最大報上看過一則至今讓我印象深刻的廣告，廣告的內容是一頭大象和一行字：「該怎麼做才能把大象變回一隻蚊子？」真是一個好問題。但是，其實這麼說或許會更好：「該怎麼做才讓一隻蚊子維持蚊子的樣子？」讓事物維持原本的模樣，不就輕鬆多了嗎？對於生活也是這樣，生活怎麼迎來，就怎麼面對它，「嗨！生活，你在嗎？噢！這樣的你看起來還不賴。」

問題會自己找到出路

德國人有一堆實用的品德，唯獨沒有從容這一項，但是為了讓自己心安，我們還是會常去檢討。那種對事物輕鬆以對、泰然自若的態度，挪威人稱為「Sinnsro」，意謂著心靈上的寧靜。尤其在變化快速的今日，這樣泰然自若的心態讓我們在面對外面世界的變動時，仍然可以堅定地維持冷靜思考。帶著這樣心靈上的寧靜，讓我們可以坐觀事態的起伏變化，臨到懸崖，或是眼見成為泡沫的境地，都能夠堅定而不為所動。這種泰然自若的態度是性格強度的象徵，也是內在力量和原始本能的區別。

我常希望自己凡事能從容以對，也許不是任何時候，但是在需要時，我希望自己有這樣的能力。白髮的挪威人克努特，靜靜看向克瓦勒島的礁岩海岸，說：「即使我們過得不好，但心境上還是可以讓自己好過，因為我們能輕鬆面對生命中發生的事。如果有什麼事情發展不順利，就去改善它。」他笑著看向幾個星期前被暴風吹到峽灣邊的穀倉，接著說：「像是這座穀倉壞了，就再造一座。」他聳了聳肩，像是在說：就是這麼簡單。

也許祕密就藏在「泰然自若」這四個字裡，泰然自若意指即使在緊急情況發生時，仍然沉著鎮定，不慌不忙。你當然可以為國家的未來擔心、可以因為把車開到前方擋到動線的駕駛而情緒激憤，也可以在檢視行程計畫表時心煩意亂。但是，要怎麼感受是你的決定，當然你也可以決定輕鬆面對。

在克莉絲汀娜．歐芭蒂雅（Christina Obaldía）家可愛的花園裡，我坐在女主人的身邊，她是耶磊刺的母親，當時還沒六點，天就已經黑了。那棟房子和附屬的花園被一座高牆圍起，是典型拉丁美洲的防禦型堡壘風格。歐芭蒂雅曾接受大學哲學系的洗禮，對於世事有著省察的智慧。她是一個美麗的女性，白髮婆娑、曬黑的膚色、和藹的面容，還有清秀的五官輪廓。

「德國人經常在擔心，」她冷靜地說：「但我們就傾向認為，問題原本是不存在的。生命中常會面臨讓人傷心或煩心的狀況，這些情況當然不能讓人感到幸福，但是我們可以改變面對的態度，然後尋找另一條出路，依問題和情勢順勢而為。」歐芭蒂雅說完後，給我一個溫暖的微笑。

「有一句諺語是這麼說的：『如果問題自會找到出路，又何必擔心？如果反正無解，擔心又有何用？』」幾乎用字一致的說法，後來我在哥倫比亞也聽過同樣的諺語。波哥大市區「上高坊八十一號」西班牙餐廳的寇立亞．向我說了對他第二故鄉的人在心靈上的觀察，「哥倫比亞人會尋求問題的解決方式，想辦法讓問題不會變大。我們太常因為問題而負荷過重，但是在哥倫比亞會說：『如果問題沒有解答，何必折磨自己？如果有解答，就去了解問題出在哪裡。』哥倫比亞人不會讓自己愁苦著過日子，他們都很幸福。」

這裡又不得不提到澳洲人了！那裡的人維持著一貫慵懶的生活態度，其實也有類似的看法。雪梨的音樂人唐恩就說：「是喔！為什麼澳洲人這麼幸福啊？我想這應該就是典型的澳洲人說的『朋友，事情會好轉』的態度吧！反正事情會自己變好！我已經是澳洲的第五代移民了，就是被這樣的觀念帶大的：不要費力思考枝微末節的小事。而是要為生命感到愉悅，要享受幸福，其他的就順其自然吧！讓自己接受生命中發生的事。只要改變你有辦法改變的部分就好，無法改變就接受它，這就是我的生活哲學。」

後來我在等待歌劇《波西米亞人》（*La Bohème*）演出，坐在雪梨歌劇院旁的棧道上看海時，也想到類似的說法，我在日曆上的勵志格言也讀過：「主啊！求你賜予從容，讓我得以泰然自若地接受我無法改變的事；請賜予勇氣，讓我改變所能改變的一切；並請賜予智慧，讓我辨別兩者的不同。」我想，應該有不少讀者看過這段話，這是美國神學家與哲學家萊恩霍德．尼布爾（Reinhold Niebuhr）的名言。

但是，如果我缺乏智慧，不知道如何分辨什麼是能改變，什麼是必須接受時，又如何能從容以對呢？那天我坐在移居丹麥的曼娣與雷納家的花園中，曼娣充滿讚賞地說：「丹麥人看待很多事情都是輕鬆以對，我覺得這樣有不少好處，就是活得比較無拘無束、比較自在。」「是啊！」她的丈夫雷納也附和說：「人也需要活著。現在我活在這個世界上，就要全力做好自己的本分。不用耗費太多心思去憂慮，比如政治或其他無法改變的事，只要順應、遷就它就好。」

我想，遷就聽起來似乎不太能引起共鳴，聽起來像是死心或放棄了。但是，如果順著這個思維繼續思考，會發現其實它指的是「用從容的心態『接受』已經發生但無力改變的事」，因為都已經無力改變，所以就放心『遷就』它。不然，對於無法改變的事，還能做什麼呢？然後，我突然意識到，既然是無力改變的事，再努力就會像唐吉訶德（Don Quichotte）有如螳臂當車地與風車征戰一樣毫無意義。

但是，知道不代表就是行動。就算是再堅忍性格的德國人，即使長年旅居其他國家，也會經常糾葛於從容面對生活這件事。比如歐畢耶可尼克雖然持有奧地利護照，但卻在德國長大，而且已經生活在這些輕鬆的國家長達三十餘年，足跡遍及墨西哥、委內瑞拉、阿根廷、巴西和現在的巴拿馬等。

歐畢耶可尼克是博世公司南美區的總經理。經由德國工商會（Deutsche Industrie-und Handelskammer, IHK）的介紹，讓我得以在巴拿馬訪問他。我臨時發給他電子郵件，沒想到三個小時後，我就坐在他的辦公室裡。而且在我抵達前，他就已經幫我對屬下做了有關幸福的問卷調查，真是輕鬆、方便，在上班時間內可以同時解決這麼多的事。

「德國人的問題就是總是看向還沒發生的未來，今天就在為明天的事擔心，巴拿馬人就會比較輕鬆地看待還沒發生的事。」帶著一點抱歉的神色，眼前這個年近五十歲、皮膚曬得黝黑的男人接著笑說：「比如德國人來到巴拿馬，就難以接受這裡的交通狀況，但是這裡的人會調整自己的心態，他們會說：『幹嘛給自己壓力？反正都已經這樣了，也改變不了什麼，所以就沒有什麼好抱怨的。』」噢！真的是這樣，我忍不住同意他的說法，我們真的太擅長抱怨這件事了。那些拉丁美洲人會說「大概量一下就好」的事，德國人就非得拿出圓規、三角板這些測量工具仔細比對。

我在波哥大的房東，奧地利籍的維瑞娜・絲蜜德（Verena Schmid）對於哥倫比亞人可以活得比德國人或奧地利人快樂的原因，做出以下的解釋：「和我們相比，他們讓自己的生活輕鬆多了，也很少擔心未來，而是盡量活在當下，很少或幾乎不做事前規劃。我就發現自己來到這裡之後的一些改變，但這些改變並不全然是負面的，我希望。」當時我們和她的德國友人特瑞西亞（Teresia）一起在波哥大的晨間陽光下共進早餐。

絲蜜德又繼續說：「我也相信，不少事情在這裡就是要花費更多的時間。或許只是在這裡的處理方式，和我們習慣的做法不一樣而已。無論如何，就只是換一個方式處理，但是總有處理好的一天。」我眼前的兩人都發自內心地笑著點頭。「嗯，就是啊！」特瑞西亞認同地說：「這種人都很有即興演出的天分，而哥倫比亞人更是其中的翹楚。」然而，完美主義和從容的姿態似乎無法和平共存……所以，雖然我有一半的荷蘭基因，但是我對荷蘭人的隨興也經常需要重新適應，荷蘭人的說法是：「如果事情的發展無法像預期那樣，就讓它順其自然吧！」

所以，不必太執著完美主義，讓生命中該發生的事情發生，就能更從容地面對生活。我們都認識一種超級媽媽的形象，這些超級媽媽亦步亦趨地跟在孩子後面，生怕孩子一有閃失就走歪了，就像有些主管因為放不下心，所以對員工千叮萬囑、嚴加管制，又或是像那些只要看到文章中有一個逗號標錯，就彷彿世界末日降臨的人。從容意謂著，信任別人，也相信未來，所以放手讓事情自然發展。唯有你能對事物、人和發生的事保持距離，才能做到。有時候退一步觀察，反而更能看清事情的全貌，更能有頭緒地處理。就像藝術家為了更好的構圖，要常常保持一點距離觀察自己的作品，而不是因為距離太近而拘泥於細部結構。

分辨在生命中重要的那些事

在澳洲律師維爾登的辦公室裡，能夠從高處看到墨爾本這個城市的樣貌。維爾登用雙手托住雙下巴，然後用戴著眼鏡的眼角餘光看向我，說：「對於失落的心情，時間會幫助我們處理它；在生氣的當下，想著過一、兩天就沒事了。這樣一來，就不會有什麼不好的副作用。到完全忘了讓妳不高興的事情之前，只要想辦法活下來就好了。」

事情的緊迫性都會在時間面前消逝。即使我們多少都有「時間就是金錢」的意識，不斷提醒自己要趕快對事情做出反應，不然一旦有了決議，原本屬於我們的機會就會消失不見了。請你從容一點，對於正在進行的事要保持一點距離，就像藝術家有時候會用一塊布蓋住作品，隔天再掀開來看一樣，一夜之間，肯定就會在畫中找到很多不同的訊息，幫助你繼續作畫。

一件事的重要性和它對生活的影響力，可以自行決定，因為我們都有比較的天分。維爾登發自內心地笑說：「對於發生的事，妳還要觀照它發生的關聯性，然後就會發現，那件讓妳不高興的事，在整個生命中一點也不重要。」也就是說，我們可以把一件事情和其他的事情連結，然後降低對我們有負面影響事情的重要性，這也代表人們可以比較事情的輕重緩急。

依照加拿大幸福專家米卡羅斯的說法，這可能對我們的個人幸福有害（請參見第八章），因為其中隱藏一個機會，而這又與和什麼或和誰做比較有關。德國媒體在蒙特婁的外電特派員波普就愉快地笑道：「加拿大人在意的並不是和世界最好的做比較，而是發展出比較安逸的形式，這裡的人喜歡和那些情況比較不好的國家做比較。比較的結果當然就會覺得加拿大更好，如此一來，幸福感就提高了……」

讓我們再回到主題。你知道自己擁有些什麼嗎？你可以如何將不同的事物做連結？在哥本哈根，丹麥人馬爾特的女兒在訪談期間，一直騎著她的小腳踏車圍著我們繞圈，馬爾特舔了一下冰淇淋，繼續說：「在這個國家裡，我們幾乎沒有理由去害怕什麼。這個國家既沒有地震，也沒有龍捲風，好吧！這裡偶爾發生水災。我和我的女兒都很健康，而且我們生活在這個美麗又井然有序的國家，所以沒有什麼需要擔憂的。也許，除了外出會突然下起雨，才發現忘了帶雨衣的時候……」據馬爾特後來和我說，當時他正在打離婚官司，因此對照先前的說法，他顯然已經在內心找到平衡了。在更嚴重的天然災害前，個人事件往往就顯得無足輕重。

「我是桑傑士，這是我的店。」眼前是一個親切的哥斯大黎加人，他的笑容讓人感到溫暖，他所謂的「店」不過就是一個把販賣東西塞得幾乎快要到天花板的不起眼小書報攤，還是在聖荷西外圍某個不知名區域、充滿灰塵的路邊。「我們還有一個酒吧。」他驕傲地說：「我當然覺得幸福。我有妻子和一個女兒，一切都很好。在幸福評量表上，我會給自己八分，因為還有一點貸款要償還，不然我就會給滿分了，但是那又怎麼樣呢？我很喜歡這裡，我喜歡與人聊天，無論是和其他新認識的人，還是妳，和人聊天真是愉快的事。」

「那又怎麼樣」顯然又是從容面對生活的同義詞。墨西哥記者巫維塔笑著說：「是啊！德國人應該多認識其他的人，從生活中尋找樂趣，然後輕鬆一點面對生活。也許在過程中不免會遇到一些令人不愉快的人，但是那又如何？總會有遇到好人的時候。」也就是說，如果德國人願意在完美主義中加入更多「唉喲！那又怎麼樣！」的想法，就能更從容地面對生活了。有什麼關係！那又怎麼樣！就是這樣，就是面對生活不要太認真。

「生意不好？有什麼關係。我還是遇到生命中最愛的女人啊！」、「引擎發不動？那又怎麼樣？反正太陽還是會繼續照耀。」、「自家花園看起來雜草叢生？哎呀！沒關係啦！看來我再多等一下的話，就可以一次除更多的草，我現在做的事就會更值得啦！」這樣看來，從容面對生活的人，才是在生活中取得平衡的世界冠軍。

還記得那個名叫瑪俐亞─荷希的年輕媽媽嗎？她獨自一個人帶著孩子住在哥斯大黎加生活條件最差的區域，總是要在清晨四點起床，先把孩子安頓好，自己才能去學校上課。沒有一天能一覺睡到天亮嗎？「沒關係，無論我有多累，只要孩子在我的臉上親一下，喊我媽媽時，那就好了。」

不管繞了多少路，最後都會回到同一個地方

為了知道我們可以拿什麼做比較，就必須先知道已經擁有什麼，還有什麼在生命中是重要的。「我想，無須強迫自己隨時都要處於幸福狀態，但是必須時常提醒自己要愉快地過日子，而且對所擁有的常懷感恩之心。」澳洲的名廚麥卡尼說。一個人幸福與否，和他如何評價自己的幸福程度息息相關。無法感受陽光從樹梢間灑落的幸福感的人，或是錯過孩子喊爸爸或媽媽的人，或是對同事的微笑視若無睹的人，當他們的生活遭逢變故時，當然支持力量也就比較少。無論生命多殘酷，只要有這些支持力量，就足以讓我們安然度過。

「我是顧司塔（Gustavo），住在哥斯大黎加，今年六十歲，職業是律師與大學教授。」我和艾度瓦多前往顧司塔位於聖荷西郊外森林裡的度假小屋拜訪，他常到德國，也認識很多的德國人。「我覺得哥斯大黎加人也不是不負責任，只是對自己不那麼嚴格而已。但是，德國人對自己的目標會嚴格執行，才會造成壓力和沉重的負擔。所以，我想建議德國人更從容地看待生活，反正到最後我們都會到同一個地方啊！」

你可以為生命加很多的油，然後不斷向前跑、跳得更高，也可以把車開得更快，但荒謬的是，所有人的生命都只有唯一一個終點，有趣的是，就算我們總是生活在緊湊匆忙的步調中，唯獨對這個唯一的終點，幾乎大家都想要愈晚到愈好。

生活中有些事就是會發生，無論你是否參與其中。就像晚上到哥斯大黎加機場接我的計程車司機拉法耶爾說的：「生命就像是一隻會突然跳起來的兔子，人只能帶著期望，希望一切都平順安好。我對於未來就很積極正面，當然也與審視者看待事情的角度有關，如果人的觀點很消極就不會順利。但是，如果正面積極地面對，生活就會變得很美好。」然後你會看到，事情的發展並不像你在惡夢中預見的那麼嚴重。

我在盧森堡遇到娜塔莉．休米茲（Nathalie Schmitz）時，她正在跳蚤市場出清家裡地下室儲藏的物品，她認為小小的惡夢也只是屬於生活的一部分而已。「生命中有些日子也許過得不是那麼平順，但也只是生命中的一部分而已。藉此也能讓人知道，生命中還有其他美好的日子。生命就是由這樣好壞交替的日子組成的，我們能做的就是感受並享受它，這很重要。」

無論你生命中的兔子正帶來什麼樣的打擊，總會找到其中的意義，對於我在蘇黎世旅宿時認識，目前已經移居瑞士的柏林人史黛菲來說也是這樣，「所有事情的發生都出自同一個原因。最終，所有發生的事都會成為自身的經歷，而這些經歷最終也都會是正面的，即使事情剛發生時可能是負面的。但是，正因為有著這樣的經驗，讓我們再次遇到時就能做得更好。」用這樣的眼光看待生命的歷程，是掌握自己命運最強而有力的方式。

來自澳洲，個性沉著穩重的幸福研究專家包柏，也抱持同樣的看法，「如果我們失去對世界的控制，只要掌握好自己的生命就好。」聽起來真聰明，不是嗎？如果發生什麼不好的事，你可以對自己說：『如果不是這樣，有可能會發生更嚴重的事呢！』」在包柏繼續往下說時，他對著鏡頭咧嘴一笑，「可能還會有更嚴重的事情發生，但是無論如何，你終究還活著啊！」

波普說完後，笑得整個身體都震動著，不久後又正經地說：「我們經常很快就能對現實狀況做出其他的詮釋。像妳這樣的人，有著比一般人更好的能力去詮釋生命中發生的事，所以比較容易發現事情的正面意義，所以妳對很多事就會自然而然地抱持正面的想法。比如說，如果是妳遇到搭乘班機發現機械故障，會認為：『還好現在發生了，而不是在途中的大海上空。』我們會用正面的心態去重新解讀負面事件，這被稱為心理層面的緩衝空間，是對抗生命波折的強力工具。」

沒有人能毫髮無傷地過一輩子，但可以整理亂髮繼續過下去

冰島馬的特色之一是鬃毛特別長，在距離雷克雅維克市區幾公里外的曠野上，我騎在夏塔朵緹兒飼養的冰島馬背上，聽夏塔朵緹兒含蓄地笑說：「大體而言，冰島人都是正面積極的。可以讓我們感到幸福的事情太多了，無論是這裡的好水，還是這裡的壞天氣。只要妳樂觀積極地面對，就能感覺幸福；相反地，盡是往消極的方向想就無法快樂，其實只要人活著就該覺得幸福！」

有時候事物或許已經不再是原來的樣子了，這個時候可以悲觀，但是也可以接受它現在的樣子。「甚至在經濟崩潰的時候……一切都還是原來的樣子。」夏塔朵緹兒說。她聳了一下肩，做

出無奈的動作，然後有點無言地看著我，好像在問我，幹嘛還要對我說明這麼簡單的道理。

無論你覺得現在遇到的問題是機會，或只是聳肩，但卻莫可奈何。「問題還是會出現，只是問題來了又走，但是總會出現解答，即使有時候看起來似乎並不像是解答，而會讓人感到沮喪或傷心難過。所有的問題都有解決方法。」有問題就有解答！至少波哥大銀行的專業工程師迪安娜‧皮耶鐸（Dianan Pietro）也有同感。比起倉促行動或提前擔憂，能夠耐心地等候通常是更好的回應方式，而且很多時候，事情的解決方法就會自動出現。

擁有智慧，能夠在適當時機表現出合宜的舉止，並且在消極放手和積極處理之間有判斷取捨能力、明白要在什麼時候採取什麼行動的人，才能稱王。企管經濟學者，並且在大學修習醫學士學位的基里耶摩‧奎尼奧涅茲（Guillermo Quiñonez）就證實從容與鎮定的態度，並不等於慣性或無動於衷。

我在波哥大深夜的夜生活圈中遇到他和他的幾個朋友。雖然他在幸福評量表上為自己評為十分，卻也表示：「看到別人受苦，我的心裡也難受，所以我才會學醫。我想興建一間醫院，幫助許多病患。」「德國人怎麼樣可以活得幸福一些，你可以給他們一些建議嗎？」我好奇地探問。「當然！無論生活如何呈現在面前，好好過就對了！不要往不好的面向去設想、擔憂，只要繼續往前進。」

如果哪時候你跌倒了……就請你再次站起來，整理一下自己亂掉的髮型，然後對剛才發生的事一笑置之。如果事情都這麼簡單就好了！我的意思是，你當然也可以在跌倒之後就躺在地上，但是你會因此得到什麼嗎？沒有人可以毫髮無傷地過一輩子。但是，曾經歷的人就能隨著經驗成長，並且因此變得更加從容。

「在盧森堡，當然也有人失業，也有經濟困頓的人，但是對於遇到挫折重新站起來的精神，還有為自己構思新的出路，盧森堡人在這些基本態度上還是比德國人厲害一些。」狄特爾（Dieter）說。狄特爾是德國人，現在移居盧森堡，他有過幾次跌倒又重新站起來的經驗。遺憾的是，我們總覺得跌倒是很難堪的事，認為那是失敗者的行為。

有許多治療師、訓練師和指導員，就以反面例證的角度來說服我們做為賺錢的手段。也許那是因為多數人對未來都缺乏信心？或是因為我們過去太常面臨失敗？或是我們把太多罪責都攬到自己的身上，因此對自己沒有信心，不相信自己已經從中學到什麼了？

德國人帶著自己的歷史成長，並且得到其他國家的尊重，這一點連他們自己都還不是很清楚。然而，冰島人在過去的金融危機中也曾遭遇失敗，但是現在又以嶄新姿態東山再起。要知道，失敗其實是自我反省最好的方式。而且通常是從容面對世事的最佳管道。日本有一句諺語說：「跌倒七次，就要站起來八次[48]。」遇到挫折後還能夠站起來的人至少還活著，就贏過很多人了。

蒙特婁遇到的加拿大歌手丹妮卡正坐在鋼琴椅上，受訪當時她正在為新專輯錄音，「我喜歡嘗試新事物，當然有時會碰得一鼻子灰，但是我都能從中得到經驗，這就讓我覺得很快樂。或許不一定是在遇到挫折的當下，但是整體而言，那些經驗都能帶給我幸福，讓我之後能實現夢想，經歷更美好的時刻。」立志做大事的人，即使失敗仍然令人讚嘆，比如距離我們大約兩千年前的古羅馬哲學家塞內加就是這樣的人。生命隨時可能把我們擊倒在地。

哥斯大黎加迷人的數學教授瑪歌搖晃著一頭金色捲髮，說：「人要珍惜幸福的時刻。另外，也有許多苦難的時刻，但是不可以就爬不起來。人都可以試著用幸福時刻填滿生活。跌倒了，沒關係，但是不要就這樣賴在地上不肯起來，站起來就好了。」

---

48 譯注：日語原文為「七転び八起き」，意味百折不撓。

11

小巧而豐沛的國家
——盧森堡

幸福關鍵字　幽默

大概可以理解盧森堡的核心價值就是文化的多元性，這也讓這裡的人對自己文化的運用能多一點彈性，對自身的意見不會太過堅持。最好的狀況是，所有不同文化之間的優點都能融合為一。

盧森堡是這趟旅程中造訪的倒數第二個國家，還是一個潮溼的國家！我抵達時正下著雨。我有點遲疑地換上帶來的橡膠長靴，然後撐起雨傘。投宿的旅店門房帶著審視的眼神看著我的攝影機，接著提醒我在附近帶攝影機上街要多留意。唉！我又到了什麼地方啊？來到這裡的前一天，我還在自由的加拿大，在那裡的感覺就像和在北歐沒有兩樣，可以安心地四處閒逛。

好吧！這時候的我一點也不想把這種感覺說出來，還是抬頭挺胸地過街，然後就撞見阿藍特。阿藍特正在一家銀行前發送除冰鏟。讀者還記得第四章嗎？阿藍特就是那個覺得生命像是一顆「蛋」的人。他告訴我，十月六日（也就是明天）是盧森堡的父親節。而他們的組織正在發送除冰鏟給那些看起來像是已經當父親的人，做為組織的宣導訴求，希望美化我投宿旅店所在的這一區。這是我這趟旅行中第一次遇到，要留意不要讓攝影器材淋雨的情況，感覺有點麻煩，而眼前這個健談的盧森堡人卻已經迫不及待地介紹著。

我問阿藍特說的是哪裡的腔調。「我們在盧森堡說盧森堡語。」我真該想到的，這裡是盧森堡嘛！「我們也說德語、法語和英語；另外，有二五%的人說葡萄牙語。」阿藍特得意地說：「每次聽到法國人或德國人說國內的外國人太多時，我都很想笑，怎麼說呢？他們國內的外國人比例分別是一二%或一三%，而盧森堡有四六%是外國人，但是我們一點也沒問題，每天都和睦相處。」阿藍特一邊說，一邊幫我收起收音線，「問題就在於國內缺乏勞動人力。」

雖然盧森堡並不大，但是「盧森堡大公國」卻在歐洲的政治、經濟上扮演重要角色。歐盟有許多行政機構就設在盧森堡，如歐洲法院與歐洲審計院等，族繁不及備載。「我們不只提供就業機會，還要給來這裡的人一種『人就要享受生活』的生活觀。」說到這一段話時，阿藍特顯得很熱情，雖然因為撐著傘，我和他相隔大約五公尺，但還是能聽到他充滿活力地說著，聲音之大讓我不得不提醒他，這樣的音量對耳朵太刺激了，請他用一般音量說話就能聽到了。

「幸福不一定和財富有關，人的富有也可以是在心靈上，或是其他方面，唯獨在金錢裡是找不到幸福的。」嗯，說得固然沒錯，但我還是想到這個國家其實就很富有：很多保險公司、航空公司、電信公司及廣播電台都在此設立據點。就連盧森堡廣電公司（Radio Télévision Luxembourg, RTL）[49]的總部也設在盧森堡；此外，還有網路書店起家、近年跨足電商領域的亞馬遜（Amazon）、跨國性電子商務平台 eBay，以及網路通訊軟體 Skype 的總部也是。在二〇一〇年時，於盧森堡登記註冊的銀行將近有一百五十家之多，更有高達三千五百支投資基金在這裡註冊，因此盧森堡成為歐洲最大基金所在地，在全球僅次於美國。

阿藍特從容地聳肩，而後說：「其實人生中最重要的莫過於身體健康，每天有東西吃，好好活著體驗新的一天。成就幸福的並不是富裕，而是生命中帶給我們力量和幸福的微小事物。更重

49 譯注：歐洲最大廣電集團，主要持股人為德國媒體巨擘貝塔斯曼集團（Bertelsmann SE & Co. KGaA），旗下有五十四家電視台及二十九家廣播電台，遍及歐洲十國境內。

要的是，接受生命原本的樣貌，然後每天正面思考。早點起床，讓自己努力投入生活中，這樣就可以為未來創造一些什麼。」看來盧森堡人都很腳踏實地。「盧森堡人都很勤勞，是接近德國那樣的工作動物，也有法國人對美食的鑑賞力，我認為這樣的完美組合也是成就幸福的主因之一。」

不好意思喔！有這麼多不同的民族，那麼到底還有沒有「真正的」盧森堡人啊？我問了三十二歲的裘伊（Joe），他似乎有亞洲血統、黑髮，還有一雙看起來總是心情很好的單眼皮眼睛，他任職於盧森堡市政府。「這是一個非常有趣的問題，我認為真正的盧森堡人並不存在。就像我自己，即使很多人第一眼看到我時，並不認為我是，但我就是盧森堡人。這正是盧森堡有趣的地方，妳在這裡可以體驗各種不同的文化，也會聽到各種不同的語言。而盧森堡人也能從中獲益，這樣的多元文化為這裡的人帶來許多財富。這裡就有很多不同的民族，根本不需要出國度假。」

我在盧森堡市區的跳蚤市場遇到三十八歲的休米茲，金髮、爽朗的笑容可愛地盪漾在她的鼻子下方，她就這樣和母親、妹妹站在想要出清物品的後方。我問她：為什麼盧森堡人會這麼幸福？「我們喜歡享受，吃得好，喝得也是，或是和人在一起，這些對盧森堡人來說都很重要，也就是這些因素讓這個地方適合居住。正確的混合成分是很重要的：工作、享樂，然後得到值得享受的，因為努力付出，所以得到相應的回報。啊！妳看！」休米茲突然激動地喊著，原來她從家裡地下室清理的東西裡，找到一個拳頭大的紅色心型擺飾，看起來有點俗氣，但是上面剛好印著「幸福」兩個字。後來，在我繼續逛跳蚤市場的道別前，我們還拍了合照。

不久後，我就遇到伊莎貝兒和路克這對迷人的夫婦，兩人的年紀都接近四十歲。路克瘦瘦高高的，個性沉靜；伊莎貝兒大約比他矮了一個頭，有著褐色及肩的半長髮，個性較為內斂，但是笑容甜美，說話還帶著很有魅力的法語腔調。路克先發聲說：「是，我出生就是盧森堡人，我太太則是法國人，我們已經住在盧森堡超過二十年了，也都在這裡的金融機構工作，我們都很喜歡這裡的生活。」

伊莎貝兒同意地點頭說：「能夠生活在這個多元文化的國家中，真的有很多好處，身處其中會讓人更懂得包容。如果和其他國家來的人聊天，也會聽到其他國家的處境多艱難，然後就會更清楚在這裡的我們有多麼幸運。我覺得就是這樣對多元文化開放的環境，讓我們對生活實事求是，也因此感到幸福。」所以，大概可以理解盧森堡的核心價值就是文化的多元性，這也讓這裡的人對自己文化的運用能多一點彈性，對自身的意見不會太過堅持。

最好的狀況是，所有不同文化之間的優點都能融合為一。路克認為多元文化的相互包容與融合，必定會帶來好處，「例如，經由住在這裡的比利時人和法國人，有愈來愈多人慢慢接受，即使女性有好幾個孩子仍然從事全職工作也理所當然。」路克和伊莎貝兒在訪談結束後告訴我，他們有四個孩子。伊莎貝兒聽到這番說法後，更是用力地點頭，「在這裡的這類事情都安排得很好，我們因此也有更多機會從事個人發展。」

錯雜的方言，卻有一視同仁的平等

盧森堡的國土面積只有兩千五百八十六平方公里，是世界上最小的國家之一，也是歐盟國中領土範圍第二小的國家。但是，這個國家卻被稱為移民國，在這方面的成就足以與澳洲和加拿大等國比擬。「是什麼原因讓我覺得幸福？」路克在訪談結束前，終於要回答我的問題了，「自然，還有藝術、音樂，以及將文化傳承給下一代：與他人產生連結、對世界保持開放的態度、包容不同文化的差異。」

在盧森堡的生活很安逸，至少如果你問盧佩特，他就會這麼說。盧佩特就是在前面章節中曾提及，我在他參選期間遇到的盧森堡教師。「在盧森堡，可以很快就找到幸福代表的意義，在其他領土範圍較大的國家，可能要了解幸福是什麼要花費更久的時間吧！這種安逸和這種小範圍，以及有依靠的安心感，應該就是讓我們幸福的原因吧！」我也察覺到盧森堡的國土並不大。

因為一項令人印象深刻，名為「幸福與身心健康部」的專案計畫，我在德國認識了丹倪．克藍斯（Daniel Clarens），在盧森堡時又在跳蚤市場遇到他。街上到處都聽得到有人和他打招呼，隨後就是一連串盧森堡語的閒聊，據說盧森堡語和德國摩塞爾河流域、法蘭克區高地德語的方言語出同系。又聽到一聲「哈囉」，我快瘋了。但令人驚訝的是，這一次接在招呼語後的並不是聽不懂的盧森堡語，而是聽起來字句清晰的標準德語！

是狄特爾，他現年五十一歲，住在盧森堡已經八年了，在軟體公司擔任程式設計師。「我覺得盧森堡最棒的是，這裡住了很多偉大的靈魂，這些偉大的靈魂會說：好啊！我四十歲或五十歲，做某些事情失敗了，那麼我要再做什麼新的事。過去兩年內，我換了兩次工作也完全沒關係。對我來說，只要是與我是不是活得自在有關的都是很重要的準則，因為唯有如此，我才知道如果遇到挫折，還有機會再站起來。」

我坐在跳蚤市場旁的牆上，對這個國家的印象再次在腦海裡走過一遍，這裡到處充滿如同在加拿大與澳洲感受到的活力。這裡的人因為知道會遇到不同的文化，而這些文化的觀點又不一定和自身文化的理解一樣，所以對自己與對生活都帶著不會過於認真的開放態度。在家鄉以外的國家生活過較長時間的人都知道，面臨不同文化衝擊時內心的雜音，尤其是當兩種不同文化背景的觀點相互衝突，但又必須平等共存時。聽起來很矛盾嗎？我不認為。如果這類情況經常出現，思考就會鬆綁一些。想到這裡，我從牆上一躍而下，火車快要開了，我要回到溫暖的家，其實只有十五公里而已……

微笑，總是讓難關更容易一些

放輕鬆，好好享受其中的樂趣。畢竟你們也只有一次機會來到這個世界上。

——麥卡尼，獲獎名廚，澳洲墨爾本

我將盧森堡裝進箱子裡，手提包裡也裝滿美麗的照片、話語及靈感。再啟程前往下一個國家前，放了自己一個星期的假。我的女兒充滿期待地等著我，但是從盧森堡到波昂的火車，客氣一點地說，還真是令人傷腦筋。為了這段一百二十二公里的距離，我需要花費大約三個小時，因為途中要轉兩次車，每次轉車的時間各是四分鐘。轉車時間並不充裕。剛好遇到一個從法蘭克福來的旅行團，他們似乎轉車不太順利，到站前十五分鐘就已經迫不及待，不時把臉貼著上下火車的門觀望，非常擔心趕不上要轉搭的火車班次。

我們搭乘的火車抵達轉車的特里爾（Trier）火車站時，果然誤點兩分鐘。那個旅行團中有兩位女性和三位男性，不滿地低聲談論著，不耐煩地跺腳。火車剛停好，車門才打開，他們就跳下月台往前衝：其中一個人跑向階梯，另一個人跑向手扶梯，第三個人則是邊跑邊罵，因為不知道該往哪一個方向跑才正確，那個人罵道：「真是典型的德國火車效率！」他大概也想著，這種情況應該要求金錢賠償吧！真虧他們能活到這把年紀！哎呀！這些人也才大我五歲左右吧！這幾個法蘭克福的旅客大聲抱怨著，在新月台上集合，此時廣播聲響起，告訴大家要等的這班火車也誤點十分鐘。我感到高興，至少沒有錯過這班車，於是覺得無比輕鬆地坐上行李箱。

然而，那幾個法蘭克福人不但不覺得慶幸，反而發出更多的埋怨，他們說早知道就不用那麼趕了。聽見他們不斷地抱怨，我覺得自己就好像碰到一團黏呼呼的痰，感覺一陣不快。「真是典型德國火車會發生的事！」這句話我已經聽過了。「這種情況真應該向他們要求退款賠償。」我還想翻白眼幫他們補充說：「真虧你們能活到這把年紀！」當三分鐘後火車開進月台時，我感到慶幸，終於可以溜到另一節車廂，不用再聽到那些抱怨了。「天啊！德國人真的太適合寫悲劇劇本了！」我對另一半屬於荷蘭的自我，這麼自言自語地說。

噢！第二次轉車的班次又誤點一個小時。我和另一對來自科隆的旅客都不想這麼快就屈從於命運的安排，於是很快查了班次表，然後跑向另一輛顯然也遲到一段時間，但是同樣開往波昂的火車。我們試著用輕鬆的心情與火車站務員交涉，請他讓我們搭乘那一班車，但是並未成功，於是我們嘻笑著坐在火車站的長椅上，交換彼此的巧克力棒和梨子，一邊等候火車到來。這樣也可以，結局就是我帶著好心情回到家，不知道前面一段曾經同車的那群法蘭克福人後來怎麼了？

德國作家奧托．尤利烏斯．比爾鮑（Otto Julius Bierbaum）在十九世紀末曾說過：「幽默是，無論什麼情況下都能笑得出來。」幽默就是對世界的不美好、對日常生活中遇到的困難和不幸，都能以海闊天空的從容心情面對。據說德語標準字典對「幽默」這個字的定義可能來自墨西哥，而二十四歲的企管學者阿爾貝多（Alberto）就證實這一點，他將自己的幸福評量定義為九分。

幽默面對生命中嚴肅的一面

我們相遇那天，阿爾貝多和女友郁莉嘉（Yurika）一起外出，正站在水果攤前的典型亮粉紅色帆布棚下，周圍都是這類各色的帆布棚。兩人一起吃著袋子裡剛剛切好的芒果，沾醬是檸檬汁、鹽和辣椒粉的組合。看得我都流口水了，所以馬上決定也買一包。「說說看，你覺得墨西哥的犯罪率那麼高，墨西哥人憑什麼可以在世界最幸福國家中排名第六？」（據統計，每天平均約有一百個人在墨西哥被綁架。）阿爾貝多聳聳肩，表示：「我還覺得墨西哥人對於不幸也能笑出來呢！我們對所有的一切都能發現有趣的點，即使是在人生中最糟的時候。」

幽默意謂著把生命中嚴肅的那一面看得很輕鬆。阿爾貝多點頭說：「墨西哥人用很多的熱情與樂趣看待共同的未來。即使生活到處充滿不確定因素，但是仍會試著讓自己活得好。」就算痛得大哭，也要海闊天空地從容面對生活，似乎拉丁美洲人都擁有這樣面對生活的藝術天分。在生命中可能會有很多戲劇性的發展，反正到最後都只會成為個人的軼事傳奇或英雄事蹟，讓自己偶爾拿出來誇耀而已。如果是這樣的話，又為什麼不能即時笑著面對呢？仔細想想，也就是因為那些不幸的遭遇才會讓我們的人生故事變得獨一無二。

拉丁美洲的人經常笑著過日子，並不是因為他們的昏庸不覺或生活很容易，而是因為生活太艱難，唯有用從容幽默的藝術才能為苦難的生活施加魔法。就如同曾遇到的一個窮苦孩子——卡洛斯（Carlos）告訴我的，這是一種平衡的力量。

我在波哥大夜晚的街上，遇到正坐在路邊幫人擦鞋的卡洛斯。第一眼看到他時，覺得他看起來有點悽慘。「現在我有九〇％是幸福的，其他的一〇％是因為有時候生活真的太苦了。但是，有了那九〇％的幸福，就能夠讓我撐過不幸的一〇％。也因為我能笑著面對生活，所以我相信自己是世界上最幸福的人。」

說的也是，再差也不過就這樣了，把不幸堆在已經不幸的生命上，其實並沒有意義。拿起來沉重的，有時候感覺反而更輕。或是你也可以從一開始就拒絕接受這些沉重的重量、拒絕接受困境來臨的事實，然後就很容易變得和遇到火車誤點的那群法蘭克福人一樣。

德國式的幽默就很少有魔法在內，德國式的幽默在最初還是因為正經的藝術而存在，並不是為了幫助你減輕生活負擔而發展的。在德國，如果有人遇上不幸還能以樂觀歡樂的心情面對，就會被貼上不虔誠的標籤，而我也花了十三年的時間，剛開始時還常羞愧地紅著耳朵，才能自在運用我的荷蘭式幽默。對老祖宗的智慧來說，沒有任何不幸是超出理解的。

這段期間以來，我也發展出「令人討厭的」幽默能力。藉由這些幽默，我才擁有在生活中取得平衡的能力。凡・登・布姆女士，還請妳注意情勢的嚴峻！諸如此類的提示警語，我們常會遇到，但是困境並不會因此好轉，反而會因此更常愁眉苦臉……找回一點打破僵局的幽默感，或是在任何時候都帶著幽默感面對，甚至更好的是讓幽默感就在內心之中，讓你面對任何事都能幽默以對，這樣生活會容易一些，這一點在墨西哥人的身上就得到很好的驗證。這裡的人對於用輕鬆態度面對生活深信不疑，認為無關個人行為的水準，都能因此重新回到生活裡，這會讓生與死的議題變得不那麼沉重。

相較於歐洲有許多人仍然把死亡視為最壞與悲傷的事，墨西哥人卻能痛快地嘲諷面對。所以，在墨西哥超市陳列架上的一般商品外，偶爾可以見到裝飾花俏的骷顱頭造型巧克力。而亡者紀念日，墨西哥人也有辦法過得像慶典一樣，將親友聚集在亡者的墓前，跳舞、歡笑和喝光幾瓶龍舌蘭酒，這是他們面對生活苦楚時取得平衡的方式。能夠笑著面對死亡的人，生命中再也不會有其他更難的事了。

對最壞的狀況下通牒

即使知道生命不會有第二回，你也應該讓自己在地球上的短短幾年，不要在恐懼、害怕與自我譴責中度過。幽默和自我解嘲的能力都是值得努力的特點，我想這部分應該不會有人想要反駁。然而，在實踐的過程中，我們卻往往不是那麼擅長。告別水果攤和阿爾貝多之後，我在墨西哥的司機固堤耶瑞茲載我前往墨西哥的高級住宅區波蘭寇（Polanco）。這又是一個限制攝影的區域，讓我想起哥斯大黎加的高級商業區，我在那裡曾被警衛團團包圍，聽見警衛彼此用無線電通報，使得當時的我必須繞道而行。這一次我學聰明了，而且特別穿上名牌服飾，希望不要太早被認出我是來採訪的。

不久後，固堤耶瑞茲和我終於發現一個不在警衛視線範圍內的目標：瑪麗—卡門（Marie-Carmen），她的年紀大約六十歲，亮棕色頭髮梳成高高的髮髻，穿著名牌牛仔褲搭配深色休閒西裝外套。當時的她正悠閒地靠在自營的精品店門邊，四目相交時，她的眼神正充滿興趣地打量著我們。她看起來應該是幸福的人，「當然。」她如此表示。而她對德國人給了以下的建議：「不要對自己要求太多，對自己的錯誤也可以多一點包容，還有不要忘了笑容。就算發生不好的事也沒關係，而是要想著，如果不是這樣的話，可能會發生更壞的情況。」

我在盧森堡遇到三個孩子母親的柯麗斯汀安娜（Christiane）也抱持相同的看法，「我總是正面看待事情。我常說：就讓最差的狀況發生吧！然後還可以看看自己怎麼處理。」我在加拿大自助洗衣店遇到的牛仔先生，對此也有充滿哲學意味的見解，「我傾向期待事情終會有結局，即使事實上常會有不好的結尾，但是沒有理由在還沒看到結局時，就先預設結局不好的立場。」

勇敢面對生活，對最差的狀況說：儘管放馬過來！反正我還是會再站起來的！請你將反擊視為信任生命的證明：生命要求你的就只有這麼多，生命裡的打擊是因為相信你會從中成長。生命信任你可以做到，但是如果你什麼都不做……

就像我們可以用輕鬆的態度面對生命一樣，也可以用同樣從容的態度面對自己。我們十分渺小，揚起時就如同泥土上的一小點碎屑般那麼渺小，又像是浩瀚宇宙中的一點粉塵。麥卡尼也認為，不看重自己的存在的人，就不會認為世界都是繞著他轉的。麥卡尼在說這段話時，放鬆地把一隻手撐到看起來很高級的椅背後方。當時我們身在葉齡莊園（Chateau Yering），這是一家坐落在距離墨爾本約有五十公里的雅拉河谷（Yarra-Tal）中。知名葡萄酒產區葉齡酒莊的五星級飯店，也是澳洲獨特自然景觀的明證之一。魔法般的光影籠罩著無盡的層巒疊翠，而那些山谷又相依偎在一片寧靜之中。用白話說，就是好極了！

為彼此帶來會心的笑容

「妳知道嗎？每當我聽說，即使是星級飯店的廚房也都有嘈雜的聲音時，我總是覺得很驚訝。我的意思是，我們每週工作八十個小時，照理說工作時間那麼長，我們都應該在工作中找到樂趣才對。我想告訴德國人：放輕鬆！學習自我解嘲，也學習不要太計較。」得過獎的名廚[50]，也是兩個孩子父親的麥卡尼對我輕鬆地微笑說了這些話。麥卡尼在過去七年裡曾獲得二十一項大獎。「那樣滿好的。」他親切地說：「如果在工作中能得到樂趣，工作的效率也會比較好，這些客戶都能察覺到！」麥卡尼在說了半個小時後，突然變得專注，然後從麵團中做出幾個小皇冠給我，不過只是讓我拍攝的。

兩個小時後，我又站在路邊等候幾個小時前來這裡時，好心提醒我下車的巴士司機，因為下車時他對我說：「如果要搭我的車回墨爾本，只要再站到路邊招手就可以了。」我一邊等著，一邊回想麥卡尼說的話。不要對自己要求太嚴厲，讓我覺得不會那麼有壓力，而且顯然有很多的潛能都因此被釋放了，所以這位充滿幽默和工作樂趣的名廚才能創造那麼多的美食。在澳洲的夕陽下，我再度感覺自己渺小得有如塵埃，然後等待一陣風又把我吹到下一站……

地點又回到雪梨的海灘，白而純淨的沙，在那裡輕撫著大海寧靜得像鏡面一樣的水面。崔弗和露依莎就在海灘一角圍起的天然泳池邊，正和兩歲的兒子玩水。小孩對大人的採訪覺得很不耐煩，

50　在澳洲美食鑑賞並不以星星數量做為分級標準，而是用廚師帽（hat），授予的榮譽分為一至三項帽子。雪梨美食指南（The Sydney Morning Herald Good Food Guide）於每年九月公布評鑑結果。評鑑程序類似法國米其林餐廳指南。總而言之，麥卡尼是獲得過廚師帽榮耀的名廚。

原本崔弗把孩子扛在背上，但孩子不安靜地嚷嚷著，就從背上滑下來。然而，崔弗還是輕鬆地笑著，一邊說著澳洲讓他感到幸福的原因：「我喜歡這裡的氣候和輕鬆的文化。與世界上其他地方相比，澳洲人不會把自己看得那麼重要，而且會拿自己開玩笑。」

露依莎也深有同感：「就是這種輕鬆的態度，讓這裡的人可以這麼幸福。」好吧！對於在地球另一端生活的人，德國人與他們的距離真的很遠，具體來說是一萬六千五百六十七公里的直線距離。或是你只喜歡從鄰居那裡聽到不同的說法？也是可以。

「德國人要怎麼樣才能幸福一點？……其實他們已經做得不錯了。但是，還可多一點自我解嘲，多拿自己開玩笑，不要對什麼事都那麼認真，這一點倒是可以多和我們學學。」瑞士建築師契斯陵搖晃著手上的酒杯，將視線停留在金黃色的葡萄酒上說著。

澳洲人還想補充說：「想要確保不會把事情看得太嚴重，就要先找到內心的平和，那也是幸福的要素之一。」崔弗也眨眨眼，看向澳洲的午後陽光。說到在自己的內心找到平和，聽起來真是很偉大的句子。過去我一直以為，內心的平和會在生命的盡頭等待，最早也要七十歲以後吧！但是，崔弗頂多才三十五歲。如果我們開朗一點面對生活，或許在眨眼間就能更快地在內心找到平和？如果我們不是那麼常挑剔身邊的事，而有更多的包容與諒解呢？

和自己的缺點和解

喜歡自己的人，對自己不會那麼嚴格，了解自己的缺點，而且能與自己的缺點和解。有時候只需要視而不見，或是笑著帶過就可以了，只要不因此傷害到別人，就完全合法。是你讓自己顯得特別。

「我曾經有機會，在這裡的一所德國學校和德國老師共事。對我來說，很難理解為什麼我們不容許犯錯。在那裡只有一個真理，就是什麼都要精準正確才行。但是在哥倫比亞，學齡孩子就是愛說話，又會不時犯錯，我們覺得一點都沒有關係！」哥倫比亞經濟與幸福研究學者耶磊剌，在波哥大洛斯安德斯大學（Universidad de los Andes）進行的訪談中提及。

對生活睜一隻眼、閉一隻眼，並不意謂著不要認真面對。然而，輕鬆看待世事，也不代表就是草率面對。派崔克（Patrick）和兩個朋友坐在蘇黎世湖的岸邊。我估計他應該三十歲左右，他是那天我穿著橡膠長靴要邁入歌劇院前最後採訪的人。「想要過得幸福一點，我們的德國鄰居就應該不要思慮過多，用一輩子去思索、琢磨，對人生沒有實質助益。如果人不愛自己，也就無法實現自我。」派崔克提出一個大膽的論點，讓我不由得注視著他，希望鏡頭沒有錯過這一段。

之後我終於有機會在美好的蘇黎世湖畔短暫休息時，他所說的想法不時在腦海中迴響。幽默真的與自愛息息相關。因為在行動前就為自己做出批判的人，或是像哥倫比亞的耶磊剌所說的，如果有人總是避免發生錯誤，這樣的人對待自己就非常嚴格，缺乏愛與善意。然而，在人生中真正發生後，偶然想起還能讓人感到會心一笑的錯誤，其實很少發生。這種深深烙印在幸福國度的人身上的自我解嘲能力，讓我們可以得到內在的自由。那是一種讓我們敢勇於嘗試新事物的自由，又讓我們在失敗時，可以像小孩在一次次跌倒中又重新站起的過程裡獲得成長，最終看到更好的自己。

「如果觀察哥倫比亞文化，幾乎會一直看到喜樂的人，他們喜歡分享、喜歡一起作樂。而德國人卻必須守規矩、負責任，然後因此感覺到沉重的負擔。可以說是德國文化在順應責任義務的同時，拉丁美洲人更傾向多花一點時間在讓自己開心的生活上。」然而，沉重的負擔只會讓生命更加艱難，輕鬆面對生活反而可以讓生活變得更為簡單容易，這樣的原則非常簡單。

而幸福的原則是：「如果想要幸福，妳就是幸福的；如果不想要幸福，妳就不會幸福，不外乎就是一種思想狀態。」麻俐亞（Maria）聳了一下肩，丟下這樣一段話。她很忙碌，忙著在墨西哥的市場上販賣水果。我呆呆地看著她，覺得自己好像問了全世界最笨的問題。

但是，這個問題終究是生活藝術的前提。並不是因為笑話或其他而笑，而是因為自身的不幸遭遇而笑。「研究幸福議題絕不代表就是否定人生中不好的那部分。」波哥大的耶磊刺試著解釋道：「無可否認地，人在生命中、社會中或在職場上都難免遇到不如意的事。但是，我們可以這麼想，如果把精力投資在正面的事情上，對我們來說是比較好的。」谷特孟絲多緹兒一邊說著，一邊看向雷克雅維克天空上的冰冷太陽。「發生問題讓人感到困擾、不幸福，但事實上這取決於人們要如何面對問題。」十八世紀的哲學家邊沁（Jeremy Bentham）對幸福的定義是：「幸福是喜樂與苦痛並存[51]。」我想也是，幸福就是苦痛也在生命歷程中占有一席之地。我同時想說，幽默也是喜樂與苦痛並存。

每件事都有它幽默的一面

有一句俗諺說：幽默就是當我們揭露自身缺點的時候。托斯騰．希維特（Thorsten Sievert）則說：「幽默就是開悲劇的玩笑。」希維特除了是電視喜劇節目製作人之外，也是我的好友，在我旅行回來後，和他喝著葡萄酒時，聊起幽默在其他國家中扮演的角色。「贏家通常沒有笑料，但是輸的一方可能就有。」令人感到難堪、痛苦的，就會有眼淚。這樣的情況本身通常是失望的，但是之後卻能帶來笑聲。

「就把生命當作一連串可能的笑話和趣聞的組合。」希維特說。而這些由笑話與趣聞組成的生命歷程，可以讓你笑著說起故事。如果你想要用幽默征服生活，就要好好認識自身的缺點，並且接受它們，甚至喜愛它們。比如我常遲到，有句俗語這麼說：「因此我總是停留時間最長的那

51 譯注：語出自邊沁於一七八〇年所寫的《論道德與立法原則》（*Principles of Morals and Legislation*）。

一個。」我也常常用這句話自我解嘲，應該也可以這麼說吧！認識我的人，就知道和我約會要晚二十分鐘到。

但是，不應該發生在與學校有關的事務上。例如，有一天是我女兒艾莉莎的入學面談。這非常重要，因為我們原本不在那個學區，但是如果剛好多出一個名額，就想要讀那間學校。那天下午三點半是約定的時間，我們在三點二十分時匆忙走出家門，幾乎是準時了！噢！又忘了入學申請表！我對女兒說：「艾莉莎，妳在這裡等一下。」三點二十三分，我們坐進車裡。真是幸好！所以，也是可以的嘛……但是現在要快一點了。

在波昂流傳著一個說法：「（趕路的人）如果不是剛好遇到下雨，就是剛好柵欄放下了。」很好，沒有下雨，但是柵欄放下了。三點二十六分有火車通過。好耶！我馬上發動引擎。但是柵欄並沒有升起，接著三點二十八分時有另一輛火車通過。終於柵欄上升了，只是用著非常緩慢的速度。我們在三點三十三分抵達學校，感覺好像還可以……但是現在一定要馬上找到停車位。

我先開往旁邊的巷子，結果停車位全滿，第二條巷子也是全滿，第三條巷子……有了！剛好，距離前後都很窄，但是我的車剛好擠得進去。四分鐘後停妥了！然後開始跑向學校！我們在三點四十二分終於趕到校長辦公室前的接待室。「不好意思。」我氣喘吁吁，正想要繼續解釋說：「如果不是柵欄剛好放下……」我的右下方卻傳來垂頭喪氣的聲音說：「我媽每次都遲到。」

「每件事都會有它幽默的一面。」斯德哥爾摩很有活力的七十六歲退休族，同時還是街頭運動家的碧特這麼說。把生活中的故事都蒐集起來，然後試著用玩笑的方式把它說出來吧！

「為什麼澳洲人會這麼幸福？我們就是喜歡對人笑，特別是為彼此都帶來笑容。我們喜歡在生活中發現樂趣，喜歡用幽默的方式看待生活。」名廚麥卡尼說：「澳洲人喜歡把逗人發笑的人稱為『大聲公鸚鵡』（Galah）[52]，因為這種澳洲特有鳥類的聲音像是一直在笑，被視為幸運鳥。」那麼哪一種鳥可以代表德國呢？大概是布穀鳥[53]吧！笑一下吧！

---

52 譯注：即粉紅鳳凰頭鸚鵡，由於模樣討喜、叫聲奇特逗趣，常被當作寵物飼養。

53 譯注：布穀鳥的德文為Kuckuck，發音近似德國南部黑森林名產咕咕鐘（Kuckucksuhr），而咕咕鐘上的鳥即為布穀鳥。

12

一千種顏色的繽紛——墨西哥

幸福關鍵字　尋找人生意義

在這個國家裡，沒有人是安全的。以前只有有錢人才會被綁架，現在是任何人都有可能被挾持，而在面對這些生活恐懼時，唯一能帶來慰藉的，就是那些節慶活動：歌唱、跳舞和音樂。這些生活樂趣讓我們在最差的情況下也能活下去。

噢！為了要再見到固堤耶瑞茲，我好開心！繞了一大圈後，終於又要見到他！他看起來就和五年前最後一次見到時一樣！年約六十出頭、身形魁梧但很親切，還有寬大的鼻子與燦爛的笑容。他親切地用西班牙語打招呼：「麥珂女士，妳好。」然後給我真誠的擁抱。

哎呀！我請他就不用再加上「女士」的稱呼，我已經不再是幾年前那個僱用你當司機兩年的貴婦了，現在的我就只是在尋訪幸福旅途中的麥珂。「艾莉薩呢？」固堤耶瑞茲還是一樣用著西班牙語口音叫我女兒的名字，當他接過我的橘色行李箱時，沒有看到艾莉莎跟來，顯得有點失望。我和他解釋，這一次沒辦法讓艾莉莎跟來，但是或許我們下一次會一起來。然後我又告訴他，這一次我想著無論如何都要再去逛工藝品市集，因為我答應女兒要為她帶幾個墨西哥特有的彩繪骷髏頭裝飾品。固堤耶瑞茲開心地笑著點頭答應。

就好像星星每天閃亮地出現在天空上又消失、太陽每天西沉，但是隔天又會升起一樣，墨西哥人相信人也有死亡與重生的循環，而唯一在這個恆常循環中會改變的只有人的形體，但是生命力本身仍然存在。因此，每種破壞的形式都被視為新生命的起源。亡靈節（Día de los Muertos）那天，已經逝去的親人靈魂會從彼岸再度回到家人的身邊，所有的教堂、公園、學校和祭壇都會被橘色花海淹沒。

那也是糕餅店的旺季，會湧入製作寫上亡故親人名字的彩繪骷顱頭巧克力訂單。小孩們在學校也會做起小型的微笑骷顱勞作。每家每戶的入口處也會點起燈籠，好讓亡者的靈魂可以循著光找到回家的路。居住公寓的家庭也會在家裡陳列供桌，擺放亡故親人愛吃的食物和其他禮品，好讓返家的亡靈在回到彼岸的途中不虞匱乏。這就是墨西哥溫暖的人情，甚至還延伸到已經亡故的靈魂。

固堤耶瑞茲很快就熟悉收音設備的使用，會盡量舉著麥克風靠近說話的人。我們在一個街頭飲料攤旁邊遇到瑪莉亞．德．洛德絲（Maria de Lourdes），她穿著一套慢跑服飾，一副墨西哥有錢人悠閒的晨間打扮。在擦上指甲油和梳起正式的髮型前，穿著這樣的裝束來做晨間運動完全夠了。洛德絲身穿金色的健身套裝，已經化好妝，也綁上馬尾。那個飲料攤是附近一間工廠附設的，而當時的洛德絲只是在那裡等車來接她。

洛德絲看起來應該四十歲左右，服務於餐飲業。「所有人都該努力看事情好的一面，因為醜陋、艱難和不被喜歡的事物，容易在生命中占據較多的分量，因此我們必須努力達到平衡，光明面、幸福、投入、分享，還有與人同在，我們必須一起構築未來。」技術人員有問題來請教洛德絲，所以打斷我們的對話。固堤耶瑞茲認同地對我微笑點頭，他對回答很滿意，我也是。

技術人員離開後，洛德絲又轉頭繼續剛才的話題，「我們的文化背景讓我們能夠笑著面對死亡的議題，讓死亡對我們來說並不是悲劇，而是能夠慶祝的事，這樣的觀點可以讓人在面對命運的打擊時不會太過悲慘。」這樣確實比較好，因為在墨西哥比較容易面臨生命受到威脅的情況。

毒品問題在墨西哥已經造成七萬以上的人死亡。二〇〇六年，在當時的墨西哥總統費利佩．

卡德隆（Felipe Calderón）領導下，正式展開所謂的反毒戰爭。據估計，未通報的失蹤人口數量合計介於五萬至十萬人之間。目前墨西哥官方約有五萬名軍隊成員與三萬五千名聯邦警察，對抗粗估高達三十萬兵力的墨西哥毒梟集團及其軍事部隊，正處於內戰狀態。

本書開頭提過的活潑女記者巫維塔，曾經認真地看著我，詢問我可以給墨西哥人什麼建議。「在這個國家裡，沒有人是安全的。以前只有有錢人才會被綁架，現在是任何人都有可能被挾持，無論是清潔婦，還是貧窮的外地移民，這真是悲劇。每天約有五十至一百個人被綁架。此外，每個人頭的贖金平均是五千美元，但是一般可以討價還價到一千美元左右。這是很大的生意，想想看，一天可以入帳十萬美元，幾乎所有可能的政府代表、警察、外地移民代理都參與其中。」但令人驚訝的是，日常生活中幾乎無從察覺。「到了晚上當然會害怕，」巫維塔繼續沉重地說：「每天都必須提心吊膽，不時想著我的錢包去哪裡了？手提包是不是藏在後座下面？哪一輛計程車可以搭乘？」

住在墨西哥時，就連帶著兩歲女兒到公共遊樂場玩，我都還必須繫著一條繩子牽著她。說來真是令人難為情，但卻真實發生了，我絕對不是唯一一個那麼做的人。巫維塔繼續說：「但還是必須生活啊！如果什麼都害怕，就什麼都做不了，現實就是如此殘酷。大部分的墨西哥人就是鼓起勇氣，然後對自己說：『那只是機率問題，希望不會發生在我身上。』然後繼續過生活。而在面對這些生活恐懼時，唯一能帶來慰藉的，就是那些節慶活動：歌唱、跳舞和音樂。這些小事情就為這個社會做了有力的說明，這些生活樂趣可以讓我們在最差的情況下也能活下去。」也就是說，幸福在這裡發揮危機管理的作用。

追求少一點，幸福多一點

所以，墨西哥人明顯偏好多采多姿的色彩組合。即使穿著一身黑，來到墨西哥也只會淹沒在各種顏色中。房屋被漆上紅、藍、粉紅、綠等各種顏色，有時候是全部的顏色都可以在一棟房子上看到。對這些令人印象深刻的墨西哥工藝美學，大概只有一個重點：就是要花俏。醒目的橘色洋裝配上各種顏色的刺繡、漆上螢光綠的木雕怪物、亮眼鈷藍色的陶塑骷髏頭上有花朵裝飾，還有各種粉色系和螢光黃，反正愈多顏色、愈多裝飾就愈討喜。人生樂趣就藏在這些顏色帶來的細節中。只是走過市場，看到屋頂下的粉色攤位棚布就能讓人有好心情。

固提耶瑞茲協助我進行幾場訪問，其中就有埃蕾歐諾拉（Eleonora），她是市場裡的小販，將炸得膨脹好幾倍的豬皮放進一個大鐵桶裡兜售，那股臭味真的很恐怖。我們還訪問了雅德琍安娜（Adriana），她販售料理用仙人掌，可以熟練地用刀切除仙人掌的刺；還有販賣水果的麻琍亞，在粉紅色棚布下，燙捲銀髮的她圍著同色系的圍裙，穿梭在幾近螢光桃紅的火龍果、橘色的仙人掌果實、芒果及其他的水果之間。我也買了一袋新鮮又甜美的芒果，沾著鹽、檸檬汁和辣椒粉一起吃，直到我再也分不清，到底是這裡的氣味、顏色，還是音樂，魂牽夢縈地吸引著我。

蓬蓬袖上衣有著黑、白、金三色線條的豐富裝飾，搭配黑色絨質背心，肩上掛著白色背帶，一個墨西哥街頭民樂隊合唱著進入我的鏡頭中。「伊呀！」看起來圓滾滾、一百三十公分高的指揮用他極具震撼效果的音量喊著。他們用西班牙文唱出：「僅以這首歌獻給攝影機後的朋友。」被逗得開心的我在鏡頭後方咧嘴微笑，接著有兩個小號樂手、一位低音提琴手、手風琴樂師、鼓手、小提琴手，還有其他不知名的樂器，而且嘴巴不被樂器占著的人還都扯著喉嚨唱歌，就是這裡典型製造氣氛的音樂。

我費了一番功夫才脫離現場。整個墨西哥就像一場盛大的慶典！而且還是一場充滿各種顏色、充滿音樂的慶典。固堤耶瑞茲看到我的好興致，就載我到希烏達德拉廣場，這裡更像是整個區域都在舞動著。有個團體擺出手提光碟播放器，然後跳起查爾斯頓舞（Charleston）[54]。有興趣的人，都可以一起加入跳舞的行列。

另一個角落則傳出莎莎舞的音樂，無論老少、美醜、環肥燕瘦，每個人都配合音樂跳起柔軟慵懶的舞步，腳踏聲響徹整個廣場。退休教師的麻麗亞—特樂莎對著我的鏡頭激動地歡呼道：「是，我是一個很幸福的人，已經達到人生的所有目標。現在已經退休，過去是一個好老師、種過一棵樹、寫過一本書，也把孩子拉拔長大了，所以現在只要照顧好自己就好，我每天都用跳舞和音樂來寵愛自己。」她充滿熱情地舞動身體，用擺動的腰將節奏掌握得宜。是啊！墨西哥人就活在當下，用所有的感官知覺，非常緊湊而大膽、充滿魅力又很性感。「幸福的理由有很多種，光是活著，還有可以享受人生，就是一件幸福的事。這個給予我們很多美好事物的國家，比如光耀不墜的太陽，還有身邊可愛又充滿人情味的人們。」舞動間麻麗亞—特樂莎大聲地回應我，這時她的舞伴孔拉多（Conrado）又跨出舞步。又來了，就是「人情溫暖」，那種人與人在一起的凝聚力，這個潛力無窮的增進幸福利器。

在前面第三章出現過的舒瑞茲，正駕駛著越野車要出門。但是，為了我的訪問，他又熄火走出車外。我在墨西哥市的高級住宅區波蘭寇遇到他，他看起來很有型、一頭向後梳的黑髮，配上淺藍色領帶。

「我很幸福，大部分原因當然是身為墨西哥人的天性所致。墨西哥人不需要太多物質上的東西就能感到幸福，並且在其他不符合經濟效益的事物上找到幸福。和朋友在一起找樂子或互相說笑都是我們的天性。房子、車子與穿著都不重要。這裡的人對於其他國家或地區來的人，都會張開雙臂表示歡迎，會和他們一起喝咖啡，會花時間與他們相處。對我們來說，生活就是由這些組成的，而這些都是生命中簡單的事。墨西哥就是一個充滿熱情的國家。」很少有國家會告訴我們，

54 譯注：一種四／四拍節奏的輕鬆風格舞步，一九二〇年代中期發源於美國。

那些圍繞日常生活中的人的特性對身心健康的影響。

巫維塔點頭說：「我們都活在現在。德國有一句俗諺說：『今天可以做的事，就不要蹉跎等待明日。』但是墨西哥人卻有另一種說法：『後天可以處理的事，就不用非得在明天完成。』這樣一來，很多事情就可以慢慢做，也更輕鬆、容易了。」巫維塔說完後就大笑道：「德國人就有很多壓力，任何事都要追求完美、準時、乾淨、整潔。這些固然是很偉大的價值觀，但是也會讓生活變得辛苦一些。一旦出現競爭，這些壓力就會要求更多、更好⋯⋯但是就我認為，墨西哥人只需要少少一點就能感到滿足。人都有欲望，要做一些美好的事、希望未來能有更多的錢。然而，工作和事業上的成功都不是最重要的。如果能更輕鬆地面對生活，讓生活變得更簡單，也許就能為自己的生命迎接更多幸福。」

最後，我確實幫艾莉莎買了兩個拳頭大的彩繪骷顱頭陶藝品，分別是藍色和紅色，當然也都少不了花朵的紋飾。現在這兩個彩繪骷顱頭就擺在艾莉莎房間的窗台上，隨時提醒我們再回去那個有一千種顏色的國度，也許在此生或來世⋯⋯

跟著感覺邁開步伐

小時候，父親就曾告訴我：做你喜歡做的事。這句話對我的人生有很大的幫助，因為在加拿大，人有無限多的機會。

——奎瑞克，藝術家，加拿大珍珠島

道別澳洲的回程中，我從墨爾本出發，途經上海和北京轉機，最後抵達法蘭克福。從澳洲返回德國的旅程總共要三十二個小時，我讓自己在靠窗的座位上舒服地度過。至於在回到久違的家的途中，我的旁邊坐了一個十三歲的女孩。她說她叫林，是中國人，和我一樣要搭機回家。由於我對中國的生活一無所知，所以就好好利用那一次的機會，毫不留情地向她提出許多問題。

林剛在澳洲結束為期八週的「暑期學校」。與同齡的澳洲學童相比，她當然被分配到較高年級的班級。我微笑地想著，澳洲和中國根本就是兩個彼此衝突的世界，澳洲人有著自由又放鬆的生活方式，而中國？

「說說看，妳在中國的一天大概是怎麼過的？」我隨意地問著林。

「我每天六點起床後，就會到學校讀書。」
「下午就不用上課了吧？」
「不，繼續用功。」
「這樣啊……那麼晚上妳總該有時間看自己想看的書吧？」
「還是讀書。」
「好吧……嗯……週末呢？會做一些有興趣的事吧？」
「讀書。」
「寒暑假就不讀書了吧？」
「我們大多會繼續上暑期學校，但是我沒有。」她驕傲地說：「我還想當一個孩子。」我在心裡想著，這段話大概是她從哪一本書上讀來的吧！畢竟她才和我說，她剛剛結束暑期學校的課程……
「妳有兄弟姊妹嗎？」我問了她這個問題，然後馬上覺得自己問了蠢問題，不由得咬緊嘴脣，但是她卻毫不思索地回答了。
「沒有，我們國家有一胎化政策。」林沒有任何情緒地回答。
當然，這是世界上最普通不過的事了，在德國不用政策干預就做得很好呢！但是我的心頭卻慢慢浮現一種感覺，好像身邊坐著一具機器人。就連我都無法完全放棄物質享受，但卻有人做到了，所以我想，對於這些沒有歡樂可言的中國人，我在經濟成就和國際競賽裡寧願讓道給他們。在那裡，好像是機械化與完美在支配這個世界。或許你們有來生，但是我總認為自己只活這麼唯一的一次，因此想要過得更有意義。但是，我終究不能這麼輕率地以個人的想法來代替這些我自以為是中國人的人生目標，他們只是用另一種方式安排生活，並不代表他們無法在努力的目標裡看到生命的意義。我思索著望向窗外一片漆黑，也沒有星光的夜晚，問著自己：是不是有些人生意義可能其實是錯誤的？

更好的說法是，是否有正確的人生意義？或者用「正確」來定義人生，是否能讓我們幸福？如果要我回答，我傾向肯定的答案。至於我是否要像加拿大幸福專家米卡羅斯曾經明確說過的：「讓人幸福的，不只是好的人生意義。」有著迷人笑容的米卡羅斯更意圖引導我在人生意義的疑問上，看向道德的那一面，他說：「這和所有人是否活得好有關。」好吧！好吧！探討生命的深層意義本身就是幸福的，但是不應該因此損害整個生命共同體。同意，在理想的狀況下，應該是我對幸福的定義也能有益於他人的幸福定義。

找到你對幸福的定義

感謝幸福研究學者耶磊剌的夫人安娜．美麗亞（Ana Maria）牽線，讓我在波哥大期間得以採訪到亞薩．威塔（Yazar Vitar）這位警官。「我想我是幸福的。因為我理解生命的意義，而且知道自己能對社會有所貢獻。」他穿著軍靴的雙腳張開，站在我的面前，抬頭挺胸地把雙手端正擺在背後，穿著黃色螢光制服外套，眼神嚴肅而專注，毫無笑容。

「我幸福，是因為感覺自己的存在有價值；我幸福，因為知道怎麼去愛和寬恕別人；我幸福，也因為喜愛自己所做的事；我幸福，因為可以改善自己的家庭，還有其他哥倫比亞家人的生活。」警官說得斬釘截鐵，毫不猶豫。讓在攝影鏡頭後的我也不由自主地立正了，差一點就要用有點軍人的口吻說出：「你對德國人有什麼建議？德國人要怎麼樣才能更幸福？」他的回答是：「一個國家要幸福，必須要有情義、愛、人道理解和團結。」

穿著深藍色西裝的律師羅伯特．波依德（Robert Boyd），繫著領帶、戴著一副斯文的眼鏡，同樣斯文地把頭髮側分。他也有一樣的想法，只是沒有那麼激情。午休時間，我在他的事務所前攔截到他，他說：「能讓我幸福的事很多，但最主要的還是能夠實現自我這件事，就是能有些成就，然後覺得自己能為這個社會做一些什麼。」

成為最好的人，或是成為最富有、最有權勢的人，但是如果對他人無益，就不會讓你的生命得到救贖。可能是這樣的原因，因此林所來自的中國在「全球快樂資料庫」統計的幸福指數只有六．三一。

當我們在波哥大洛斯安德斯大學的一場採訪結束後，靠在欄杆休息時，耶磊刺帶著思慮地看著我說：「我們把一個國家的發展情況，和當地人民的生活水準，用該國國內生產總值來衡量根本就是錯誤的。能讓人感到幸福，並不在於物質，那不是我們該追求的。所以，今天會有人開始疑惑，是不是想要繼續這麼發展，或是他們想要藉由做最好的自己，並且幫助別人，而能繼續有所成長。」

當機艙裡已經熄燈，我看著入睡的林，我想這樣的發展應該不是林會想要的。

「要活得幸福，就要能夠看到生命的意義。」耶磊刺繼續說：「我們來到這個世界，就是為了超越。這種超越並不一定是宗教的意義，但是我們必須觸發它、讓它發生，這會發生在好比協助別人時。在像哥倫比亞這樣貧窮匱乏的國家裡，就應該想辦法伸出援手。貢獻自己、做有益於他人的事，可以幫助你找到內心的寧靜。」

「要活得幸福，就要能夠看到生命的意義……」我在心裡再次沉吟著耶磊刺所說的這番話，我從咖啡館內把視線望向外面的波昂主教教堂，看到主教教堂的兩座高塔和做工精緻的拱形窗戶。為什麼我會無來由地寫到這個議題？我也不可能在接下來十頁的篇幅中簡短地帶過人生意義吧！但是顯然只要想探討幸福議題，就無法忽視尋求人生意義這部分的疑問。為什麼我可以過得比別人好？我在筆記型電腦後輕輕嘆息。也許我最好再點一杯瑪奇朵咖啡，還要雙倍的義式濃縮！

我隨性地問了一個當時同在咖啡館，年紀約莫七十歲上下、頗有氣質的訪客，請他給我一些建議。一聊之下，才發現原來對方是從事神學研究的學者。「人生的意義在於對話。」是他提出令人信服的答案。咖啡館裡另一位有著清澈綠色眼眸的客人，在聽到神學家的回答後，笑著大聲說：「回答得真好，可是也要先達到那樣的境界啊！」我卻覺得回答得真好，而且這個回答已經把我在旅途中得知很多能讓人幸福的理由都含括在內，比如社會關係、共識及仁愛精神，而人生的意義就存在於與他人有接觸，唯有如此我才活著。

但是，要從何為生命下定義？又要從何而終？有一點是絕不存在的：如果你無法找到人生的意義，人生也將難以幸福。那麼最終所謂的人生意義，也不過就是對於以下問題的個人解答：為什麼如今的我會在這裡？我的生命課題是什麼？我想要發揮什麼作用？或者說：在臨死之前，希望自己能回憶起什麼樣的人生？所謂的人生意義在生命的最終點都只是很個人的回答：我曾經來到這個人世，因為……

幸福，就是誠實面對自己的相信與不相信

每個人都想知道，我們的命運會如何？我再度看向距離才一百多公尺遠的波昂主教教堂，然後想到我們可能很久都沒有對自己提出這個問題了，因為信仰已經為我們做出解答。只是這樣的信仰並不適用於所有人，有許多人現在還相信「一些什麼」，相信我們姑且稱為人生或命運的東西。這是一種類似屬靈層面的，就像對神的信仰，可以平息個人的需求與欲望，讓我們更能看到整個大群體的需求。

而這種靈性，就澳洲幸福研究學者寇明斯曾對我說的，可能對人生非常重要。「但是，這種靈性會對幸福感受的影響多大，目前還不知道。但是，即便靈性對於主觀的身心健全毫無影響，我仍

然相信它可以強化人的適應力，也就是當生命中出現不如意的變故時，產生自我保護的本能。無庸置疑的是，有虔誠信仰的人在生命出現困境時，會善用信仰的力量，讓他們重新掌握自己的人生。」

移居丹麥的英國人麥可，現在就坐在鏡頭的前方，他告訴我：「我每天早上都會在河邊向聖靈祈禱。如果沒有那樣做，就會一整天覺得自己好像有什麼事沒做完一樣，感到不安。」因為麥可之前說了關於自己腳踏實地努力的事，他說完這段話後，我想自己應該是有點錯愕地看著他吧！所以，他笑著繼續說：「幸福也是誠實面對自己相信與不相信的。我相信我的幸福是聖靈帶給我的，否則我的生命會是空白的，而空白的生命就等於是失敗的人生。」是否敬愛的神、聖靈、阿拉或命運，都是可以與你的生命產生關聯的重大議題？信仰可以讓你變得更堅強，但是也有一些人不需要信仰就能過得很好。

像是派駐挪威的新聞特派員葳孔特，她的女兒米蜜就覺得人生的意義也在於其他人的偉大付出。「為了做生命中想做的事，我很努力地尋找可能的機會。我最大的願望是，在過程中有人啟發我、讓我成為更好的人。」

所以，生命的意義不再是做為生命藍圖的框架而存在，而是會被拿來放在燈光下檢視的藍圖，用以確認藍圖上的線條是否符合你所重視的，以及你所做的事。然而，在二十一世紀的今日已經不存在所有人都適用的人生意義，你的人生意義只適用於自己的人生。我們生活在個人主義盛行的社會，用非常個人的方式來詮釋自己的生活。你會朝著自己的目標前進，是因為就你個人的理解而言，將它視為有意義的，而且覺得那是適合你的。所以，你應該努力的目標是，別人稱為「你家的事」的那些事。如果你做好自己該做的事，也在生命中看到有意義的生命課題，你就會更幸福，而這個結論也已經得到幸福研究學者的證實[55]。

因此，若說憂鬱症的特點之一是找不到人生意義，也就不足為奇了。我們需要有人生意義，才能感覺有能力掌握自己的命運。還記得巴拿馬艾爾切利里歐區的女老師莎拉，她教學生要成為可以照亮黑暗之處的明燈嗎？

沒有可以把我們涵蓋在內的人生意義，就會覺得自己像是在波濤洶湧海浪上的一顆球，你對人生的詮釋是將自己行為合理化的說法。我在布蘭登的一家小餐館裡遇到的年輕加拿大女孩凱兒喜（Kelsey），就明確知道她的人生要往哪一個方向前進。她說：「有目標是幸福的事。我現在的工作就是為了存錢去旅行，之後我想上大學，到了那個時候，上大學就是我的新人生目標。嗯，我想，這就是驅使我不斷向前進的動機。」

如果你曾經大概規劃人生，會更快知道在人生中對你重要的是什麼。如果你找到人生的目標，就是讓靈魂得以從容的最佳影響，對你不重要的事物就會自動遠離。哥斯大黎加的幸福研究學者洛哈斯聚精會神地看著鏡頭說：「有時候我們都太匆忙了，沒有時間稍做停留，仔細思考到底什麼才是對自己人生最重要的事。但是，只要停下腳步，思考一下：『等等，我竟然在我的生命中做了那麼多彼此不相關的事。』只要有這樣的想法，你的人生就會有所改變。在我過去失意時學到，絕對不要接受那些只能帶給你身分地位這些虛名，卻會讓你沒有時間去做對自己人生真正重要事情的工作。」

德國哥廷根大學神經生物學系教授俞特，就在個人人生意義探求中找到很大的好處，「一個清楚自己人生目標，知道自己為何而來的人，也就是找到自我的人，就不容易受到他人的蠱惑而做錯事。」根據俞特的說法，這也是為什麼現今社會風氣比較不把焦點放在探求人生意義上，因為探求人生意義就會妨礙消費行為。

一旦失去人生目標，金錢和物質對人的重要性就會提高。「這樣一來，研究大腦的學者就會說：如果人只想要每天都是休閒享受、整天盡情購物，大腦就會放棄努力了。這樣一來，大腦就不需要建構新的神經網絡，也不需要新的人生體驗來加以刺激，只要維持現狀就好了。然後人生就會維持在停滯的狀態，終日靠在沙發上、電視前。」這不該是你的人生課題，你帶著潛能來到這個世界上，並不是只為了整天坐在電視機前。

---

55 *Glücklich sein. Warum Sie es in der Hand haben, zufrieden zu leben*, Sonja Lyubomirsky, Frankfurt am Main 2008.
其他背景資料來源：*Die deutsche Krankheit – German Angst.* Sabine Bode, München 2008, *Der Kultur-Code: Was uns trennt – was uns verbindet.* Clotaire Rapaille, München 2007.

面對自己的生命課題

我們來到這個世界上，是為了讓自我能有所成長，即使有時候生命意義會強迫你面對自己的生命課題，而在當下不見得會讓人覺得幸福。比如，生養小孩這件事對某些人來說不見得是幸福的，但畢竟也不是不幸。

「決定生養小孩是人生中的重大決定之一。在懷孕過程中和剛生產時，人會經歷一段幸福的高點，但是不久後幸福感平均會下降〇．五分。一直要到小孩長大離家自立了，幸福感才會再度提升。」全球快樂資料庫的建立者維恩霍文笑著說。顯然為人父的他，非常清楚說的是什麼。但是，人生意義卻會隨著孩子的出生而提高它的重要性，並且此後維持這樣的重要性。孩子會為人生帶來深層的意義和人生方向，這又是讓人幸福的要素之一，但是請不要讀到這裡，就為了要尋求人生意義而生小孩！

美國幸福學者索妮亞．柳波莫斯基（Sonja Lyubomirsky）就曾在《這一生的幸福計劃》（*The How of Happiness*）一書中提到：「為了實現有意義的人生夢想而努力，是可以讓生活長期維持幸福的方法之一。」這可能需要耗費很多的力氣，就像我為這趟旅行所做的準備工作一樣。但是，尼采曾說：「懂得為何而活的人，幾乎任何痛苦都可以忍受。」「我在教堂工作，因為我喜歡那份工作，而不是因為我無法取得更好的機會。」巴拿馬市艾爾切利里歐區的葛莉塞妲．米蘭達（Griselda

Miranda）說：「以前我有收入更高的工作，但是我更喜歡現在的工作。我去監獄探視罪犯、可以幫助其他人、可以參與教會的生活。」

同樣也是巴拿馬人，但是經濟情況比米蘭達好很多的卡羅，也在我隔天去汽車展售點和他見面時，對於人生意義提出質疑。「我出生在所謂的戰後嬰兒潮後期，從小就被灌輸：你要讀書、要進大學、要得到好成績，然後就會有好的工作、會得到高薪，然後才能養家，聽起來就很德國人的方式。」卡羅帶著歉意笑道：「一年前我重新思考自己的生活：『我辛苦工作，喜歡有所成就，好像一切都很順利，但是我又得到了什麼？我的生活裡有足夠的喜悅嗎？我想要有更多的時間和家人一起度過、有更多時間去度假、有更多時間做我想做的事。』我喜歡和家人一起下廚，只要說一句：『一起煮吧！』就可以了，我們還會一起聽音樂、跳舞、喝葡萄酒。」

我在墨爾本街上遇到亞當（Adam）時，他正在享受晨間的咖啡時光。他年約四十五歲、臉型瘦長，笑起來時嘴形有點歪斜，穿著帥氣的灰色西裝、西裝的布料還是會稍微反光的混緞面材質，當時他正和同事一起坐在咖啡館的露台上。亞當是典型的澳洲人，又有著英國式幽默。他完全投入接受訪問這件事，非常專注地將身體靠在桌面上，幾乎占掉整個桌面地注視著鏡頭，還不時用力轉動著咖啡杯。還好，杯子裡的咖啡已經喝完了。

他訓練律師：「在你令人討厭前，盡力做好。」亞當笑說。對於尋求幸福生活，他已經努力一段時間了。「你努力工作，但是突然有一天你努力的事情不再重要，你問自己：『怎麼會這樣？』

然後會開始問自己更大的問題，開始問自己人生的意義是什麼？」他一邊想著，一邊把食指放在鼻子上，然後視線經過手，又越過我，最後停留在墨爾本的街道上。

「我認為，長期而言和個人的人際關係、家庭狀況與孩子有關。我定期幫助長者，雖然我沒有孩子，但是在我生命中來來往往出現很多不同的人，我會照顧他們、陪他們走過一段他們的人生道路。這是最終可以讓我感到幸福，而且是自己可以掌握的事。那絕對不是在早餐麥片的包裝盒裡發現幸運玩具的小禮物，而是一個更大的人生期待，至少我會這麼覺得。」在澳洲，似乎有許多律師事務所鼓勵律師在上班時間內投入社會服務工作，比如為低收入戶進行無償的法律諮詢服務。「幫助別人是幸福的關鍵，不是嗎？」亞當笑著對我眨了眨眼，而後反問我。

「你」和「我」，就足以組成幸福的篇章

如果你試著尋求人生意義，也會讓自己和之後的人變得有意義。當自我成長能夠與利他行為加以連結時，似乎就是最能帶來幸福的人生意義。這種說法與丹麥的工程師雷納的看法相符，那天他整個人陷入家中深棕色的藤編沙發裡，伸手摟住妻子，放鬆地看向美麗的花園，然後說：「擔任志工在這裡被視為理所當然的事，大部分的丹麥人都會加入公益組織，他們喜歡為孩子做一些事，甚至可以說我們的國家就建立在人民的自我貢獻上，而這樣的行為讓所有人都受益。每天結束時，我都很高興自

己又做了對別人有益的事，被幫助的人也會因此度過美好的一天，因而感到高興。」

能帶來幸福的人生意義主要有兩個構成要素：你和我，這樣就足以組成幸福的篇章。俞特教授說明：「人有兩個基本需求需要得到滿足：一個是與人連結的需求；另一個則是個人自主性的需求。只有當這兩項需求都得到滿足時，人才能發展自我。特別的是，人還會因此感到幸福，並且維持身體健康的狀態。」

自私自利和利他主義幾乎只會在唯一一個人生意義中連結，我的情況也是，進行這趟旅行符合我的本性。我可以經歷新的事物、滿足我的好奇心，在某種程度上還能表現自我，可以得到啟發，還有蒐羅足夠的資訊撰寫一本書。長久以來，我都一直渴望能有這樣的機會，所以這趟旅行能讓我私心的自我實現往前邁進一步。

另一方面，我也被驅使著發現可以從他人身上學到什麼，還有如何才能變成更幸福的社會。為了上述原因，我在旅途中總是很努力，無論是彎著膝蓋站在鏡頭後方，或是為了取材而深入治安不良的區域，或是像現在這樣徹夜通宵地書寫著。

這樣說來，我應該算是自私的好人，或是有犧牲自我精神的自大狂？兩者都不是。我和你一樣有人性，都會為了個人的想望而驅策，或是類似「如果能這樣，就太好了」的想法所驅使。而這種驅動力來自內心，是我們依照自己的意志所做出的行為。最終，也只有我們才能看到意義所在。所以，我們在某種程度上都是有私心的。

但是，就算因為我們感受到這些欲望才發展自我也沒關係，只要對我，也對你自己寬容一點。我們從來不會只為了別人而做事，即使看起來像是在幫助別人，實際上也是為了自己而做。波哥大幸福專家耶磊刺介紹我認識的尼古拉斯．洛德利格斯（Nicolás Rodriguez）對此也頗有同感。在鏡頭後面的我穿著厚毛衣顫抖著，而眼前表情正經的大學生卻只穿了一件T恤。「能為我們社區做一點事，是我最快樂的時候。去體驗如何幫助他人，對我來說就是人生幸福。」

你或許是企業領導者，並且喜歡享受眾人的目光？完全沒問題。然後同時愛護你的員工，也照顧他們的家庭？那就太棒了！或者身為一位教師的你每天全力以赴？太好了！然後你希望獲得更多認同？沒錯，你說得對。我們的付出與獲得常會同時發生，生命總有兩個不同的面向，而技巧就在於如何讓這兩個不同的面向產生連結。當我們和別人分享所擁有的事物時就會發生，當我們付出時，對他人或自身都深具意義，這也是施比受更有福的道理，因為付出的人和得到的人都會同時受益。

那麼，你又該如何找到人生意義呢？只要捫心自問，當年老時，你希望回顧走過的這一生，看到的是什麼樣的人生？到了那個時候，你會想要對孫子或是其他人訴說什麼樣的故事？就從今天開始吧！讓生命活起來，活出未來你想要對別人訴說的人生。我也希望能夠繼續報導旅程的經歷，但要是沒有賭上經濟的風險，我可能也無法做到。然而，這還是我可以忍受的。我無法想像的是，在未來某一天必須向孫子承認，我沒有膽量去實現自己的夢想。請你也勇敢一點，勇敢地找出你來到這個世界上的人生意義和目的，然後盡情享受這段屬於你的人生旅程！

13

每天都是最美的福報——哥倫比亞

幸福關鍵字　微笑

哥倫比亞是一個奇妙卻又充滿矛盾的國家。這裡的人以好客和熱愛生活而聞名。雖然這個國家中有許多地區長期存在社會衝突、階級不平等及貧窮等問題，但人民普遍都還是覺得自己很幸福。他們的社會關係、家人、發明創造力，還有想要活下來的意志力，都是他們幸福的理由。

早上八點，我就站在波哥大機場，左顧右盼就是看不到耶磊刺的司機。雖然感到有點不安，但還是搭上一部計程車。從機場到市區大約是半小時車程。這段時間夠進行一段訪問了！我特地挑選的司機，個子不高又很瘦，名叫歐馬（Omar），他也同意接受我的採訪。我第一次無法專心採訪，因為覺得好冷。

「這裡真是涼啊！晚一點會暖和一些，對吧？」我滿懷希望地詢問歐馬。

「會更冷喔！」歐馬簡短的用西班牙語回應著。

「會更冷？」我不由得驚聲尖叫道，我該不會是聽錯了吧？

「會變更冷，尤其是晚上六點以後。」

我開始有不好的預感，「我們現在所在的地方海拔多高？」

「兩千六百公尺。」

來之前真該先做功課的！哥倫比亞境內就有幾個截然不同的氣候帶。從平均溫度三十度左右、海拔一千公尺的高山暖溫帶（tierra caliente；或稱熱地氣候），到平均十七度、海拔二千四百公尺以上的高山中間帶（tierra fria；或稱冷地氣候）。對於剛經歷過巴拿馬燠溼高溫的人來說，哥倫比亞涼爽的氣候真可謂是上天賜予的恩惠，但不是對我來說。

我從後座拿出攝影機，然後對著歐馬的側面拍攝著，同樣詢問著我問每個受訪者的問題：讓哥倫比亞人那麼幸福的原因是什麼？「我們的生活很有趣、我們愛笑，還有這裡的人相處就像在和彼此玩遊戲。因此，我們很少會覺得心情不好，也讓我們得以隨時提供優質服務。如果我們樂在工作，我相信顧客也會察覺到，這樣顧客也會因為得到好的服務而心情愉快。人都應該喜歡自己的工作，然後樂在其中。」應該每個企業顧問都會毫不猶豫地同意歐馬的說法吧！

但是，身為勞方代表的工會應該就不會這麼想了。歐馬的上班時間從清晨四點開始，直到晚上十點才能下班，一個星期工作六天，國定假日也是。「現在的收入剛好夠生活。我的夢想是能擁有一部屬於自己的計程車。我就不用靠行，也可以把自己的工作時間控制在早上八點到晚上八點之間。」

即使工作條件嚴苛，歐馬還是發自內心地深愛自己的國家。「我們國家很美好、充滿綠意，還有很多的大自然風光。」他做出一個大手勢，指向車上明亮光潔的玻璃，我從後照鏡中看到車內搖晃的聖母像和十字架。我們一同欣賞圍繞著波哥大的綠色山脈，超過一半的哥倫比亞人都住在這片夢幻雨林中。雖然很棒，但我不免想到這裡也不是完全沒有危險。

我說：「哥倫比亞好像治安不太好。」歐馬聽了立刻用力擺手，原來完全不是我想的那樣。「自從犯罪集團和罪犯被捕後就完全不一樣了，以前因為擔心治安問題，沒有人敢開車橫越這個國家，但是現在已經不會了，哪裡都可以去。」我相信，因為在巴拿馬艾爾切利里歐區的人們也這麼告訴我……據統計，哥倫比亞每年約有三千人被擄，多半都無法生還。

半個小時後，我站在絲蜜德家門前。絲蜜德是一個年輕、個性開朗的奧地利人，年約三十。

我曾經在一個跨國性的網路平台徵求協助的人，絲蜜德就主動提出我可以住在她家。她從兩年前開始，就在波哥大洛斯安德斯大學擔任邏輯學客座教授。

當我向施蜜德提到關於哥倫比亞的治安時，她點頭說：「現在確實比以前好，但還是可以看到當時那段充滿暴力時期留下的一些問題。剛來時，我還以為是大學裡的人在胡說！妳會聽到哥倫比亞人每天互相打好幾通電話，但是說的內容不外乎：『對啊！我現在去吃飯囉！』、『嗨！我又回來啦！』、『我現在要出去買東西。』但其實都是可以理解的。幾年前哥倫比亞還是那麼危險的地方，當時家庭成員間隨時都要彼此告知，什麼時候和什麼人去了什麼地方。」

五十年來哥倫比亞境內持續內戰，幾乎是世界上為期最久的內戰了。內戰期間的死亡人數超過二十萬人，這些人多數是被哥倫比亞革命武裝部隊（Farc）所殺害。而當初哥倫比亞革命武裝勢力打著捍衛窮人的正義旗幟，突然崛起後卻強勢介入毒品交易。哥倫比亞是世界上最大的古柯鹼產地。雖然從二〇一二年十一月開始，哥倫比亞革命武裝勢力又與國家政府重啟談判，但是在那之前一連串的暴力氛圍卻成為哥倫比亞人心中積鬱的傷痕。

那天晚上，我久久不能成眠。我想著，到底這個國家的人對於活下來要有多大的渴望，還要有多大的力量支持，才能在「全球快樂資料庫」的全球最幸福國家中排名第十二位？當我想到這個國家曾經發生的情況時，請容許我這麼說，對德國人的呻吟抱怨又會覺得多麼難為情……我穿上兩件長袖上衣，搭配長褲和襪子，還把帶來的旅行用保暖袋放在腳邊，整個人縮在睡袋裡卻還是冷得發抖。明天第一件事一定要去買毛衣！到入睡前，我還在呻吟著……

在烽煙之中，用微笑面對生活

我準時抵達，隔天早上我真的去敲了絲蜜德家的門。但是，我卻有一點失望：如果哥倫比亞人的行為表現比德國人還德國，要我指出文化差異，還真不知道該從何著手。耶磊刺與安娜．美麗亞早就笑著站在門口等我，看到我之後，兩人都打招呼地親吻我一下。他們對我的親切，讓我覺得一下子就把彼此之間的距離拉近不少。

我和耶磊刺已經有不少電子郵件往來，並請他撰寫一篇介紹哥倫比亞的短文，讓我放在臉書專頁「幸福的人」（The Happy Ones）。接著，我收到下述這段文字：「哥倫比亞是一個奇妙卻又充滿矛盾的國家。這裡的人以好客和熱愛生活而聞名。雖然這個國家中有許多地區長期存在社會衝突、階級不平等及貧窮等問題，但人民普遍都還是覺得自己很幸福。他們的社會關係、家人、發明創造力，還有想要活下來的意志力，都是他們幸福的理由。」這段文字讓我在來之前對這個國家充滿期待。

耶磊刺是波哥大洛斯安德斯大學管理學院的教授，也是哥倫比亞政府為窮困與衝突多發地區發展計畫專案的主委。「我們主要照顧衝突多發地區的農民和原住民，進行公共建設、道路開發、學校設立及水源問題的改善。我們需要與當地人面對面，了解對他們來說什麼是最重要的。我在過程中漸漸了解，當地居民雖然也需要物質上的援助，但是還有其他更重要的事，比如他們希望能有尊嚴地被當成人對待、希望政府在從事建設時能把他們的需求納入考量。有了這樣的認知後，我開始感到疑惑，如果不考慮他們的主觀需求，而只是一味填補他們物質上的匱乏，這樣做到底對不對？從那個時候開始，我就開始投入幸福與滿足感的研究。」

於是，我問耶磊剌：「你幸福嗎？」這個五十五歲左右、有著灰色頭髮混雜，眼神溫和的學者誠實地回答：「我不敢說自己是世界上最幸福的人，但是我可以做自己想做的事，而且我很喜歡在大學的工作。我的太太很好，還有兩個很棒的孩子。」耶磊剌嚴肅地看著我，接著繼續說：「人不可能一輩子從頭到尾都是幸福的。幸福是每天努力成為更好的人，以及克服生命中的障礙。」我若有所思地看著他。幸福不會從天而降，若是想要幸福，就要自己做一些努力。

在這段期間，兩人帶我去品嘗道地的哥倫比亞風味餐「阿西阿扣」（ajiaco），讓我的舌頭經歷一場陌生滋味的巡禮。「阿西阿扣」是一道哥倫比亞風味的馬鈴薯湯，除了主角馬鈴薯以外，還加入我不知道的香料、酸豆、牛奶，和其他熱帶物產一起熬煮而成。

我請耶磊剌對我講述哥倫比亞人靈魂的核心。噢！沒想到他一下子就變得詩意了，「如果妳閱讀哥倫比亞文學家馬奎斯（Gabriel García Márquez）的作品，就會發現他的書中充滿魔力。所有奇幻不可解的，馬奎斯的文字都能賦予它們人生意義，還有很多色彩。但是，如果閱讀德國文學，經常會覺得很沉重，裡面探討的是人的存在問題、關於人生的大哉問，結局往往也都沒有明確的答案。這兩個國家就是這麼不一樣。哥倫比亞是充滿音樂的國家。這裡的人跳舞、唱歌、演奏音樂，然後用微笑面對生活。」

隔天喬納森（Jonathan）擔任我的導遊。他受到耶磊刺的請託，來協助我的採訪行程。喬納森是很有教養的年輕法律系學生，穿著牛仔褲和紅色長袖連帽上衣，看起來一副初生之犢不畏虎的姿態，所以我請他帶我前進波哥大附近最貧窮的區域。

大約四十分鐘後，我們的車停在一間外面被漆得五顏六色的工廠前。工廠前面正好站了一個年約六十歲的矮小男人，穿著棕色、布滿油漬的連身工作服，工作服上還可以看到被男人用來擦手產生的黑色髒汙。他名叫海梅·達利歐·里空（Jaime Dario Ricón），曬得黝黑的皮膚、頭髮雪白。看到我們到來，立刻將雙手收攏在背後，臉上帶著親切的微笑，看起來就像和善的爺爺，是我可以毫不猶豫把女兒交給他，請他幫忙看顧幾個小時的人。

「我的工廠可以養活自己，同時服務波哥大的人。」真是有趣的迂迴說法，我心想。「你對你的生活滿意嗎？」我問他。「當然！所有上帝賦予我的，我都感到滿意。祂已經給我健康的身體，我就不能再奢望什麼了，我百分之百完全幸福！我想對德國人說，人生來不是只為了工作和睡覺，而是要享受生命並與人分享。人都應該對別人好一點，不要刁難別人。要打起精神，隨時帶著微笑。」當我對他接受我的訪問表達謝意，正想要離開時，里空老先生又扯了扯我的袖子，說：「在這附近別帶著攝影機在街上跑，妳要找警察陪同一起行動。」

既然這麼被告誡，我也就照做了。我們驅車前往最近的警哨站，請求警方的協助。可是，警方顯然沒有協助的意願，還要求我出示證件，並且喝令我不准在警哨站內攝影。於是，我意會過來，原來他們忙於保護自己。在這附近，確實可以理解。這個區域看起來很沒落，道路上都光禿見土，並未鋪上柏油，牆上的粉刷也都剝落了。單獨一個人的話，我也不會想要踏進這裡任何巷子一步。我們盡量在警哨的視線範圍內，混在幾個像我靠攏過來的路邊攤間行動著。路邊攤商販都對我感到好奇，他們很熱心也很有禮貌，還有幾個小女孩想和我一起合照，我甚至覺得這些人比起警察還能保護我！

有一個香瓜小販熱情地擠到鏡頭前，邀請所有的德國人都來拜訪這個他覺得很棒的國家。喬納森只好對他說明，我們並不是在拍攝哥倫比亞觀光宣傳影片。於是，那位小販變得嚴肅，但還是能感受到那種哥倫比亞式的熱情。請你聽聽她說的：「妳好，夫人，我的名字是荷西．穆尼歐．威爾森．奧多妮耶絲（José Muñoz Wilson Ordóñez）。我們是幸福的國家，因為人與人相處融洽。我們也很開心，會找很多理由慶祝。我們對人都很友善，也樂於助人，這些都是我們特別的地方。對我們來說，生活就是與人分享，用愛去互相接納，讓彼此都很愉快。女士，還有從容，我們不慌不忙地過著從容的日子，這也是我們幸福的原因之一。對生命中發生的所有事，我們就是坦然接受。如果要我給德國人建議，我想說：他們應該讚嘆每一個活著的日子，從早到晚，也包含困難的時候。用心接納身邊的所有人，不要對人無禮，也不要刁難別人。」

幸福是一條雙向道

小時候，父親下班回家後，就會打開音樂，然後教我們跳舞。

——安娜·馬莉亞（Ana María），律師，哥倫比亞波哥大

拉丁美洲和那片土地上的人還縈繞在我的腦海中揮之不去，在那裡的三個星期實在過得太快了。那裡清新的水果滋味還留在我的舌尖上，警察不停地叫囂聲還迴盪在耳邊，那裡的人是那麼親切，而他們的生活觀又是那麼令人詫異的不同，我就帶著這些惆悵的思緒坐在飛機裡。

星期日清晨七點五十五分，飛機終於碰觸到法蘭克福的陸地。一時之間，機上如往常般騷動著，讓我不得不從夢中回神。有人很快就把垃圾塞進前座椅背後的書報置物處；有人帶著做壞事的眼神偷偷看向其他人，顯然過早解開安全帶；也有人偷偷開啟手機，當開機鈴聲不受控制地響起時，又不好意思地連忙塞進大腿的口袋裡；也有不少人迫不及待地動動腳，像是隨時可以起身，整個機艙內瀰漫著雀躍的期待心情。

頭上繫緊安全帶的警示燈終於暗了下來，大部分的乘客會在這時候微屈著身體站起來，擠向走

道。反正我之後不用再轉機，所以對於第一個站上走道，等候步出機艙，之後又要在提領行李的輸送帶前不耐煩地來回走動，一點也沒有興趣。反正還要再等一下，我就繼續坐著，隨手翻閱航空雜誌，偶爾抬頭看一下走道的動態。似乎每次都是這樣，走道就是那麼窄小、機艙門也沒有那麼早開，所以走道上沒有人可以前進。

我估計應該有來自十五個不同拉丁美洲國家的人，不疾不徐又從容地在與彼此低聲交談中等候著。剛好有兩個人顯然拿著同樣款式的登機箱，結果彼此錯拿對方的，發現後雙方有默契地笑著換了回來，這一段小插曲就把左邊走道塞住了，相對之下，右邊走道已經緩緩向前進。

我們這一排還在耐心等著，除了一個中等身高、頭上幾乎沒有頭髮，年約四十歲的中年男子以外。他在一旁發出不耐的輕嘆，又有點煩躁地看向右前方，然後再次嘆氣，這一次更大聲了，此舉果然成功引起其他人的注意，他干擾到別人了，他干擾的是其他乘客平靜的內心。沒想到他竟然還大聲抱怨道：「根本不該發生這樣的情況！真是令人討厭！」他是用德語說的。座位上的我只好把身體往下縮，恨不得將整個人埋進椅子裡，然後繼續低頭看著航空雜誌。

「我總是試著讓遇到的其他人都有美好的一天。幸福很簡單，只要沿路走，然後對著迎面而來的人打招呼問好就可以了。我經常和人打招呼，這樣就能帶給別人幸福，因為我是用幸福的心情說出來的。」說這段話的是奧胡斯的餐廳老闆麥可，當時他一邊接受訪問，一邊親切地對上門的顧客打招呼，然後示意他們靜靜地從我鏡頭前走過去就好……

「幸福是雙向的：給人幸福，同時做著能讓自己覺得幸福的事。幸福是能夠為別人做些什麼，而且這麼做的同時，也能讓自己因為其中的能量，以及對方的回應而感到幸福。」我們都不是單獨存在的個體，和其他人會互相產生影響，只可惜長久以來在這方面都未能獲得具體證明，但可笑的是，現在卻需要這些實證來驗證其實我們直覺都已知曉的道理。對麥可來說，他的幸福就是他帶給別人幸福，然後又從別人的回應中得到幸福，因此讓他的社會責任有了著力點。人都對旁人的幸福有共同責任，因為你散發的能量會影響周遭的人。

身邊的人是否幸福，你我都有責任

科學上確實也有接近的具體驗證：在一九二二年，隨著在猴子的行為中發現鏡像神經元（Spiegelneuron）的作用後，人類就已經明瞭這個道理，發現大腦是一種社會性結構。到底發生了什麼事？人類發現，即使只是單純觀察一個動作的進行，比如伸手拿堅果，這個動作在大腦裡的成像過程，會在猴子和人類大腦中引發相近的神經系統作用。

如果看到有人伸手拿一瓶水，你的大腦裡也會模擬相同動作的進行，就像是自己伸手去拿那瓶水一樣。這無關對方是優雅地用兩隻手指放在瓶口下方凹陷處輕輕拿起，或是使勁地用兩隻手包夾式抄起那瓶水。即使只是靜靜地坐在那裡觀察，你的大腦也會像是在做練習一樣地呈現出相同動作的影像，所以我們都同樣在經歷別人的行為。

神經系統層面如此，在情感層面又是如何表現的呢？比如剛才提過那個在飛機上性情急躁的乘客，我們的大腦也會做出好像自己同樣情緒焦躁的反應嗎？或是會比較正面一點：我內在的神經系統會反應像其他人一樣會心一笑，然後覺得也有人對我笑，所以自己就感覺好一點？

荷蘭研究相關領域的可利安·凱撒斯（Christian Keysers）教授，就曾經在《解構圖像的大腦：我們為何理解他人的感受？》（*Unser emphatisches Gehirn: Warum wir verstehen, was andere fühlen*）一書中提到：「當我們經歷別人的情緒反應時，大腦也會讓我們感同身受。」所以在看到別人的情緒反應時，我們的大腦也會啟動原本為自身情緒經驗運作的那部分神經系統，因此別人的情緒也會影響你的感受；同理，你自身的情緒也會感染其他人。

「當我看到別人開心的情緒，而且他們的開心有部分是因為我的原因，我也會有愉快的心情和幸福的感受。」在盧森堡市街上發送除冰鏟，還有告訴我「人生雞蛋」理論的阿藍特這麼說。所以，身為觀察者的一方會下意識地自動模仿看到的正面情緒表情，然後觀察者本身也會成為正面情緒的傳遞者，人與人之間就會產生正面情緒的循環；相反地，同樣的循環也可能發生在負面情緒上。當你像那位不耐煩的機上乘客一樣，恣意表達出心中的不愉快時，也會直接影響周圍其他人的情緒。

如此一來，就有可能引發負面的連鎖反應。請你想像一下：上司心情不好，你在部門會議中已經感受到緊繃的氣氛，因而感到鬱悶，頭也跟著疼了。回到家後，先被女兒的鞋子絆了一跤，就唸了她一頓，然後用力甩上門，結果女兒開始嚎啕大哭，太太也因此不高興，還發了一頓脾氣。對於這一連串的反應機制，還需要任何科學證明嗎？請你將手放在心上，老實說吧！其實你根本就知道情緒是會影響別人的。在共處的這個世界上，不會有明確的「這裡是你的，那裡屬於我」之分，也沒有「裡面是你的世界，外面是我專屬的世界」之別，我們同時也身為其他人的一部分而存在這個世界上。

那麼，我們有一定要幸福的義務嗎？或者應該說我們沒有不幸福的權利？我深信，對自己和周遭的人而言，我們都有盡可能追求幸福的義務與責任。就好比在墨西哥，更是和一大群人一起追求幸福。

傳遞幸福的正向能量

當我在墨西哥市中心的一個跳舞場地，看到一對舞者正跳著性感舞步時，鏡頭後方的我就想著，看到這幅景象，怎麼有人可以只是咧嘴做出尷尬的表情呢？那對舞者中的男舞者就是孔拉多，高大又偏瘦的身材，灰色頭髮，還有總是掛著大大的笑容。「我的幸福來自於對生命的正面感受，還有貢獻我的天賦，以及周遭其他人的感受。我們都有責任傳遞幸福的種子，為他人付出，可以只是單純地為他人付出，而不求任何回報。」

巴拿馬人也認為，幸福就像是人類社會的完美黏著劑。「對巴拿馬人來說，持續和他人產生連結是非常重要的。因為我相信，歡樂的氣氛也好，幸福也罷，都是有感染力的，一個幸福的人也會有能力將他的幸福多少傳遞給不幸福的人。」在巴拿馬治安堪慮的艾爾切利里歐區擔任教師的莎拉這麼說。

還有，你無須對所有人都表現得像是那個黃色笑臉符號一樣。每個人都有心情不好的時候，偶爾經歷低潮也有淨化思慮的正面效果，只要不是持續性的低潮，或是為時太久的負面情緒。在低潮時，要記得把自己從情緒的泥淖中拉出來，不只是為了你自己，也是為了周遭的其他人。有些人會認為，他們有權利在任何時候、任何地方，向別人展現出心情有多差。至少就理論上而言，你當然有這樣的權利。只是請你幫我一個忙，當你心情不好時，就把自己關在小房間裡，然後對著鏡子中的自己發牢騷就好。當然，我指的並不是處於悲傷情緒或憂鬱的人，而是那些自稱需要用這種方式侵犯別人，才能重新得到活力的人。

而這種侵犯別人才能重新得到活力的能量，可能會被當成展現強勢的象徵，並且備受批評。這種能量或許可能是驅策人前進的引擎，因此讓那些人自以為那就是幸福。或許你會用其他的方式來表達這股能量，深沉的、分析的，或甚至是現實的。然而，遇到其他人時，這些能量又會影響其他人。而且愈向對方展現出這部分的能量，這種負面情緒的影響就會愈強。

「所以，也會有幸福的壞人。」第八章提過的加拿大幸福專家米卡羅斯說：「因此，如果只是知道一個人是否幸福並不夠，還要知道是什麼原因讓他覺得幸福，以及這樣的幸福是否是道德上可以接受的。有不少人對周遭的生活漠不關心，因此如果只是研究誰關心周遭的環境也不夠，而是要了解為什麼他們會關心、是什麼驅使他們關心周遭的環境，以及周遭的人要為這個人付出多大的代價。」

所以，你的情緒要讓周遭的人付出多少代價？你的存在對他人來說是正向利得嗎？你是社會中最小的單位，和其他人一樣，社會呈現的最終樣貌也會有你行為的印記，因為幸福的特性之一，就是會在社會網絡內蔓延。美國加州大學詹姆斯·佛勒（James Fowler）及哈佛大學尼可拉斯·克里斯塔基斯（Nicholas Christakis）兩位教授，在一項長期性研究的分析中已經得到證實。該研究於一九四八年起，在今日人口接近六萬八千人的美國麻薩諸塞州弗雷明罕（Framingham）內已經針對大約五千人次，在不同主題上進行抽樣調查。

研究結果顯示，周圍幸福的人較多的人，在未來有更多的機會可以成為幸福的人。即使你有一個朋友很幸福，還住在距離你不到一．五公里遠的地方，你感到幸福的機率也會提高二五％。所以，在這裡對 Y 世代和其他字母開頭的後來世代的建議是：臉書不會散布幸福，除非你只對住在附近區域的人提出交友邀請。

所以，幸福不會只是單一個人的事情而已，你如何感受都會造成周遭的差異，你的行為也是。

你很重要，而你的行為對其他的人更是重要。

這樣也好，在一個會顧慮他人感受的社會中，我們會更安全，也可以更優雅的生活。還記得盧森堡有四個孩子的路克和伊莎貝兒嗎？伊莎貝兒神采飛揚地告訴我：「對我來說，幸福是每天可以和朋友、同事、家人分享我的想法、樂趣與活力。所以，找到自我的正面能量並盡量擴大就很重要，而要把正面能量擴大，就只有在與人發生連結時才有可能。妳知道嗎？有時候人就是太自私了，只想著為什麼我要和其他人分享？別人可以給我什麼呢？但是事實上付出會比得到還要快樂。」

愉悅不是與生俱來，而是需要練習的

伊莎貝兒的四個孩子可以從她的正面能量中獲益，那麼我們的孩子呢？聯合國兒童基金會（UNICEF）在《先進國家兒童幸福報告》（*internationale UNICEF-Vergleichsstudie zur Lage der Kinder in reichen Industrieländern*）中已經證實，德國的孩子很幸福。無論在健康、富裕或教育層面上，德國孩子的幸福感在先進國家中排名第六位。看起來似乎還不錯，但是在主觀意識上，德國未成年人對於他們的生活狀況卻有完全不同的看法。

針對這個部分，聯合國兒童基金會的報告中對德國的簡短說明做出下述標題：「很有效率，但是不幸福？」在女童與男童對生活滿意度的自我評價上，德國在該報告調查的二十九個國家中名列第二十二位。較不令人意外的是，二十九個國家中最幸福的兒童分別在荷蘭、挪威、冰島、芬蘭及瑞典。德國每七個未成年人中，就有一個對自己及現狀感到不滿意。

是誰的情緒影響到這些未成年人？或是我們的孩子從小就被教育要用批判、分析和現實的眼光看世界？事實是，孩子就是社會的鏡子。請你回想一下，所有在本書中出現的未成年受訪者：丹麥工地的雅各，以及哥斯大黎加的年輕媽媽瑪俐亞—荷希，他們都只是告訴我們，父母或社會教給他們、帶給他們哪些能夠陪伴一生的財富而已。

「不久前，我們接獲教育部指示，要我們定義做為建築學院想要教給學生什麼。」波哥大的建築學教授特利安那說：「對哥倫比亞人來說，幸福曾經是很快就可以列舉出來的人生目標，但現在我們遇到的最大問題是，剛剛經歷內戰，內戰造成的陰影對小孩的影響還歷歷在目，因此讓這個世代的孩子很難覺得幸福。所以，今日在教養上面臨的挑戰，並不是培養他們技能，而是要教養他們成為完整的個體，因為唯有他們成為完整的個體，才有幸福的可能；也就是說，教養和幸福有很大的關係。」

我們又來到寇立亞在波哥大的「上高坊八十一號」餐廳。在稍微猶豫後，我還是決定走向一群人，試著和他們聊天。那群人是一個年約七十歲左右、個性沉靜內斂的父親，還有他的幾個子女，加上子女各自的家庭成員。特利安那向我介紹他的夫人，「這是安娜・馬莉亞，她是律師，也是很好的太太。她參與一些照顧原住民的專案，從她身上可以學習到如何用簡樸的方式去享受人生。」

接著，就以不可思議的語速用西班牙語開始暢談。

很容易就可以感受到，眼前這個圓臉、年約四十五歲的女性對她做的事充滿熱情。「幸福就像是身體的肌肉。」我在本書開頭就介紹過這句話，這就是安娜．馬莉亞說的。「幸福是在人生的過程中，要隨時不斷鍛鍊的事，可能是父母從小帶給妳的生活觀，在我們小的時候，每次爸爸下班回家後，就會開始播放音樂，然後教我們跳舞。」

說到這裡，人群中的父親滿意地點頭。「我們身體的肌肉不也是這樣嗎？如果常鍛鍊它、給它動起來的動機，然後不斷尋求解答，那麼無論是生命遇到困難的時候，或是陷入複雜的情況時，都還是能靜下心，抽根菸再好好思考解決對策。幸福這塊肌肉，就和其他肌肉一樣，必須受到鍛鍊。」所以，每天鍛鍊吧！因為你最能為他人做的就是讓自己幸福。一肩扛起社會責任，也意謂著要把自己照顧好。

每天多愛自己一些

「是……啊……」我的鏡頭前有人用瑞士腔用拉得長長的音調說著，是瑞士的老年照護員穆勒，她在第三章中已經對德國人提出多愛自己一點的建議。現在她進一步說明該怎麼做，她用著令人印象深刻的瑞士德語口音說：「今天是星期一。星期一簡直就是為我而設的，這一天我一定會和生命中最重要的人一起度過，就是我自己。」這個說明還真是簡單明瞭，而且我已經在其他國家聽過了。

對！就是那個融入情感跳著莎莎舞的麻麗亞─特樂莎，她說：「我生命中最重要的人就是自己。只有自己過得好，身邊的人也才會過得好，所以我會更關注自己。我愛自己，因為我知道，只有當我愛自己時，才能夠愛其他的人。」對了！麻麗亞─特樂莎的丈夫就是那個前幾頁提到，用種子比喻幸福，並且說我們都有責任要傳遞幸福的種子的孔拉多。

穆勒的看法也和麻麗亞─特樂莎一致，她說：「因為我的工作是照顧別人，所以我需要有一整天的時間留給自己，這樣才能繼續照顧別人。」這讓我想到：「什麼讓我感到幸福？一大早有人對我微笑就能讓我感覺很幸福。對啊！就像早上上班途中，見到長者對我微笑。或許那可能是那些長者唯一還能為其他人做的事，但就是讓我覺得幸福。」

我的幸福就是你的幸福。奢華汽車品牌巴拿馬分部的財務副總卡羅也說：「我想幸福的一部分是把自己照顧好。有些人信仰虔誠，但有些人不是。可是，耶穌也從來沒說過愛別人比愛自己多一點，而是說要愛別人像愛自己一樣，但這個福音卻不是每個人都能聽進去的。可是，如果你自己過得不好，就不能帶給周遭的人幸福了，尤其是那些愛你的人。以我自己為例，我就覺得對自己不夠好，但是我已經試著改變了。」

「是的！這是一定要的！」歌特堡競競業業的導覽人員菲瑞斯克也有同感地說：「人都應該認

識到，當自己不幸福時，就無法幫助別人。」也就是說，自我犧牲是幫助不了任何人的。所以，希望那些無法為自己設想的人，應該重新思考著可以多為自己著想，甚至必須這麼做，也為了那份以你自身做為他人生命模範的責任。

我暫時將自己的思路放在一邊，讓那些來自世界上最幸福國家的人在本書最後再說幾句話。

瑞典人菲瑞斯克正靠在腳踏車把手上，用手撐著下巴，還蹙著眉想了好久，要怎麼樣表達會比較好。「我生命中最重要的是我的孩子們，還有讓自己幸福。這不只是為了自己，也為了所有身邊的人。這並不是說，就只有我一個人幸福，然後向他們炫耀我的幸福，而是為了整體的幸福。要說明這種感受還真不容易。德國哲學家之一的埃克哈爾特大師（Meister Eckhart）是這麼說的：『每個人心中都有一個光明的火種，你必須到處走動，然後試著點亮其他人內心的火種。』」

喬納森這個天不怕地不怕的波哥大大學生，那天當他開車送我回到住處時，天色已經暗了，在哥倫比亞就是準時六點會天黑。雖然我已經覺得很疲憊，但還是不忘把握最後的機會，拿起攝影機從側面將鏡頭對準專心開車的年輕司機。當時我們深陷波哥大看不到盡頭的車陣中，喬納森專心地注意前方路況，一邊緩緩說出他的想法：「我認為，德國人很有天分，可以用不同的觀點去看事情。我希望他們也能理解在這裡所看到的，也就是這裡有人可以用不同的方式生活，但是仍然可以找到幸福。我想請德國人好好審視自己的生活，然後開始正視所擁有的東西。他們應該知道，人可以克服所有的困難，也該每天帶著微笑起床，並且用微笑面對每一個遇見的人。」

國家圖書館出版品預行編目(CIP)資料

為什麼我們最幸福？：在冰島到墨西哥等13個國度，找到人生的幸福絕對值 / 麥珂．凡．登．布姆(Maike van den Boom)著；黃慧珍譯. -- 初版. -- 臺北市：商周出版：家庭傳媒城邦分公司發行, 民105.07
面； 公分. --（商周其他系列；BO0246）
譯自：Wo geht's denn hier zum Glück? Meine Reise durch die 13 glücklichsten Länder der Welt und was wir von ihnen lernen können
ISBN 978-986477-037-3(平裝)

1.幸福

176.51　　105009641

商周其他系列　BO0246

為什麼我們最幸福？

在冰島到墨西哥等13個國度，找到人生的幸福絕對值

原文書名／Wo geht's denn hier zum Glück? Meine Reise durch die 13 glücklichsten Länder der Welt und was wir von ihnen lernen können
作　　者／麥珂・凡・登・布姆（Maike van den Boom）
譯　　者／黃慧珍
企劃選書／黃鈺雯
責任編輯／黃鈺雯
編輯協力／蘇淑君
版　　權／黃淑敏
行銷業務／張倚禎、石一志

總 編 輯／陳美靜
總 經 理／彭之琬
發 行 人／何飛鵬
法律顧問／台英國際商務法律事務所
出　　版／商周出版　臺北市中山區民生東路二段141號9樓
電話：(02)2500-7008　傳真：(02)2500-7759
E-mail：bwp.service@cite.com.tw
發　　行／英屬蓋曼群島商家庭傳媒股份有限公司　城邦分公司
台北市104民生東路二段141號2樓
電話：(02)2500-0888　傳真：(02)2500-1938
讀者服務專線：0800-020-299　24小時傳真服務：(02)2517-0999
讀者服務信箱：service@readingclub.com.tw
劃撥帳號：19833503
戶名：英屬蓋曼群島商家庭傳媒股份有限公司城邦分公司
香港發行所／城邦（香港）出版集團有限公司
香港灣仔駱克道193號東超商業中心1樓
電話：(825)2508-6231　傳真：(852)2578-9337
E-mail：hkcite@biznetvigator.com
馬新發行所／城邦（馬新）出版集團
Cite (M) Sdn Bhd
41, Jalan Radin Anum, Bandar Baru Sri Petaling,
57000 Kuala Lumpur, Malaysia.
電話：(603)9057-8822　傳真：(603)9057-6622　email: cite@cite.com.my

封面設計／陳文德　內文設計暨排版／無私設計・洪偉傑　印　刷／韋懋實業有限公司
經 銷 商／聯合發行股份有限公司　電話：(02)2917-8022　傳真：(02) 2911-0053
地址：新北市231新店區寶橋路235巷6弄6號2樓

ISBN／978-986-477-037-3
定價／400元

城邦讀書花園
www.cite.com.tw

2016年（民105）7月初版
Originally published as: "Wo geht's den hier zum Glück?"

商周出版

廣　告　回　函
北區郵政管理登記證
北臺字第000791號
郵資已付，免貼郵票

104　台北市民生東路二段141號2樓

英屬蓋曼群島商家庭傳媒股份有限公司城邦分公司　收

請沿虛線對摺，謝謝！

商周出版

書號：BO0246　　書名：為什麼我們最幸福？　　編碼：

請於此處用膠水黏貼

商周出版

讀者回函卡

感謝您購買我們出版的書籍！請費心填寫此回函卡，我們將不定期寄上城邦集團最新的出版訊息。

不定期好禮相贈！
立即加入：商周出版
Facebook 粉絲團

姓名：＿＿＿＿＿＿＿＿＿＿＿＿＿＿＿＿＿＿＿＿ 性別：□男 □女

生日：西元＿＿＿＿＿＿年＿＿＿＿＿＿月＿＿＿＿＿＿日

地址：＿＿＿＿＿＿＿＿＿＿＿＿＿＿＿＿＿＿＿＿＿＿＿＿＿＿

聯絡電話：＿＿＿＿＿＿＿＿＿＿＿＿ 傳真：＿＿＿＿＿＿＿＿＿＿

E-mail：

學歷：□ 1. 小學 □ 2. 國中 □ 3. 高中 □ 4. 大學 □ 5. 研究所以上

職業：□ 1. 學生 □ 2. 軍公教 □ 3. 服務 □ 4. 金融 □ 5. 製造 □ 6. 資訊
□ 7. 傳播 □ 8. 自由業 □ 9. 農漁牧 □ 10. 家管 □ 11. 退休
□ 12. 其他＿＿＿＿＿＿＿＿＿＿＿＿＿＿＿＿＿＿＿＿＿＿

您從何種方式得知本書消息？

□ 1. 書店 □ 2. 網路 □ 3. 報紙 □ 4. 雜誌 □ 5. 廣播 □ 6. 電視
□ 7. 親友推薦 □ 8. 其他＿＿＿＿＿＿＿＿＿＿＿＿＿＿＿＿

您通常以何種方式購書？

□ 1. 書店 □ 2. 網路 □ 3. 傳真訂購 □ 4. 郵局劃撥 □ 5. 其他＿＿＿＿

您喜歡閱讀那些類別的書籍？

□ 1. 財經商業 □ 2. 自然科學 □ 3. 歷史 □ 4. 法律 □ 5. 文學
□ 6. 休閒旅遊 □ 7. 小說 □ 8. 人物傳記 □ 9. 生活、勵志 □ 10. 其他

對我們的建議：＿＿＿＿＿＿＿＿＿＿＿＿＿＿＿＿＿＿＿＿＿＿＿＿
＿＿＿＿＿＿＿＿＿＿＿＿＿＿＿＿＿＿＿＿＿＿＿＿＿＿＿＿＿＿
＿＿＿＿＿＿＿＿＿＿＿＿＿＿＿＿＿＿＿＿＿＿＿＿＿＿＿＿＿＿

請於此處用膠水黏貼